理性的轨迹与思想的镜像

——现当代哲学思潮及其对青年教育的影响

史 巍 韩秋红 著

人民出版社

目　录

―――――――― 下　篇 ――――――――
观念世界的崩塌与多元世界的建构

序　言　一个值得深思的现象

在当代中国社会变革和思想解放的进程中，"尼采热"、"萨特热"、"弗洛伊德热"、"海德格尔热"、"后现代思潮热"等众多热潮在不同时期曾经风靡一时，成为思想文化领域引人瞩目的思想现象和文化现象。人们把这些思潮概括为几次冲击波，即以标榜存在先于本质，主张人有无限发展的可能性，人应张扬自己个性的存在主义的肆虐；以鼓吹人生是一场悲剧只有在细节上才有一点喜剧意味的悲观哲学的焦虑；以渴望统治、追求权力、发挥意志和重估一切价值为标志的超人哲学的狂放；以潜意识理论和人格三层次说为特征的精神分析学说的神秘；以否定一切真理，摧毁一切价值为目的的后现代思潮的叛逆；以批判为典型特质，力图在具体层面揭示现代西方工业文明社会不平等状况的西方马克思主义思潮的犀利等。从20世纪80年代以来，现当代哲学思潮一直都对思想界具有较大的吸引力，也构成对当代青年人特别是青年学生产生较大影响的社会思潮，甚至一度成为一种"流行文化"。那么，现当代哲学思潮为何在当代青年人中具有如此大的思想魅力？我们应该如何规避其消解影响，而发扬其积极影响？这是值得深思的教育现象和思想现象。要解决这一问题，就需要我们对现当代哲学思潮的特征和价值展开集中的思考。

真正的哲学是"思想中的时代"和"时代精神的精华"。就现当代哲学思潮而言，它是西方社会在现代化历史进程中社会存在的反映和时代精神状况的表征。在这个意义上，它之所以受到重视和关注，乃是源于其所表达的西方社会的现代性问题与当代中国现代化转型所存在问题的相互关联。它对社会现实问题的思想诊断与理论解释，在一定程度上引起了中国知识阶层的心理与情感共鸣；对于传统的批判与省察以及对于人类社会未来的思虑，与正处于人生观、价值观、世界观系统形成时期的当代青年在思维方式上要达到的探索性具有一定的契合点。所展示的"理论主题的现代性、思想方式的多样性、价值取向的多元化、表达手法的新奇性"，对于在思想深处想要摆脱绝对主义意识宰制和价值框架束缚、寻求解决现代性思想困惑的中国青年知识阶层而言自然具有思想上的吸引力。这是因为，一方面在社会现代化变革时期，思想上的变革呼唤着思想空间的开放与各种思想间的争鸣与互动；另一方面在思想解放的历史进程中，本土性的文化传统在新的生活状态下亟待得到反思和创新，计划经济所塑造的"高度统一性"的"绝对意识"以及教条主义的马克思主义的影响已经成为思想解放的障碍。客观地说，现当代哲学思潮的引进和传播及其所带来的思想论争，激活了处于遮蔽状态的思想问题，在真理标准大讨论的基础上进一步敞开了人的主体性与超越性、人的真理追求与价值尺度、人的存在价值与生活意义等众多现实性的人生观、世界观和价值观等问题。特别是伴随真理标准大讨论的思想解放运动，现当代哲学思潮与马克思主义哲学能够进行良好的对话，这对于摆脱教条主义的马克思主义的束缚，彰显马克思主义哲学的现代性品格及其真理性，挖掘马克思主义哲学的当代价值，反思和省察中国传统哲学与传统文化所具有的独特思想品格及人类性意义，发挥着重要的参照性、历史性的思想作用。实践证明，马克思主义永远只能在与各种非马克思主义思想的相互对话、论争、批驳以及相互借鉴、吸收和补充的对立统一关系中得到丰富和发展。这是一切思想包括马克思主义理论自身在内的人类认识发展的辩证法。正因为如此，理论界对现当代哲学思潮的学术研究才从最初的"批判模式"发展到"对话模式"，在马克思主义哲学与现当代哲学思潮的对话中，现当代哲学思潮也越来越成为思想文化领域中的重要内容。

一、现当代哲学思潮的特点

现当代哲学思潮之所以能够产生如此广泛的影响，必然具有自身鲜明的特点。刘放桐教授在其作品《马克思主义与西方哲学的现当代走向》一书中，通过对马克思哲学与现当代哲学思潮的关系的分析，对其特征作出了三点概括，这大体可以代表中国学者的一种共识："第一，现当代哲学思潮的出现是西方哲学发展史上哲学思维方式的一次新的转型，姑且称它为现代转型。它主要表现为多数哲学流派都以自己特有的方式，在不同程度上企图超越（不是简单否定和抛弃）近代哲学的思维方式"；"第二，马克思……为其进一步发展指明了现实的道路。他不再企图从纯粹和抽象化的精神（被绝对化的观念）和纯粹和抽象化的物质（脱离于人的牵涉的自在的自然物）出发来构建关于整个世界的严密完整的理论体系，而是直面'社会化了的人类'的现实生活和实践"；"第三，从批判和超越近代思维方式说，从建立一种撇开对关于绝对的物质或精神体系的追求，而以强调人的现实生活和实践以及发挥人的自主能动性和创造性为特征的适应现代社会的时代精神和要求的新的思维方式说。"对这三方面特质的概括恰好说明了现当代哲学思潮的本质特征。在上述说明的基础上，我们尝试对现当代哲学思潮的理论特质作出以下概括：

思维方式的反思性。现当代哲学思潮不同于传统的最为重要的表现就体现在思维方式的变革上。传统思维是追求终极性的存在和绝对真理的，也是自我中心主义的，它的思维方式是"要么是，要么不是"。这种理性至上的观念造成了独断性，即使在传统思维中有某些怀疑和批判的影子出现，却只是为后来独断的出现作出思想铺垫而已。现当代哲学思潮看到了这种困境，与之相反，更多地强调理论的反思性，用相对主义的观念看待一切事物的价值：真，是相对之真，真理只是一种追求的过程；善，是相对之善，是一种价值尺度的形成过程；美，也是相对之美，审美只是一种体验过程。这种思维方式改变传统两极对立的思维方式，开始用一种中介的态度来对待事物，将一切终极性的追求做以相对性的理解，是对原有思维方式的一种改变。但与此同时，当现当代哲学思潮将相对主义赋予了对一切事物的认知，也就埋下了隐患——意义的丧失和生命价值的黯淡，这是现当代哲学思潮带来的消极影响。

本体问题的消解性。本体论传统是西方哲学乃至西方文化根深蒂固的思考方式，从古希腊哲学开始的西方传统哲学，特别是中世纪到德国古典哲学以来的近代哲学的主体思想是理性主义、基础主义、本质主义，归根结底都是要追求终极性的价值存在，认为只有这样才能为人求得安身立命的根本。然而这种追求因其形而上学性终究无法达到。现当代哲学思潮则不然，既然无法达到，就是假问题，就该消解。在现当代哲学家那里，本体论被理解为一种承诺，因此，思想的价值不再是追求这种终极价值和终极意义，而成为了为现实存在做论证的工具。随着本体论的消解，哲学的崇高性也随之消解，哲学成为人类文化王国当中普通的一员，这样的状况一方面是对哲学曾经造成的文化霸权的克服，但另一方面哲学地位的下降使更多人远离了这一对时代精神展开自觉反思和批判的学问，在一定程度上也造成了反思和批判力的弱化以及哲学未来走向的晦暗不清。

人生问题的多元性。现当代哲学思潮中对人生问题的理解，正可以用这样的一句话来形容：从"没有选择的标准"到"没有标准的选择"。对于人生的多种问题，在现当代的各种思潮那里没有确定的答案，尼采一声高呼"上帝死了"，从此上帝真的死了，而人活了过来，重新成为宇宙的主宰。在尼采之后，现当代哲学思潮依照自身的惯性走向了一个无信仰的时代，人生在每一位思想家的眼中，具有不同的色彩：人生或是在无聊和痛苦之间摇摆的钟摆，或是形成自己本质的过程，或是追求眼前时下的体验，或是本我、自我和超我的统一。这种多元化的人生观导致的直接后果就是人生意义的丰富性和终极意义的丧失。

道德问题的制度性。道德问题是自苏格拉底开始的西方传统哲学一直探究的问题，在现当代哲学思潮这里，思想家们更多赋予道德问题以制度性。在现代社会道德价值观变得多元的状况之下，人们会产生道德价值观、道德选择与培养还有没有基础和根据的疑问。麦金泰尔尖锐地指出："正是现代道德生活离开了人类道德生活的内在目的和意义，剥离了道德生活中内在法制意蕴，将道德与法制看作是非此即彼的悖论，使法律失却了道德的社会支持功能，道德生活规范则成了纯粹外在的法律约束。"①因此，他们认为要改变道德的无序状况，必须对道德加以法律化和制度化，这是符合历史发展的进程和规律的。但与此同时，当道德被法律化和制度化，它就丧失了道德作为内在约束的本源含义，这一对道德的新要求或许只能导致道德感的丧失。

人类性问题的模糊性。哲学究其本性来说是用个人的智慧求解人类性的问题，然而在现当代哲学思潮这里，对究竟什么是人类性问题再也没有一个清晰的概念。在市场经济的影响下，人们经历了从长期固定状态向更为灵活状态的转化，从而认为人类性问题是以普遍性、必然性、根基性和统一性等代名词来压抑人的个性、独立性和丰富性。永恒绝对的东西被当做教条被抛弃了，人们对理论的兴趣逐渐淡漠，更加重视现实。于是人们不再过问这些问题，而是普遍追求个体的自感性生活，人类性问题变得模糊了。

二、现当代哲学思潮的教育价值

现当代哲学思潮具有如此之多的不同于传统哲学的特点，呈现出其独有的思维方式，对当代青年尤其是青年学生的生活方式和价值观念具有正价值和负价值。就负面价值而言，我们已经看到，现当代哲学思潮在对待传统理性主义表现出的绝对化倾向基础上，在知识论立场消解之后，在后现代哲学那里最终引发了"哲学的终结"，导致了在现代人中间普遍存在着相对主义和虚无主义，这已经给西方社会的精神生活带来了巨大而又深

---

①　麦金太尔:《谁之正义? 何种合理性?》，当代中国出版社 1996 年版，第 241 页。

远的影响，使当代西方社会陷入一种新的焦虑和痛苦之中。一方面是对理性主义的厌倦和对工具理性主义的忧虑，另一方面又是对相对主义的心烦，特别是对虚无主义的畏惧，使现代人在这种时代精神转换的过程中饱受煎熬，感受着对世纪末的感伤和对 21 世纪的惶惑。其在中国社会的传播也不免影响当代青年的思想，使其出现相对主义和虚无主义的苗头。就其正价值而言，现当代哲学思潮作为人类性问题与时代性精神的理论表征，对于青年人直面当代人类的生存境遇，省察人与社会的存在性问题，拓宽自己的思想和文化视野，具有重要的意义。现当代哲学思潮所蕴含的思想空间是广阔的，对人的问题的思想诊断也具有歧义性，各种思潮之间的矛盾与争鸣构成了"厮杀的战场"，具有强大的思想撞击力。对于现当代哲学思潮的学习，可以在深邃的层面上了解和洞悉西方社会的文化精神，感受西方文明智慧的思想魅力，确立人类性的意识，提升自身的人文品格和现代性的文化教养。

可见，深入探讨现当代哲学思潮的基本思想，特别是结合当代青年人的思想状况思考其问题意识与思维方式，具有重要的思想价值与教育价值。我们应该也必须将现当代哲学思潮特点中具有启发性和积极意义的一面应用于对学生的培养和教育的过程中，真正达到激发学生的理论兴趣，拓展学生的思维空间，增强学生的判断能力，提升学生的理论境界的教学目标。而在教育过程中，也应帮助当代青年人正确认识其消解影响，有选择的批判性的接受。

现当代哲学思潮对人的问题的敏锐自觉及其所表现出来的批判性、反思性的思维方式，可以极大地激发青年人的问题意识，撞击青年人的理论思维，提升青年人的理论素养。在布莱恩·麦基主编的《思想家——当代哲学的创造者们》一书中，曾经这样写道："如果不对假定的前提进行检验，将它们束之高阁，社会就会陷入僵化，信仰就会变成教条，想象就会变得呆滞，智慧就会陷入贫乏。"[1]对于青年人而言，葆有生机勃勃的问题

---

① 布莱恩·麦基：《思想家——当代哲学的创造者们》，三联书店 1992 年版，第 11 页。

意识和批判性的反思精神无疑是重要的，这是培养当代青年创新能力的前提。现当代哲学思潮在理论思维的前提批判中所体现出来的鲜明的反思风格以及执着不懈的求真意识，恰恰是青年人所需要确立的一种精神向度。

真正地贯彻现当代哲学思潮的批判精神，也应当把这种批判指向现当代哲学思潮本身。正如前文所指出的那样，现当代哲学思潮本身存在着诸多问题，也会给当代青年人带来消极影响。因此，批判和反思精神也应该运用到现当代哲学思潮自身，以反思的思维对其进行批判，构成使含糊不清的思想得以明晰的过程、使相互交杂的思想得以理顺的过程、使极易混淆的思想得以区别的过程、使有用和有益的思想得以吸收的过程、使问题和困境得以凸显的过程。经过这样的一系列过程，青年人的认识深化了、理解深刻了、思维拓展了、判断是非的能力增强了。这样的学习、教育和培养必将使当代青年的思维方式、价值观念、审美意识和终极关怀等方面都有极大的提升和跃迁。

学习现当代哲学思潮能够帮助当代青年人更好的思考生命的价值和意义问题。当代青年正处于人生观、世界观、价值观的逐渐形成并稳定的时期，对于青年人来说，树立正确的人生观是学会"做人"的需要，是开发人生潜能的需要，是驾驭和适应现代社会复杂环境的需要，它对于青年人综合素质和能力起着导向、推动、融合和提高的作用。尽管现当代哲学思潮的诸多派别对人的生命意义的思考角度不同，观点也不尽一致，但有一点是相同的，即它们都以"有无意义"作为判定哲学的真实性和现实性的标准，对于"人自身完美"的期待，对于意义世界的依赖，这些所提供给人的希望远远超过了任何单纯物质繁荣的价值。青年人通过对诸多思潮的学习，在鉴别和比较中，经过自己理性的审视，加之各方面的有效引导，吸取其合理的成分，扬弃其有失偏颇的观点，从而对人生的诸问题产生更加深刻的哲学思考，从而有助于形成正确的人生态度和合理的价值取向。

对现当代哲学思潮的探讨也有助于帮助青年人正确处理自我发展和人类性问题的关系。人之为人，首先具有更好的认识自我、发展自我、实现自我的愿望，同时，人作为社会性、类意义上的存在又具有共同的旨趣和追求。深入思考现当代哲学思潮与中国社会发展的关系对于解决人类生存与发展问题，关注人自身的利益、幸福、命运等问题有着更为重要的意义和价值。对人类性的问题具有更为深刻的理解，就会自觉认识到自我发展与人类价值和意义的实现这两者之间的关系：人的自我发展是基础，我们所追求的终极意义的社会形态正是人的自由全面发展的社会，只有实现了人的发展才能推动社会的进步和人类性问题的根本解决；同时，也只有更好的树立人类性意识和社会的整体观念才能更好地促进自我的发展。历史证明，一些有重大成就的人，都是站得高、看得远，没有被眼前迷惑，才能在解决人类性的问题的同时，得到自我价值的最高实现。因此，树立人类性意识和自我发展是一个相辅相成的过程。青年人在对现当代哲学思潮的批判和反思中明白了以上这一点，对他们开阔知识视野、拓展思考空间、升华思想境界具有重大而现实的意义。

理性世界的解构与现实世界的回归

一　尼采：上帝之死与人性解放

在当代青年人的视野中，尼采可谓是现当代哲学思潮的重要代表人物之一——无论是在自诩为"超人"中彰显的西方式自信，还是在其对人类文明未来走向展开的深沉反思当中，都集中呈现出一位思想者所应具有的独特气质。"尼采"热可谓是现当代哲学思潮冲击的"第一波"——历史可以追溯到五四运动时期，鲁迅、郭沫若等思想家将尼采看作是破坏一个旧世界的领军人物。改革开放以后，特别是 20 世纪 80 年代尼采思想再次在青年学生当中流行起来。据一些学者在北京、天津、南京等八所理工、综合、农业、医学、师范类院校进行的现当代哲学思潮相关调研数据显示，没有听说过尼采的青年学生仅有 2%，而超过 50% 的学生读过尼采的作品。可见，尼采对青年学生影响程度之广泛。这一时期，尼采热之所以再度兴起，源于这一时期青年学生的思想需求——从一段历史和思想的桎梏当中挣脱出来，极力呐喊出内心的声音，因此反叛传统和彰显自由就成为青年人内心的呼声，而尼采哲学的精神气质恰好满足了这一需求。

尼采哲学之所以能够迅速的征服 20 世纪 80 年代的青年人，还有一部分理由在于其自身思想和表达中所饱含的激情。他的激情一方面体现在对传统哲学特别是基督教文化所呈现出来的"奴隶意识"的蔑视；另一方面以敏锐的目光关注到西方社会的现在和将来充满问题和危机。就前者来说，尼采是最为激烈的反宗教意识的斗士，这一点相比较于以往但丁、彼特拉克对天国未来的未能割舍，对比于伏尔泰和卢梭的态度激烈言辞凿凿却仍然承认上帝对普通人生活的必然性，尼采的态度更为彻底。在他看来，上帝的存在既不能给予人们承诺的未来，更导致人们普遍的奴化，只有走出基督教文化这一西方文化的千年迷宫，人们才能真正成就自身，实现文化的自觉。可见，尼采是反基督教文化的斗士。尼采同样也是现代性问题的提出者，一些学者评论尼采是站在 21 世纪地平线上就已经洞察到时代危机的智慧先知，更认为他是第一位富有后现代主义批判精神的哲学家。在现代性正处于上升时期，受到人们的敬畏、尊重，给人们带来的是承诺的幸福生活，而使人们欢欣鼓舞之时，尼采已经觉察到现代性的憧憬和许诺不仅不会实现，或许会给人们带来更大的生存危机，尼采的这一认识充分体现了哲学理论对时代的引导作用。

尼采对西方文化的反思从思维方式入手，思维方式问题是一种文化相对稳定的内核。而西方文化的思维方式从其产生开始就呈现为二元对立式的思维方式，这一思维方式在哲学中呈现为以本质世界的根本取代现实世界的多样，具体体现为以理念抹杀现实、以共相融合殊相，本质的世界是毫无意外的唯一真实的世界，也是最值得追求的世界。这一思维方式内化于基督教文化当中就形成了上帝之城与尘世之城的区别：前者是真正的世界，后者是虚假的世界；前者是人们应该追求的理想世界，后者是人们应该摒弃的肮脏世界。于是，两个世界的划分从柏拉图的理念世界和现实世界的二分转换成了宗教意义上的现实世界与彼岸世界的划分，而后者更为根深蒂固的统治着人们的生活，成为整个西方文化奴化的"罪魁祸首"。正是在这个意义上，尼采提出，摧毁西方基督教文化所代表的理性形而上学传统，重估人生存的价值和意义应该是哲学的任务。

在尼采看来，无论是哲学所描绘的理念世界还是基督教文化所设想的彼岸世界都是子虚乌有式的想象，这种想象是脱离于人们生活的。真实的世界就是在我们面前所呈现出来的状态，即流变的、充满未知的和矛盾的状况；理想的世界是摒除了现实世界的所有的不确定和变化，而以永恒的想象式幸福所构建起来的世界。因此，传统哲学所建构的理念世界与基督教文化所建立的理想世界两者互为补充：前者构成了后者的理论逻辑——借助这一逻辑，理性构成了一切事物内部形式得以呈现的唯一标准，其自身的外化和实在化最终构成了现实的客观世界，因此世界的逻辑是理性逻辑的具体呈现；后者构成了前者的现实呈现，世界本身就是理性逻辑的具体呈现，世界的所有事实都可以通过理性逻辑世界得以解释和澄明。由此它们在事实上达成了一种二位一体的关系。这一关系在根处构成了两者的一致性，其导致即便理性形而上学亦掀起了反基督教的热潮，这一热潮也只能是不彻底的，因为两者遵循着同样的思路，具有同一的逻辑和思维。尼采认为，"'逻辑'对'真实世界'的虚构是人类史上最大的谎言"，"'理性世界'是编造出来的。"① 他说，"人们对形而上学的世界只是断定一个他在，一个达不到的、不能理解的他在，一个具有消极性的东西，……关于它的知识将是一切知识中最无用处的"。② 因此以这样的逻辑所建构起来的理性世界就是应该消解的。

尼采认为理性形而上学的逻辑将理性看作是根本的东西，作为衡量一切事物的根本和标准，并由此构造出一整套真理体系。但事实上逻辑起源于非逻辑，也就是说理性起源于非理性，非理性构成了理性之后更为重要的东西。之所以这样说是因为尼采看到理性所依靠的逻辑和真理并非是自然而然产生的，而是在日常生活当中养成的。他指出："逻辑一开始被看作缓解剂、表达方式——不是真理……后来它起了真理的作用"。③ 但后来由于生活需要人们对一些问题能够尽快作出判断，也就要求人们能够尽可能地减少自身决策的时间，所以人们就将经常发生的一些事件加以归纳和分析，化繁为简形成生活习惯，并以此作为人们生活的准则和判据标准。可以看到，这些习惯的形成与其说是依据人们的逻辑和思维，不如说是根据人性趋利避害的本能，只不过经过长时期的总结和积淀，一些形而上学家将其概括成为规律性的认识，而其初衷已经被人们所遗忘。

可以看到理性并非是其自身标榜的那样唯一和不可替代，传统哲学所依据的判据标准是值得怀疑的，其所建构世界的真实性也是可怀疑的。而

---

① 尼采：《偶像的黄昏》，湘南人民出版社 1987 年版，第 24 页。
② 尼采：《上帝死了——尼采文选》，三联书店 1989 年版，第 263 页。
③ 尼采：《权力意志》，商务印书馆 1991 年版，第 168 页。

柏拉图以来所有哲学建构体系的方式都是理性形而上学，基督教文化所设立的上帝之城更是理性形而上学力图现实化的最佳代言。这样一来，理性形而上学将自身设计成为思想领域当中的"神"，更通过基督教文化为人们的现实生活设定了"神"，前者更通过后者将理性形而上学的思维方式和价值标准灌入人们的生活。"人们为自己造作一切的善与恶。"① 理性形而上学的二元对立思维方式将世界分为真的与假的、善的与恶的、美的与丑的，为人们确立了评价真善美的标准。

在真、善、美当中，道德所依托的善对人们日常生活的影响是最为显著的。在尼采看来，理性所倡导的道德，仍然是以理性的逻辑为基础的道德，理性逻辑自身的不可靠性，就导致了理性的道德也是值得怀疑的，而理性道德的直接呈现就是基督教文化，因此反基督教文化就成为了反传统道德的切入点。上帝作为基督教文化的核心成为了尼采反传统道德致力于批驳的靶子。尼采认为，上帝本身不是一个实存，仅仅是一种理论的假定。上帝是堕落生命的一种精神寄托，他为一切与生命本身所具有的向上性和超越性相对立的事物代言，代表了一切与人性相互对立的东西。"'上帝'这个概念是被发明用来作为生命的敌对概念——也就是把一切有害的、有毒的、恶毒的东西，所有生命的死敌，一举而容纳在一个可怕的概念里"②。基督教所提倡宽恕、怜悯、仁慈、顺从等"美德"其实都是使人丧失生命本性，是对人的生命意志的否定；而基督教的"原罪"思想则剥夺了人生的快乐。基督教的上帝构成了一个腐朽的概念，他代表了一种颓废和堕落，而不是对生命所具有的积极和进取的肯定，必然转化为与自然、生命和生活相互对立的存在物。在上帝面前，一切使自身走向虚无的行为都找到了神圣性的依据，因此信仰上帝只能让人类越来越失去自身所具有的属人性，而沦为动物式的被动存在。由于基督教与生命为敌，尼采把它称为"颓废的道德"、"虚伪的意志"，认为必须对之加以否定。

---

① 尼采：《查拉图拉如是说》，湖南人民出版社 1987 年版，第 68 页。
② 尼采：《瞧，这个人》，中国和平出版社 1986 年版，第 115—116 页。

唯一解决问题的办法就是"杀死上帝"。在尼采的作品当中，有个响亮的口号就是"上帝死了"。但是尼采所召唤的上帝之死与以往传统哲学去神学化的企图有着很大的不同：从文艺复兴之后，人文主义的曙光就已经质疑上帝的绝对地位，神学的教条曾经在人学的高扬面前黯然失色——笛卡尔从哲学层面将我思之"我"确立为主体，达尔文在科学层面以生命进化历程从神学的造世说当中拯救出来，康德更是在知识领域当中将上帝仅仅作为与灵魂和存在并存的三个主要的公设。但即便如此，他们都为上帝的存在预留了空间，笛卡尔以上帝保证物质世界的存在，康德在道德领域和实践领域为上帝提供了新的位置，达尔文晚年也以温和的态度对待基督教的上帝。尼采不同，其表达了对基督教的彻底批判，"上帝之死"的说法更是惊世骇俗。虽然在尼采之前，黑格尔已经率先提出"上帝之死"的说法并以此作为人类悲观、沮丧、失望、迷惘的原因，指出上帝之死是人们丧失了精神性的信仰从而走向堕落的原因。与黑格尔不同，尼采不仅将上帝看作是人类精神信仰的对立物，更认为只有摆脱了这样的上帝，人才有"生"之可能。

尼采所说的"上帝之死"是作为精神信仰的上帝死亡以及上帝信仰所带来的价值观的摒弃，这可以从尼采所举的一则有关"上帝之死"的寓言中得到说明。在《查拉图斯特拉如是说》中，他通过老教皇与查拉图斯特拉的对话表达了对这一问题的看法，上帝是"为他的爱徒们的欢喜而自己建造了地狱。……终因过多的慈悲窒息而死"。[①] 事实上这样的行为看似是慈悲，却导致了最为恶劣的结果，"他的慈悲恬不知耻，他潜入我最最肮脏的角落。这一最为稀奇古怪的、最最令人讨厌的、最富同情心的上帝必须死。他总是洞察我的一切，我要对这样一个见证人复仇，否则我不再活了。明察一切和人类的上帝必须死！人类不能容忍这样一个见证人活着。"[②] 最后尼采借狂人之口传播了"上帝之死"的消息，他让狂人跳到

---

① 尼采：《查拉图拉如是说》，湖南人民出版社1987年版，第78页。

② 尼采：《尼采全集》（第6卷），上海人民出版社1995年版，第387页。

众人中间，大声吼叫："上帝何在，我告诉你们，我们——你和我杀了他！我们全是他的谋杀者！……上帝死了！上帝死了！"[①] 上帝死了，"一切必将随之倒塌，因为它们建筑在这信仰之上依靠于它，生长在它里：例如我们的整个欧洲道德"。[②] 随着对基督教信仰的崩溃，那些建筑在这种信仰之上的整个西方社会的道德、价值体系必随之崩溃，欧洲必将陷入全面的价值危机。但是，在尼采看来，上帝之死也预示了新的希望，上帝死了，人类中的创造者才得以复活，人们才可以建立自己的新的价值。尼采说："价值的变换那便是创造者的变换"。[③] "上帝之死"这件事的本身太过伟大、太过遥远、太过超出人们的理解范围，"事实上，我们这些哲学家为'自由人'深深感觉到自己像是被一个新生的旭日（旧上帝已死的佳音）所照耀着，心中交杂着感激、惊喜、预感和期待之情"。[④]

在这个没有上帝的世界上，一切价值都是人自己建立的，尼采提出了"重估价一切价值"的响亮口号，要以强力意志为标准，把被基督教和传统道德颠倒了的评价重新颠倒过来，建立人类自己的新价值。尼采所说的价值重估，是指对以往以上帝所倡导的价值为评价标准转变为人以实现自身为评价标准从而实现的价值的翻转。"一切价值的重估"是尼采哲学的主旨，其内容就是对基督教价值观的重估。以往基督教文化订立了一整套价值评价标准：善就是按照上帝的旨意行事，恶就是违背上帝的旨意。而上帝之死所带来的一个结果就是原有的价值和道德评价标准的死亡，随之而来的结果也应该是西方理性形而上学的死亡。在尼采看来，当苏格拉底提出"知识即美德"的口号，把知识当作人生的最高目的和道德行为的最高准则之时，就已经确立了抬高理性而贬抑以前古希腊文化注重直觉和本能的传统。苏格拉底以来由理性主义支配的思想和文化的一个根本的错误就是限制和扼杀了人的生命和本能。尼采认为，为理性所支配的思想和文

---

① 尼采：《尼采全集》（第6卷），上海人民出版社1995年版，第390页。
② 尼采：《尼采全集》（第6卷），上海人民出版社1995年版，第390页。
③ 尼采：《查拉图斯特拉如是说》，北方文艺出版社1988年版，第60页。
④ 尼采：《快乐的科学》，中国和平出版社1986年版，第235页。

化使人成为理性和知识的奴隶，变成一架缺乏激情和创造性的机器，从而丧失了人生的价值和意义。为了使人的能力不受束缚，使人的生活和行为具有真正的价值，就必须摧毁理性主义的旧观念，代之以突出人的生命力和本能冲动的新观念。

上帝之死之后的人应该按照何种标准生活，尼采作出了回答：什么是善？凡是增强我们人类力量的东西，强力意志及本身都是善。什么是恶？凡是来自柔弱的东西都是恶。善就是能够表达人们所具有能力的东西，善的生活就是具有健全的生命本能，充沛的强力意志，独特的个性，蓬勃的创造精神，等等；相反恶的生活就是生命力衰弱、怯懦、丧失个性，因循守旧，等等。因此真正的生活应该是彰显人之"强力意志"的生活。在德语中，强力意志是指具有强大力量的意志，不同于一般的意志，强力意志因其力量的强大而具有支配、统治和影响一切事物的能力。

强力意志是生命意志，然而它所追求的不是叔本华所理解的生命自身，不是满足于生命的种种欲望，而是超越于求生之上的生命目的。尼采常常强调，"意志"就意味着"创造"。他认为，生命意志就是表现、释放、和增长生命力本身的意志，是一种蕴含一切可能、突破一切阻碍、积极向上的内在生命力。这种对于力量的强大渴求恰恰表现了生命永不枯竭的本性，所以尼采称之为"永不枯竭的、增殖着的生命意志"，"生理学家们在把自我保存冲动确定为有机体的主要冲动时本应慎重考虑一下。生物首先要释放自己的能量——生命本身是求强力意志：自我保存仅是其直接的、最经常的结果之一"。[1] 尼采赋予了强力意志以超越性和创造性的特点。生命意志所追求的并不是生命自身的意志，不是求生存的意志，而是求强大的意志，是求生命不断自我超越的强力。"有生命所在的地方，即有意志，这是千真万确的，但是这意志不是求生意志，——我郑重地告诉你，——而是强力意志"！[2] 生命意志并不满足于自身，它要从高于自身

---

① 周国平：《周国平文集》（第3卷），陕西人民出版社1996年版，第446页。
② 尼采：《查拉图拉如是说》，湖南人民出版社1987年版，第141页。

的东西那里去寻求自身的意义和目的。在尼采看来，人没有一成不变的既定本质，他可以自己改变自己，塑造自己，创造自己的本质。他把人看成是未定型的、未完成的，有无限发展可能的一种存在。尼采认为人的本质是生成的和可塑的，与动物不同，动物的本性一旦确定永无改变之日，而人的本质决定了人的生活可以自我确证——当犯错误的时候，可以通过自身的努力加以校正。在对世界的理解上，他把世界看作是不断生成的世界。他说，世界是"生成的世界"，世界是永远在自我创造、自我毁灭中的酒神世界。

具有强力意志的人就是超人，超人是尼采关于人的理想类型的一个象征。在尼采看来，"人是桥梁"，是一座不断超越过去，通向未来的桥梁。他认为，人类之伟大处，正在于它是一座桥梁而不是一个目的，人类之可爱处，正在于它是一个过程与一个没落，人的未来就是超人。一部《查拉图斯特拉如是说》几乎就是一曲超人的赞歌，但是，尼采始终没有对超人作出明确的说明。他是以否定的方式来解释超人的。尼采将超人与末人对立起来：末人缺乏生命意志，没有创造的愿望和能力，个性泯灭，千人一面，庸庸碌碌，苟且偷生；超人有着健全的生命本能和旺盛的强力意志，具有强烈的创造欲望和能力，具有独特而完满的个性，能够超越自身，主宰命运。

我们可以看到，在尼采哲学当中清晰的蕴藏着一种对人性解放的呼唤，他所提出的上帝之死，也就是向一切压制人的权威宣判——拒斥理性、反抗权威、反叛传统、打倒偶像，在中国反帝反封建革命时期起到了解放人们的思想的作用，为革命的进行提供了思想理论支撑。对改革开放以来中国社会的发展也起到了思想解放的作用；对理性标准的拒斥在一定程度上为实践标准的确立提供了基础；对个性的解放和思想行动自由的追求也在客观上起到了唤醒市场主体作用的功效；对自我价值和自我责任的强调也为青年人的实现自身价值创造了条件——因"偶像"走入了黄昏，而人只能成为自己，对于改革年代的青年人自觉肩负起时代使命和责任感，发扬时代先锋的作用，打破一切陈腐观念，确立现代社会积极进取的理念具有积极的作用。

与此同时，尼采哲学拒斥一切标准和重估一切价值的主张也会为当代青年人产生消极影响。其一，尼采哲学带给青年人一种不正确的价值观。当青年人放弃一切传统的价值标准——特别是传统思想当中的一些优良的品质在尼采哲学的天平上被看作是应该抛弃的东西之时，这一消极影响就尤为明显。比如善良、宽容、怜悯、同情等珍贵的品质，是传统文化当中珍贵的组成部分，先哲以"己欲立而力人"、"己欲达而达人"、"己所不欲勿施于人"等方式表达人所具有的平等、同情、怜悯之情，在以尼采为代表的现当代哲学思潮的冲击下变成了值得质疑的东西。这对于当代青年人的成人、立德会产生消极的影响，也会影响良好社会风气的形成。其二，尼采哲学所具有的进取精神处置不当就会陷入个人主义。尼采认为超人是人的未来形态，而超人就体现为超越性和进取性，但他并没有对人在选择积极进取的方式同时与整个社会、与其他人的关系作出阐释，这就导致一些青年人认为积极进取的人生就是忽视社会的需求和他人的利益，而一味的寻求自我价值的确证和自我目标的达到。这就导致了一种个体本位主义倾向的抬头。其三，尼采哲学所提出的个性解放以及无限制自由的要求，也会对整个社会的秩序产生冲击，使青年人在享受自由的同时，忘却了应该在社会规范的前提下拥有自由；也导致了青年人产生一定程度上的对社会规范的不屑一顾或置之不理的态度。

在开展青年教育的时候，应有针对性的对这些问题加以解决：如增强青年人对传统道德的理解程度，特别是结合现代社会的变化引导学生思考传统道德和价值观在当下所应实现的变化、所起到的作用以及对合理社会生活的重要影响，帮助青年人继承传统道德观的优秀成分，并自觉思考和接受道德观和价值观从传统到现代的合理转型——即社会主义核心价值观，以此消除尼采哲学对价值观所起到的负面影响。再如应有效引导青年人思考个体的发展与社会发展之间的关系、个人自由与社会规范之间的关系，帮助他们认识到个体、社会和国家利益的一致性，使之确立一种在国家利益和集体主义基础上的刚进有为的生活态度。

二　柏格森：生命的绵延与当下的生活

柏格森哲学是现当代哲学思潮中又一位在时间上影响较早、在程度上影响较深的西方哲学家，其思想在中国社会传播的历史可以追溯到五四运动时期。甚至相比较于尼采、柏格森哲学对思想界的影响更为深远：一大批活跃的知识分子致力于翻译和传播柏格森哲学，甚至评价柏格森是"自康德以来最富独创性，并永远流传于世的人物"，一时间柏格森的相关研究作品充斥于理论研究当中，一些刊物如《民铎》出版专号研究柏格森哲学，更影响了新儒学梁漱溟、熊十力等人的思想。可见柏格森哲学在当时中国的影响之深远。改革开放以来，柏格森哲学对中国社会的影响主要体现在其生命哲学中对人的生命和人生的意义的思考当中——不仅探讨了生命的过程、生命的变化，更探讨了生命变化过程当中的内在精神生活和意义世界。其对生命的思考更注重对过程性的强调，表达了生命在时间的不可逆性中所呈现出来的生命活力和永恒变化。这些思想迎合了青年人对生命体验的个体化感知和对生命意义的个性化思考，成为在一定阶段中风行的社会思潮。

柏格森哲学体现为关注生命本真状态的哲学，而这一主题的确立也与其所处的时代条件有着密切的关系。当自然科学的发展以摧枯拉朽的态势席卷整个世界之时，不仅意味着科学成为衡量一切的指标和标准，更为根本性的影响在于科学的研究方法和思维方式渗透到了所有学科当中，也包括哲学。在柏格森看来，这一时期的哲学与科学保持着某种微妙的关系：与科学一样，哲学也以某种形而上学的实体为研究对象，沉溺于理智的方法，通过理性的努力达到对实体的解释。这是以往一切哲学所做的工作——走了一条与科学同一的道路。"哲学侵入了经验的领地，从此，哲学便忙于许多与自身无关的事情了。科学、知识理论和形而上学都发现自己处境相同。"①哲学追溯了科学，将自身看作是科学真理范畴之内的一种知识，因此全部的知识既包括科学知识也包括形而上学知识。而事实上科学与哲学无论从对象到方法再到思维都是不同的：科学研究物质，哲学研究精神；科学的方法是理智，哲学的方法是直觉；科学的理智方法应该用来把握世界，而哲学的直觉方法应用来把握生命本身。长久以来，正因为哲学没有弄清楚这些问题，所以一直含混不清，直至科学的发展似乎有了吞没哲学的趋势。柏格森认为自己并不是站在实证科学和理性的对立面来反对实证科学和理性，而是指出它们的有限范围。实际上也是如此，他从来没有否认过理性和科学知识的价值和作用，只是认为科学和理性的性质决定了它们的研究范围和对象是有限的，一旦超出这个界限，它们就无能为力了。由于哲学的研究对象是在时间中绵延着的生命，其生成性、创造性和流变性都不是具有抽象性和凝固性的理智所能把握的，理性对于把握生命是无能为力的，只有依靠直觉。而要真正拯救哲学的危机，就要建立一种新的哲学——用哲学式的方式建立哲学，而与科学分离。正是在此基础上，柏格森提出了以生命冲动为基石，以时间即绵延为本质，以直觉为方法，建立独具特色的生命哲学。

柏格森毕生的哲学努力是要把形而上学从危机中拯救出来，建立新的形而上学。在他看来，传统的形而上学的根本问题，就在于它不能完整地把握生命。由于旧形而上学总是用实证科学的方法把握哲学，即以空间的观念看世界，以纯粹理智的手段来处理生命的问题，这就使它无法把握生命的本质。而哲学不是具体科学的综合，因此应该严格区分哲学和科学，不能用实证科学把握空间中物质的方法来把握生命，而应该以真正的时间来把握生命。因此生命哲学与传统哲学的根本区别就在于要以时间取代空

---

① 柏格森：《创造进化论》，华夏出版社 2000 年版，第 170 页。

间作为形而上学的对象。

柏格森认为，时间具有两种不同的存在方式：科学的时间和真正的时间。但人们在使用的时候，往往用前者统摄后者——以定量分析的要求把时间看作是由一个个同质而独立的前后相继的瞬间组成的线，将同质性、可计量性、可分割性看作是时间最本质的特征。例如，在日常生活中，可以将一天分为 24 小时，将 1 分钟等同于 60 秒等就体现了时间在科学意义上的均匀性和同质性，这也说明了时间除了均匀的流逝性之外，每一个不同的时间之间没有质上的区别。这是传统科学意义上的时间观，令人遗憾的是，这一在科学意义上具有普遍性的时间观也统治了其他领域，当康德式的将时间与主体所具有的认知形式相互关联的哲学时间观变成异类被科学式标准排除之后，在所有的领域内——包括科学和哲学，时间就是一种线性的均匀流动。而柏格森恰恰认为这是在用科学上的空间语言来谈论时间——科学在计算时间之时，总要借助空间符号来测量时间，这样就把时间变成了可度量的空间或者说将时间空间化。这种科学的时间观一方面有助于我们在量的意义上把握时间，但另一方面却把时间仅仅看作量的区别，而否定了时间所具有的异质性，导致我们无法体会真正的时间。真正的时间不是在客体和空间的流动中存在的，而是通过生命本身来理解的：真正的时间是绵延，只有绵延才能说明生命。

在柏格森的生命哲学中，"绵延"是一个核心的概念。在与传统的科学时间对比中他阐释了对真正的时间——绵延的理解。"我们将注意力集中到我们已经具有的一种东西上面，它离外在性最远，又最少被知性所深入。在我们经验的范围内，让我们寻找一个点，我们感到：这个点在我们自己的生命当中与我们最密切。我们重新回到的，正是纯粹的绵延；过去始终在这种绵延中移动，并不断地与一个崭新的当前的一种膨胀。"[①] 在柏格森看来，要精确地给绵延下定义是不可能的，因为绵延是非常难以捉摸的东西，但从其对绵延的阐述中，我大致可以把握到"绵延"具有以下特点：

---

① 柏格森：《创造进化论》，华夏出版社 2000 年版，第 172 页。

绵延的第一个特征是时间意义上的连续性和不可分割性。只有在过去、现在和未来的时间之流中才能谈得上是真正的绵延。柏格森说："有一种可被测量的时间，从其为一种纯一体而言，这种时间就是空间，从其为陆续出现而言，它就是绵延。"①而绵延不仅仅指称过去连续进展直至未来的过程，而是将过去、现在和未来看作不可分割的有机总体。举例来说，类似音乐，每一个音符都是这个音乐的一部分，如果简单是一些音符排列在一起无法感受到音乐之美，因为其中的绵延被破坏了，相反只有将其作为一个联系的整体，音符就变成了优美旋律当中流淌的东西，音乐才能真正展现出绵延的特性。因此绵延不仅指时间的流动，更包括整体的特性。第二个特征是空间上的变化性。"绵延像一条河流，这是一条无底、无岸的河流，它不借可以标出的力量而流向一个不能确定的方向。即使如此，我们也只能称它为一条河流，而这条河流只是流动。这是一种状态的连续，其中每一个状态都既预示着以后，又包含着以往。"②正如流动的河流一样，绵延不是简单的延续，而是空间当中所包含的变化性，这一变化使绵延体现为时间与空间上的统一。第三个特征是一种创造力。"绵延意味着创新，意味着新形式的创造，意味着不断精心构成崭新的东西，"③"在绵延中过去与现在变为同一而且继续与现在一起创造某种崭新的事物。对于有意识的生命来说，要存在就是要变化，要变化就是要成熟，而要成熟，就是要连续不断地进行无尽的自我创造。"④在创造中绵延才能将自身的总体性、过程性和变化性都完整的呈现出来。第四个特征是具有不可预见性。"预见就是将已经在过去观察到的东西投射到未来中，"但是，"从未被观察到的东西，同时又是简单的东西，却必定是无法预见的。"⑤绵延能够存在于记忆当中，但却无法被未来预测。

---

① 柏格森：《时间与自由意志》，商务印书馆1997年版，第156页。
② 柏格森：《形而上学导言》，商务印书馆1963年版，第29页。
③ 柏格森：《创造进化论》，华夏出版社2000年版，第16页。
④ 柏格森：《创造进化论》，华夏出版社2000年版，第13页。
⑤ 柏格森：《创造进化论》，华夏出版社2000年版，第12页。

柏格森的"绵延"理论强调了一个非常重要的观念：生成。无论是他对"绵延"的不可测量性、连续性的阐释，还是对"绵延"的创造性和不可预知性的揭示，"绵延"都表达了生成性特征。以绵延来理解世界，世界就是处于不断变化与永恒生成中的世界。生成观念是对传统哲学"预成"观念的一种超越。传统哲学家总是把世界看作是按照理性的秩序构成的，为某种终极目的而存在的静止的、"预成"的世界。柏格森以其独具特色的绵延理论重新理解了世界——世界并不是静止的，而是处于永恒流变与生成之中的世界，世界的本质特征是"生成"。

在绵延概念的基础上，柏格森提出了"生命冲动"概念，并赋予生命冲动以本体的崇高地位。生命冲动导致了世界的生成，进而产生了宇宙的总体演化。在其代表作品《创造进化论》中他指出："我将自己的每一种状态都描述成一个片段，仿佛是个分割出来的整体。我说我确实在变化，但在我看来，这变化存在于从一种状态到下一种状态的过渡中：对于每个分割出来的状态，我们往往会认为，在它作为当前状态的全部时间里，它始终如一。然而，只要稍加注意，就会发现，在每个瞬间里，所有感情、意念和意志都在发生变化：倘若一个精神状态停止了变动，其绵延也就不再流动了。"①因此生命冲动本身即是绵延，是纯粹的时间之流，它无时无刻不在创造新的东西，构成了世界上一切事物生生不息、推陈出新的最深刻的根源。生命进化的原动力就是生命的冲动，生命创造地进化着，进化是一种不停顿的崭新创造。在这一意义上他称自己关于生命进化的理论为"创造的进化"，以区别于以往的机械进化论。"我们难道必须放弃对生命深度的测量吗？我们难道必须用机械论的观念去解释生命吗？我们的理解力总是赋予我们这种观念——这种观念必定是人为的和象征的，因为它将生命的全部活动缩减成了人类活动的某种形式，而这种形式只能局部的说明生命，只是生命真正过程的结果或者副产品。"②在柏格森来看，机械论

① 柏格森：《创造进化论》，华夏出版社 2000 年版，第 8 页。
② 柏格森：《创造进化论》，华夏出版社 2000 年版，第 3 页。

无法把握生命的本真状态，而只有创造的进化论才能实现。以创造进化论视角看待宇宙，宇宙进化不是线性进行的，而是发散式地进行的，就像炮弹爆炸一样，伴随着爆炸，生命爆裂为许多个体和物种。区别不同个体和物质的因素在于生命本身所遭遇的无机材料自身所具有的惰性和阻力，以及生命本身所产生的爆炸力，两者之间的动态平衡使不同的生命和个体得以产生。前者是生命的惰性，是从无机世界到有机世界的历史证明了生命体总是要不断打破自身无机材料的阻力才能实现生命形态的自我跃迁；后者构成了生命分化内部更为深刻的原因，生命本身体现为一种趋向的冲动，这种趋向构成了不同的方向感，而冲动构成了在这些方向上分化的动力。恰如我们从幼年到童年再到青年的生长过程，每一阶段都具有不同的个性特征和可能性，这是一种趋向。但生命冲动本身需要在这些趋向中作出选择，因为一些特征本身具有互不相容性，就需要作出选择，而选择就需要放弃，这样生命冲动就在选择的过程中发挥作用。生命冲动构成了宇宙进化的内在力量，以生命冲动为基础，世界的发展呈现为一个自由的创造过程。

在强调了宇宙以生命冲动为基础实现自我生成的基础上，柏格森又探讨了生命本身的自我生成性。在他看来，生命的自我也具有两种状态：一种是表层的自我，即处于空间中的自我，是意识关注行动的时候产生的；而另一种是真正的深层自我，不仅囊括于空间当中，更是在过去、现在和未来时间的流动当中绵延的自我，也就是说只有将人的内在状态放在永恒的变化和生成当中，而不是把自我看作是既成的存在，才能在意识层面上形成更本真自我的认识。当然在柏格森看来，这两种自我又是统一的，统一于每一个个体。但事实上，更多的人民习惯于用经验性的方式把握自我的表层，很少有人能够真正深入到深层的自我。如果想要走进深层的自我，就必须在相对的意义上与表层的自我暂时实现分离，"心理生活的表面上的间断性乃是由于通过一系列各自分离的行为将我们的注意力固定在它上面：实际上只有一个平缓的斜坡；但是循着我们注意行为的断裂线，我们认为所看见的是一些分离的梯级。我们把注意力集中于它们乃是因为它们更使注意力感兴趣，但它们中的每一个都是由于我们整个心理存在的流而产生的。"① 自我的意识状态是一股不可分离的意识之流，每一个意识状态既包含了以前的意识状态，又产生着新的意识状态，意识状态之间并不是彼此分离的，而是相互渗透、互相包容的。因此，真正的自我就是绵延。由此，柏格森认为，经验的方法对于解释和把握人的内心状态是无能为力的，只有通过意识的直觉和反省才能把握到真正的自我。

柏格森以其独特的"绵延"概念来把握生命，阐释了真正的时间、真正的自我和生命冲动。那么，怎样把握绵延呢？柏格森认为，只有直觉才能把握绵延。对于直觉的理解与以往不同，柏格森认为直觉并非神秘的自在之物。"直觉更多的是一种方法，是认识的一个过程，也就是从发展过程中理解所有存在的东西。柏格森把发展过程理解为形成过程，就是在艺术创作中出现的过程。在这个意义上，直觉是发展中的认识。"② 想要给直觉下一个理性意义上的定义是困难的，因为直觉并不是依靠演绎的方法获得，但这也不是说直觉就要抛弃思维，而是说直觉就是在绵延当中的思维。直觉是把握绵延的方式，柏格森指出，绵延的自我是必须要用直觉来把握的，理智无法企及这一问题。在这里他区分了两种认识：理智与直觉，并进一步指出理智的方法适用于认识外在的物质世界，但却不适用于把握以绵延为本质的生命。理智的对象是空间中的事物，其方法是从整体到部分、从运动到静止的逻辑分析方法，其特征是抽象性和固定性。柏格森说："按照我们理智的自然倾向，它一方面是借凝固的知觉来进行活动，另一方面又借稳定的概念来进行活动。它从不动的东西出发，把运动只感知和表达为一种不动性的函项。它利用现成的概念，并且竭力企图好像在网中一样在这些概念中去把握实在（它在其中通过）的某种东西。"③ 由于理智的分析方法总是通过把对象分割成一个个独立的静止片断来揭示它们之间的因果关系，因此理智适用于把握科学的对象和解决日常生活中的问

---

① 柏格森：《创造进化论》，华夏出版社 2000 年版，第 3 页。

② 费迪南·费尔曼：《生命哲学》，华夏出版社 2001 年版，第 64—65 页。

③ 柏格森：《形而上学导言》，商务印书馆 1963 年版，第 29—39 页。

题，而根本不适用于认识以不可分割的绵延为本质的生命。理智的特征就是天生不能把握住生命，"理性的工作是依靠科学向我们越来越完整地表达出物理操作的秘密；……它只在生命的周围打转，从外部对生命提出尽可能多的看法，把生命拖到自己这边来，而不是进入到它里面去。但是，直觉引导我们正是要达到生命的真正内部……我用直觉是指那种本能，它是已经脱离了利害关系的，有自我意识的，能够反省它的对象并无限扩展对象的。"①绵延是不能用理性所把握的，如果企图用理性把握绵延，恰似用一张大的渔网捕捉川流不息的河流，是无法实现的。理性只能用来把握静止的东西，而动态的难以捕捉的东西只能依靠直觉。直觉是把握绵延的唯一方式，而直觉的方法是深入到事物内部通过生命的内在体验和感受达到对绵延的把握，也就是把自身于对象合一，在一体性当中才能把握绵延和生命——主体和客体在一体性的关系当中，才能达到对整体的把握。

我们可以看到，柏格森的哲学一方面大体上还保持着近代哲学家的研究框架，这表现在柏格森的哲学充满了对于生成与实体、绵延与广延、时间与空间、理智与直觉、哲学与科学等传统哲学对立范畴的研究；另一方面他又企图扭转人们的常识观念，在严格区分哲学和科学界限的基础上，重建哲学。这一对生命真实状态的探讨，一方面将青年人从原本生命本身的一维和单一的追求当中唤醒，以生命的流动性和发展性来看待生命整体，有助于青年人对生命更深刻的诠释。同时对青年人从静止的形而上学思考生命的思维方式到辩证和在运动中思考生命的本真状态的转变提供了良好的契机。

柏格森哲学在对青年人产生若干积极影响的同时，也会产生一些消极影响。如当他将生命的本质看作是"绵延"，以生命的过程取代生命的整体，会使青年人着重于过程，而失落了全体。特别是以感受性把握生命的方式，将生命的意义仅仅与感受相关，这就使青年人将生命的目的看作是获得快乐、追求幸福。当下的幸福和快乐在一些青年人的眼中成为了最重

①　柏格森：《创造进化论》，华夏出版社 2000 年版，第 176 页。

要的东西。这一思潮导致的直接后果就是青年人将感官享受作为评价标准和尺度，以此来审视一切实践活动——能够获得快感和吸引眼球的东西就是好的，而那些长久给予人们以影响但不能即刻兑现的东西、那些与现实的快感相对立的理性的思索、那些关涉长远的生命价值和意义的关键要素却被一些青年人所蔑视和抛弃。这从长远来说容易导致青年人失却理性思索而沉浸于现实的体验中，忘却自身的使命、社会的责任和民族的未来。

在对青年展开教育的过程中，应将生命本身的价值和意义更为全面的展开——其不仅体现在生命的每个细节当中，更体现在生命的整体当中，在每个当下创造价值才能在生命的整体当中获得价值。只有立足于生命整体，珍惜生命的每个瞬间，在两者统一的意义上有针对性的展开创造生命意义的实践活动，生命的真正价值才能实现。因此生命的价值体现在每一个诚实守信的事件中，也体现在每一个团结友爱的活动中，更体现在将个体的生命融入社会生命和民族生命的过程当中，这才是每个青年人应该选择的生命轨迹，也只有这样的生命轨迹才能真正创造出生命的价值。

三　弗洛伊德：隐秘的世界与人性的结构

在当代青年人对现当代哲学思潮的接受过程中，奥地利著名的精神病学家、心理学家西格蒙德·弗洛伊德占据着一个非常重要的位置，成为现当代哲学思潮中最为重要的思想家之一。在他们看来，弗洛伊德叩响了隐秘世界之门，发现了一个新的世界，他的著作是20世纪经久不衰的畅销书，他的思想对整个世界产生了广泛而深远的影响，有人称之为"弗洛伊德"革命，把他与牛顿、达尔文、哥白尼相提并论，甚至有"三个犹太人"改变世界的说法（弗洛伊德、马克思、爱因斯坦）。

弗洛伊德思想能够在中国社会中形成一种风潮主要与其思想与现实要求的内在契合相关。从五四运动时期开始，弗洛伊德思想就以解放人的情感意识和确立人的性道德观著称，一时间弗洛伊德思想成为中国文化领域当中的一种风潮，许多中国文化界领军人物都对弗洛伊德思想产生了浓厚的兴趣，如鲁迅先生就曾对弗洛伊德思想表现出极大的兴致，并专门撰文进行探讨。自20世纪80年代以来，弗洛伊德思想又一次引起了人们的关注，人们更多地认为他将人们隐匿在内心深处的真实世界揭示出来，将传统文化禁锢下人们羞于谈论的人性的另一面彻底的暴露出来。在这样一个解放思想的关节点上引发了人们更多的关注。他的思想被应用于哲学、文学、心理学、社会学、管理学、政治学等多个学科领域，成为一种具有广泛影响的思想理论。受此风潮的影响，当代青年人也受到这一思想的影响：用人格结构理论剖析自己的内心世界成为青年人热衷的活动，《梦的解析》也成为在青年人当中较为畅销的书籍，他们对弗洛伊德所揭示出来的潜藏在意识背后的秘密世界保有浓厚的兴趣。弗洛伊德对人类真正行为动机的挖掘、对社会文明与人的本能的理解也对当代青年人认识自身、思考社会产生了一定程度上的影响。

弗洛伊德在中国社会的影响是与其在潜意识理论上的贡献联系在一起的。虽然"潜意识世界"并不是弗洛伊德第一个发现的，但是，弗洛伊德第一个以"潜意识世界"为中心，建立了一种前所未有的心理学——哲学体系，即关于潜意识活动的精神分析学说。自笛卡尔以来近代理性主义形成了根深蒂固的信念：人的精神世界是有意识的世界，意识是人的根本属性，有意识的活动统治着人类的精神世界。这种信念也同样支配着心理学家，"心理即意识"，心理学就是研究意识内容的科学。尽管在弗洛伊德之前，一些心理学家、精神病理家也注意到"潜意识"，但是这一切都并未构成对意识世界权威地位的威胁，心理学家的实验也未使"潜意识"从意识世界中独立出来。弗洛伊德明确地告诉我们，潜意识才是人的心理结构的核心，"心理过程主要是潜意识"。他把潜意识理论作为自己精神分析学的第一个基本理论前提和核心，并围绕潜意识理论，建立了自己的独特的、在人类思想史上独树一帜的精神分析理论。

弗洛伊德的潜意识是通过对日常生活中种种现象的分析得出的。在他看来，人们在生活中经常发生一些口误的现象和无意识的过失，这些状况一般被认为是偶然发生的。但通过对一系列典型事例的分析弗洛伊德却在偶然中发现了必然，"现在假定大多数的口误和一般的过失都有意义，那么我们以前从未注意到的过失的意义，便不得不引起特殊的注意；而其他各点都不得不退处于次要的地位。生理的及心理的条件可以略而不谈，把注意力全部倾注于有关过失意义及意向的纯粹心理学的研究。"[1]正是对纯粹心理世界的关注，弗洛伊德发现了人性隐藏的秘密。人的有意识活动包括感性、意志和思想等精神活动，其特点是自觉性、目的性和社会性，它始终处于人的精神世界的表层并可以用语言来表达。如果能够将人的全部精神

---

[1]　弗洛伊德：《精神分析引论》，商务印书馆 1986 年版，第 20 页。

生活比作一座漂浮于海上的冰山，意识世界只是呈现在海洋表面上的山尖，它在全部精神世界中只占小部分，而潜意识世界则是海洋下面的巨大山体。潜意识就是处于意识背后而意识无法触及的空间，相对于意识而言它不仅是暂时隐藏的，简直可以说是永远隐藏的。"'潜意识'一词，已不再像在别处用以表示的观念；潜意识现在乃是一个特别的领域，有它自己的欲望和表达方式，以及特殊的心理机制。"①潜意识包括这些内容：一部分是源于意识生活的"遗念"，即经验过的但却被意识抛弃了的事物或事件，另一部分是来自潜意识领域当中的潜藏观念，两者的结合构成了潜意识的全部内容。相比较于意识的可感知特性，潜意识总是潜在于人的意识背后，在日常生活当中不易被人们察觉，但总会通过某种方式初露端倪，比如梦境和口误等。潜意识相对于意识世界就体现为潜在的、不易察觉的精神性活动。在弗洛伊德看来，意识仅仅是人的整个精神活动中的一个很小的部分，潜意识才是人的精神活动的主体。他曾经将潜意识比作是意识的前厅，在这个前厅当中，各种精神就像许多个不同的个体兴奋地拥挤在这个房间里。与这个房间紧邻的是一个较小的房间，类似于接待室，这便是意识的领域。只用意识来解释人的精神活动是不完整的，只有充分注意到潜意识领域存在，才能合理地解释人们的精神生活。因此对人的科学研究就是要透过人的精神生活表层，揭示人的全部精神生活的原初基础。

　　弗洛伊德将潜意识看作是人性结构当中最重要的内容，其对人的影响甚至比意识更大。在他看来，潜意识是人的本能冲动，因其不能直接进入意识领域，特别是受到意识压抑的本能欲望和情感就会形成巨大的潜在力量，构成精神世界的深层结构，构成了人的一切活动的源泉、基础和出发点。"潜意识是一个纯粹描述性的术语，因而包括那些暂时潜藏着的东西。不过，压抑过程的动力学观点使我们有必要给潜意识赋予一种系统的意义，这样潜意识就必然等同于被压抑的。"②意识和潜意识的界限不是固

---

① 　弗洛伊德：《精神分析引论》，商务印书馆1986年版，第165页。
② 　弗洛伊德：《自我与本我》，长春出版社2004年版，第109页。

定的，呈现为本能和欲望的潜意识总是伺机从深层上升到表层，渗透到意识领域，以求按照快乐原则，追求无拘无束、淋漓尽致的满足和表现；与此同时，意识由于接纳了受制于外界环境和社会规范等现实原则，不断压抑、扭曲、禁锢着潜意识本能。因此两者之间总是存在着冲突的：潜意识想要转化为意识，而意识极力抗拒大多数本能的潜意识。

即便如此两者之间的转换也是时有发生的，"潜意识一词从纯粹叙述的意义进而叙述其系统的意义；这就是说，我们决计认为一种心理历程的意识或潜意识仅仅是该历程属性的一种，但不必是决定性的。假定这种历程是潜意识的，那么其不能侵入意识也许仅是它所遭遇的命运的一个信号，而不必就是它最后的命运。"[1] 每一个潜意识的心灵系统可能在某种条件下成为意识的系统，但必须经历前意识阶段。在弗洛伊德看来，在意识的房间和潜意识的房间之间的门口有一名守卫，他的工作是对潜意识进行考察，"前房内，潜意识内的兴奋不是另一房子内的意识所可察知，所以它们开始是逗留在潜意识之内的。它们如果进入门口，而为守门人赶出来，那么它们就不能成为意识的；那时我们便称它们为被压抑的。"[2] 与此同时，即使能够进入意识房间的潜意识也不都能成为意识，它们以前意识的方式存在，仅有当意识注意到它们的时候，才被允许进入意识的世界。作为守门人的前意识是潜意识向意识发展的过渡领域。潜意识要进入意识领域必须经过前意识领域，借助于前意识的某种形式才能实现。前意识与意识有别，它是临近意识的心理现象，是来自意识的东西，如想法、印象等暂时储存的地方。前意识也与潜意识不同，潜意识不能被意识到，而前意识是当下意识不到，却可能被回想起来的东西。从本质上说，它属于意识领域。

在探讨潜意识通过前意识转化为意识的过程当中，弗洛伊德提出了一系列概念——压抑、转移、升华。压抑是指将意识不能直接接受的欲

---

[1] 弗洛伊德：《精神分析引论》，商务印书馆 1986 年版，第 232 页。

[2] 弗洛伊德：《精神分析引论》，商务印书馆 1986 年版，第 232 页。

望、冲动、意念、情感和记忆等压制于潜意识的领域当中。这一压制不但不会使这些潜在的欲望消失，相反会酝酿成为一股强大的力量，它们想方设法地进入意识领域，有时会采取一些伪装的方式，这就是转移。转移在极端的情况下表现为歇斯底里，而在一般情况下表现为梦境和口误，"那唤起梦的刺激的白天遗留的经验，是前意识的材料；这个材料在夜间睡眠时，受到潜意识以及被压抑的欲望和激动的影响；从而利用本身的力量，加上联想的关系，造成梦的隐义。"[①] 在这一状况下，意识因沉睡而放松了抗拒，被压抑的本能冲动便以梦的形式出现，在梦中求得暂时的宣泄。当然，被压抑的本能冲动不是赤裸裸地出现在梦中，而是经过一番伪装而变得面目全非、离奇古怪，其本来面目就能很巧妙地掩饰过去。在白天，混入前意识世界的潜意识则伪装为遗忘、口误、笔误等过失行为。睡梦和失误尽管使被压抑的本能冲动扭曲变形，但毕竟使它们通过意识活动抒发出来，使那些不安的冲动得到一定程度的缓解。在弗洛伊德看来，最理想的转移方式就是将潜意识的本能冲动转化为社会所许可的方面，他将其称为"升华"。这一概念被他用于解释社会生活当中的一些创造性的活动如艺术创作、科学发明等的动因。如果意识对潜意识过分压抑，以至于本能的冲动找不到任何升华渠道——即时在睡梦和失误中也得不到充分的宣泄，就会造成明显的心理变态，导致精神病的发生。

弗洛伊德潜意识理论的提出，改变了传统哲学和心理学对"人"的理解，拓宽了心理学的研究领域，动摇了西方理性主义的根基。长久以来，在西方心理学和哲学史上，占主导地位的一直是这样一种不可动摇的观点：意识和理性决定和支配着人们的行为。弗洛伊德的潜意识理论揭开了长期以来被忽视的人类心灵的一个广袤领域，说明了"心理过程主要是潜意识在起作用的"，揭示了非理性的潜意识在人的行为中的决定作用，这为把握人的精神世界的丰富内涵开启了一个新的视界，从根本上改变了对"人"的理解。但是，弗洛伊德的理论过于强调人的生物性，片面强调本

---

① 弗洛伊德：《精神分析引论》，商务印书馆 1986 年版，第 234 页。

能的作用，忽视了人的社会性，忽视了社会文化环境对人的行为的决定性影响。

如果说潜意识学说是精神分析学的核心，那么性的理论就是潜意识学说的核心，离开性本能冲动，就无从揭示潜意识的秘密，也无从说明整个心理过程的动力根源。弗洛伊德认为，潜意识是人的心理系统的深层基础，其中隐藏着大量的本能冲动和被压抑的欲望，而隐藏在潜意识世界里的形形色色的本能冲动中，最原始的本能冲动是性本能冲动，他称原始性欲的能量为"里比多"。"我想最好先请你们注意'里比多'（libido）这个名词。里比多和饥饿相同，是一种力量，本能——这里是性的本能，饥饿时则为营养本能——即借这个力量以完成其目的。其他名词如性的激动和满足等则不必有定义。"①在弗洛伊德看来，里比多是一种潜在的动力，是人性的根源，指称快感的刺激和满足、生殖的技能以及由此带来的不正当而必须隐匿的观念，等等。"打破一切伦理束缚的自我乃是受美育所拒斥，道德规律所制裁的性欲需要所支配的。而对快乐的追求，我们称之为'里比多'——就肆无忌惮地选取一般人所禁止的事物作为自己的对象：不仅是他人的妻子，甚至于是普通人都视为神圣不可侵犯的——如母亲和姊妹，父亲和兄弟等。"②可见，弗洛伊德的里比多不仅包括我们通常意义上所说的"性"概念，更包括所有以快感为目标的肉体功能；不仅生殖行为是性的，而且手足亲情、友爱等都和性冲动有关。

虽然原始性欲是人与生俱来的，在人的生命之初就已存在，但性冲动作为原始本能，是在人的生成过程当中逐渐表现出来的。从广义上说，性冲动伴随人的终生，从幼儿时期就已开始了，其表现形式随着年纪的增长而发生变化。弗洛伊德把这一过程分为三个大的阶段：第一个阶段是幼儿期，从婴儿出生到5岁，这是性发展的起点，也是为人性、性格发展奠定基础的时期。幼儿期又可分为口腔阶段（1岁以内）、肛门阶段（2—3岁）

---

① 弗洛伊德：《精神分析引论》，商务印书馆1986年版，第247页。
② 弗洛伊德：《精神分析引论》，商务印书馆1986年版，第91页。

和性器官阶段（4—5 岁）。在口腔阶段，婴幼儿的快感集中在嘴和唇，这是追求口快感的阶段。在肛门阶段，婴幼儿的快感集中在肛门。在性器官阶段，婴幼儿的快感集中在生殖器。在这一阶段，婴幼儿开始了由自恋向他恋的发展，开始有了"对某些人深情的偏爱"，男孩子开始恋母妒父，出现"俄狄浦斯情结"（即恋母情结），而女孩子则出现恋父情结。第二个时期是潜伏期（6—11 岁），在这一阶段儿童总是受到外界影响和内在精神世界的压抑，其性冲动处于抑制状态。被抑制的性冲动可能获得升华，从而激发人类的创造欲望，形成文明。被压抑的性冲动也可能得不到适当的升华，退化成为导致心理变态的根源。第三个时期（12—18 岁）是青年期，其特点是随着性器官趋向成熟，潜伏的性冲动被唤醒，青年人进行正常的婚恋，成家立业，走向社会，这有助于形成正常的人格。弗洛伊德认为，如果性本能在这些阶段当中都发展得很顺利，就会成为一个健康人，否则就会形成扭曲、变态或倒错，甚至演变为精神病。弗洛伊德把性欲的发展阶段与人格的发展结合起来，用性欲发展阶段来解释人格的形成，性本能的发展所经历的历程也就是人格发展所经历的历程。弗洛伊德性欲理论是精神分析学中争议最大的一个部分，我们应该肯定的是：弗洛伊德把性现象作为科学研究的对象具有一定程度的开拓性，提出的独特见解破除了性的神秘性以及在性问题上的陈旧观念，这不仅在当时具有重大的进步意义，就是在今天，这一理论在捍卫人的自然本性和权利上也有其合理因素。但是也应该看到，弗洛伊德的性欲理论是一种唯性论，他把性作为最根本的东西来解释人格的形成和社会发展的动力，这是有失偏颇的。

第一次世界大战的爆发促使弗洛伊德修改了自己的理论。在他看来，人的本性主要是性本能——也就是生和爱，但第一次世界大战血淋淋的事实却与他的结论大相径庭，这促使弗洛伊德重新思考人性问题。他开始超出性的范围，从人的现实生活考察人的精神活动，提出了一个由本我、自我和超我组成的人格结构理论。在他看来，潜意识、前意识和意识的区分是在心理动力学的意义上实现的，但事实上还有一个更为广泛的人格构成的领域，它不仅包括认识领域、更包括本体领域。在反思其潜意识理论的过程当中，弗洛伊德认为潜意识一方面包含描述学含义，另一方面包括动力学含义，而两者应该统一在一个更高层面的概念上，这就是自我的概念。但自我和潜意识也是有区别的，"或许自我的很大一部分本身是潜意识的；很可能只有其中的一部分被前意识这个术语所包括。"[1]

弗洛伊德认为，人格是由本我、自我和超我三部分组成。本我是来自遗传的、与生俱来的存在，其主要体现为本能和欲望，处于生命的底层，构成生命力和内驱力中最为核心的部分。本我遵循的是"快乐原则"，即不顾时间、场合和结果，一味地寻求本能的满足；它与外部世界不发生关系，不受理智和逻辑的法则的约束，也不具有任何道德和价值的因素。自我是常识和理性的人，是在与世界的交往过程中从本我中分化出来的人，构成了本我和世界的中介环节。自我奉行"现实原则"，正视现实，按照常识、理性和逻辑行事，"自我代表我们所谓的理性和常识的东西，它和含有情欲的本我形成对照。所有的这一切都和我们所熟悉的通常的区别相一致；但同时只能认为这种区别在一般的或理想情况下才适用。"[2] 在理想情况下，一方面自我要对本我不适应外界现实的要求进行压抑；另一方面又必须实现本我的意图，使本我的要求以一种变化了的、能为外界现实所接受的形式得到满足。弗洛伊德认为自我和本我的关系犹如骑手和马的关系：骑手驾驭马，决定马行驶的方向；但马在提供前进的动力的同时，又不总是听从骑手的命令，也能违背骑手的指令，带领骑手奔向相反的方向。同样自我在驾驭本我的同时，也时常受到本我的影响，甚至可以说自我对本我的调节是为本我服务的。超我是从自我当中分化出来的，代表遵从社会规范和道德原则的存在。超我按照"至善原则"行事，以"良心"来要求自己，尽力不做违反社会公德的事，用犯罪感和内疚感惩罚来自本我的那些欲望冲动。超我总是要求自我超越现实生活通向更为理想的生

---

[1] 弗洛伊德：《自我与本我》，长春出版社 2004 年版，第 109 页。

[2] 弗洛伊德：《自我与本我》，长春出版社 2004 年版，第 26 页。

活，而这一要求往往是在压抑一些私人的本能、欲望的前提下的，因此超我真正站在了本我的对立面。从本我中产生自我，又从自我中产生超我，这一过程是人的本性由自然的生理遗传上升到主观和客观相互作用，最终达到社会化的过程。

　　用超我的社会化补充潜意识学说是弗洛伊德晚期思想的重要变化。在谈到本我、自我和超我三者的关系时，弗洛伊德认为本我是非道德的、自我是力求道德的，而超我则是完全道德的。三者构成了相互制衡的张力。"通过建立这个自我理想（超我），自我掌握了它的俄狄浦斯情结，同时使自己处于本我的支配之下。鉴于自我主要是外部世界的代表，是现实的代表，而超我则和它形成对照，是内部世界的代表，是本我的代表。自我和理想之间的冲突，正如现在我们准备发现的那样，将最终反映现实的东西和心理的东西之间、外部世界和内部世界之间的这种对立。"[①] 本我是人的本能活动，它只有通过自我才能实现自己；自我按照现实原则去控制本我，延缓本我冲动的释放。但自我的工作并不总是有效，它不仅要受到外界现实的排斥，还要受超我的严厉约束。因此，自我处于本我、外界现实、超我三面夹击之中，苦斗不止，疲惫不堪。按照弗洛伊德所揭示的人格结构，人们实际上过着极其艰难窘迫的精神生活。自我是可怜的，要同时侍候三个主人：外界、本我和超我。外界包围、压抑、扭曲着自我；本我随时都企图冲破自我的理性界限自行其是；超我则冷酷地监视着自我的一举一动，稍有不慎，自我就会受到良心的折磨，在自卑感和犯罪感中煎熬。弗洛伊德叹道："生活实在不容易。"只有本我、自我和超我三者处于协调状态，人才能处于健康正常的精神状态，如果三者的关系失衡，就会导致精神病等失常症状。

　　弗洛伊德通过人格三个层面的阐述，试图使意识与潜意识、理性与非理性达成统一，这使其人格理论极富创见性和启迪性。但是这一理论也带有很大的片面性，它忽视社会历史和实践在人格结构形成和发展过程中的

---

① 　弗洛伊德：《自我与本我》，长春出版社 2004 年版，第 134—135 页。

决定性作用，不了解作为建构人格结构基础的本我也是长期社会实践内化和沉积的产物；此外，它也忽视自我的能动作用，自我的表现是软弱无力的，所以在理性与本能的关系上，最终还是陷入了本能决定论的泥淖。

弗洛伊德提出了人格结构理论后，进一步把他的理论应用于人类社会生活的各个领域，发表了一系列惊世骇俗的言论：在对社会文明的理解上，他提出了自己的独特的社会文明观。弗洛伊德认为，本我可以通过升华的方式获得社会的认同，从而创造社会文明。"文明不过是人类利用本能冲动又舍弃性的目标，而转向较为高尚的社会目标，即性的精力的升华。"① 因此，文明的发展是以对性本能的压抑为代价的。在分析文明产生根源的基础上，弗洛伊德进一步指出，文明不仅建立在压抑人性的基础上，而且文明产生之后又反过来进一步压抑人性，文明通过"超我"实现其对人性的压抑。社会文明与人性就是这样处于二律背反之中：文明既对人有益又是对人性的压抑。弗洛伊德还认为，由于文明是建立在对人的本能压抑的基础上，因此人们必然反对文明，每个人都是文明的敌人。在此基础上，他对资本主义文明提出了批评，认为资本主义文明的根本缺陷在于没有重视和顾及人的本性需求，为了维护文明而牺牲人本能的满足，对社会成员提出了许多过高的要求，从而引起很多不良后果，如精神紊乱现象和心理变态等。但同时他并不主张放弃人类文明，因为那样会使人类退回到原始状态，而主张用科学精神和理性建立起对人类精神生活的统治，解决它们之间的矛盾，从而既发展文明，又给本能以应有的地位。

弗洛伊德对人性结构的揭示对于我们更好地了解人性的奥秘提供了重要的思想资源，帮助我们构建起相对科学的心理结构分析方法，特别是他对人性基本结构以及文明特征之间关系的思考，为我们理解人类文明的发展进程提供了另一个视角，也正是因为其思想当中所蕴含的创造性引起了当代青年的普遍兴趣。当我们看到弗洛伊德思想对青年人产生重要影响的同时，我们也应该看到将人类文明发展归因于人性结构的理解也容易导致

---

① 弗洛伊德：《精神分析引论》，高觉敷译，商务印书馆 1984 年版，第 9 页。

青年人将目光过多专注于人特别是人的心理世界，而将一些行为的根据和原因归结于潜意识或者本能的影响。比如将一些社会的恶性事件归因于本能的长期压制，而没有看到其背后隐藏的若干社会问题；再如在作出一些违背原则决定的时候，也会用本能为自身的行为找到借口。而事实上，本能的因素在成为人的意识的过程中总是要受到超我和整个社会力量的引导，因此在这一过程中，人的社会性以及对社会问题的理性思考能够有效地帮助人们更理智的进行分析，更合理的作出选择。因此在青年教育的过程中，要帮助青年人树立理性思考的习惯，能够有效的用理性的力量引导情感的或本能的行为，作出正确的选择。与此同时，在进行青年教育的同时，也要注重心理健康的教育，有效帮助青年人疏解心理压力，形成对社会的心理认同。

四　胡塞尔：回归生活世界与意义世界的重建

现象学是现当代哲学思潮的主流之一，它对当代青年人思想的影响主要体现在"回归生活世界"口号的提出上。当中国社会正在经历科学技术带动的由传统社会向现代社会的转型，当中国民众正在享受科学技术发展为人们提供的相对富裕的生活，胡塞尔的回归生活世界的主张恰好启迪了人们的心灵：科学的世界是表层的，科学世界的依托和基础是生活世界，只有面向生活世界才能许人们以更加美好的未来。这样的理解可谓是对现代化进程中的中国社会提供的警示，也体现了胡塞尔哲学思想中的时代价值。

胡塞尔思想的价值在一定程度上更多地集中于方法论的层面上。有学者在方法论的意义上对现当代哲学思潮加以总结，认为分析哲学和现象学构成其方法论的两条路径。为了使哲学成为一门严格的科学，胡塞尔认为必须要有方法论上的保证。在这一点上胡塞尔与笛卡尔有一样的理解，相对于笛卡尔提出的演绎法，胡塞尔提出了现象学的方法论，即本质还原和先验还原。

还原的前提是"悬搁"，悬搁是现象学还原方法的必要环节或必备条件。"悬搁"从字面上就是将什么东西悬起来，搁在一边。悬搁又称"中止判断"或"加括号"，意思是说对给予的东西是否存在既不肯定也不否定，放在括号里，暂不表态。对于画括号之后剩下来的东西，我们就对其进行直观，并对直观到的东西进行分析和描述。胡塞尔这样做的目的，就是为了使其现象学不以任何假设为前提，为现象学研究寻找一个可靠的开端，使其理论建立在绝对可靠的基础之上。"悬搁"这个术语源出古希腊怀疑论哲学家皮浪，他提出过"悬搁一切判断"的口号。皮浪认为，我们无法认识事物本身，我们的意见永远是主观的，因此对待事物唯一正确的态度就是悬搁判断。胡塞尔借用这个概念表示对一切给予的东西是否存在暂不表态。由于胡塞尔想把现象学建立在不以任何前提为条件的、绝对可靠的基础之上，因此他借用"悬搁"这个概念把一切未经考察的东西都放在括号里，暂时存而不论。在胡塞尔看来，"悬搁"的目的并不是否定知识和世界的存在，而是对这些未经考察的东西是否存在都暂不表态，以便把哲学建立在直观、明晰、可靠的基点之上。胡塞尔曾多次宣称，他并不是否认这些观念以及客观世界存在的真实性，他只是要求人们不要用这些未经批判而确认为真的原则作为哲学不证自明的前提。所谓"回到事情本身"，实际上就是要回到真正直接自明、不可怀疑的东西。胡塞尔引进"悬搁"这个概念，表达了他对未经考察而相信事实存在的"自然态度"的不信任。

本质还原也叫本质直观。可以说，本质还原的方法是唯一一种贯穿于胡塞尔整个哲学生涯的方法，也几乎是具有不同主张的现象学家们所共同认可的一种方法。本质还原方法的基本原则是"面向事物本身"。面向事情本身往往被人们理解成为面对事物的现实，其实不然。在胡塞尔的理解中，事情不是指事件，而是指纯粹现象。胡塞尔之所以要区分自然事物与纯粹现象，是因为我们对于自然事物的认识往往带有先入之见，如想当然地假定其存在等，而这恰恰是现象学所要避免的。在胡塞尔看来，想要真正实现"面向事情本身"就要按照以下方式进行，首先是对非纯粹的现象进行悬搁，在此基础上用直观的方式将事物的共相清晰地呈现出来。

部分悬搁就是对所认识的对象是否存在进行悬搁。那么本质还原为什么要把所认识的对象是否存在悬搁起来呢？在胡塞尔看来，由于事物向我们显现的只是它们是什么，而存在本身是没有显现的。也就是说是否有存在这样一个东西是未知的，更可能的情况是存在也许只是人们的一种假设，而本质直观必须建立在没有任何假设的基础之上，因此我们要把对象的存在悬搁起来，从而专注于事物在直觉中原初地提供给我们的现象本身。而没有假设存在的现象就是纯粹现象，这样通过悬搁我们就达到了纯粹现象。需要注意的是，现象学对现象的理解与传统哲学不同，在胡塞尔看来，现象就是本质，而本质同样也是现象。因此，我们在悬搁之后所得到的纯粹现象就是事物的本质。通过悬搁达到纯粹现象之后，还要进一步对纯粹现象加以直观使其自身所具有的共相能够直接呈现出来。共相即事物的共同本质，要获得共相，必须从直观个别事物的本质开始，也就是从个别事物中还原出一般本质。

先验还原并不是与本质还原不同的另一种还原，而是在本质还原的基础上对本质还原更为彻底化的还原：后者只是要求部分的悬搁，而悬搁的内容是对认识客体所具有的信念；前者则不然，不仅悬搁关于认识的信念，更要将在主体自身当中存在的关于存在或本质的信念也一并悬搁起来。在进行了彻底的悬搁之后，只剩下"纯粹意识"。不难看出，胡塞尔在这里采取了笛卡尔式的怀疑方法。胡塞尔称"纯粹意识"为"先验自我"或"先验意识"。"先验"意为先于经验、在经验之先。"先验"中的"先"并不包含着时间在先的含义，而是逻辑在先之意，即指先验的东西比经验的东西更先得到证明之意。作为彻底悬搁之后唯一的剩余物，"先验自我"无疑是先验还原的最高成就。这个"先验自我"是经过彻底的现象学还原，没有依托任何假设而得到的，因此"先验自我"就成为绝对可靠的现象学基础，找到了这个基础之后，胡塞尔所要做的，就是从这个"先验自我"出发去构造其余的一切，即建构那些我们在现象学还原中暂时放在括号里的悬搁起来的存而不论的东西。

通过现象学还原，胡塞尔已将把原有关于客观世界的存在论问题转化成为关于先验论主体的先在性问题，因此从总体上说先验还原是从客体中心转向了主体中心，体现了通向主观性的道路——世界并不是外在的存在，而仅仅是属人的存在而已。世界的存在是一种"意义"的存在，它是以一个给予意义的意识存在为前提的。他认为，只有借助于这一新态度，人们才会发现这个世界中的那些自然地存在着的东西，都只是为我而存在的，即它的任何一种意义都是对我才有效的。

胡塞尔通过现象学还原方法得到了一个不依托任何前提的具有自明性的"先验意识"，先验意识所具有的一个本质特性就是意向性。胡塞尔认为，意向性是本质性的特征，即用来在最严格意义上说明意识特性的东西。本质直观是胡塞尔找到本质的现象学的方式，而本质直观的领域和对象就是意识的一般结构，这是胡塞尔通过现象学方法想要真正研究的东西，因此意向性理论是胡塞尔哲学最重要的贡献之一。

意向性作为一个哲学概念是中世纪经院哲学的一个术语。在胡塞尔之前，心理学家布伦塔诺使用过这一概念，用来指称通过意向的方式将对象包含于自身当中的心理现象，并以此作为物理现象和心理现象的区别，提出意识的根本特征就是"意向性"。胡塞尔从布伦塔诺那里接受了"意向性"这个概念，也继承了布伦塔诺这方面的思想。但是，胡塞尔不是根据意识所指向的真实对象来说明意向性，而是根据意识抽象的内涵结构来说明意识的意向性。因此，胡塞尔的意向性理论是意义的意向性理论。意识具有指向性，但胡塞尔所要强调的意向对象既不是经验中意识所指向的外界物理对象，也不是与外在的实在对象相对的内在对象。那么，意向对象来自哪里呢？实际上，意向对象是在意识的反思活动中出现的，因此意向对象并不是真正的对象，而只是对象的意义。在胡塞尔看来，"意向对象"本身就是意识自己建立起来的，其能够自己建构对象也就意味着其自身的完整性和不依赖于他物的特点。因此意向性就是纯粹意识的先验结构，而意向性理论就是意识如何通过意向作用构成意向对象的理论。胡塞尔的意向性理论有一个发展的过程。在胡塞尔的《逻辑研究》中他对意向性问题的思考是从表达开始的，"每个表述都不仅表述某物，而且它也在言说某物：它不仅具有其含义，而且也与某些对象发生关系"，"表述是借助于它的含义来称呼(指称)它的对象"。[①] 在胡塞尔看来，当意义被表达的时候，包含着以下几个重要环节：意向行为、意向内容和对象。这些环节又构成

---

① 胡塞尔：《胡塞尔选集》（下卷），上海三联书店1997年版，第798页。

了意识活动的结构。其中意向内容构成了意识活动的意义，也构成了通过其勾连行为和对象的中介环节——意义既和对象有关，也由意向性行为实现。但从根本上来说，意向行为也要在对象的基础上实现，因此胡塞尔将其称为"意向对象的意向性"，也就是说胡塞尔主张意向行为通过意向内容指向意向对象。在此，对象可以是实在的对象，也可以是观念的对象，但它不是现象学研究的范围，只有意向行为和意向内容属于现象学研究的范围。

后期的胡塞尔在《纯粹现象学和现象学哲学的观念》第一卷中的意向性思想与《逻辑研究》中的思想有很大不同。他提出了"完全的意向对象"这个新概念，把意向性推广到潜在意向的领域中去。胡塞尔认为，意识活动本身依赖于时间，这意味着意识活动不可能一瞬间内就成功的把握对象，时间性的意识活动决定了其把握对象需要过程，更决定了其对对象的把握不可能是单一的，而总是与其周围的他物相互关联的。比如，我们读一段文字，要完整地了解其含义就要看上下文，才能准确的理解；再如观察一个事物需要从多个角度观察等。因此，意义只是构成意向对象的核心，在这个核心之外还有其他的因素，胡塞尔称之为"边缘域"，当意识意指某对象时，此对象的"边缘域"也被共同意指着。"完全的意向对象是由诸意向对象因素的复合体组成的，在该复合体中特定的意义因素只形成一种必不可少的核心层，其他因素本质上基于此核心层之上，因此这些因素同样可被称为意义因素，不过是在一种扩大的意义上。"①胡塞尔就是在"完全的意向对象"这个概念下分析意向对象的结构的。

胡塞尔认为，意识不仅具有指向性而且具有构造性。指向和构造是从不同方面对意识特性的把握：就意识本身来说，它具有指向性；就意识对象来说，它具有构造性。在胡塞尔那里，指向就包含着构造。那么意识怎样构造对象呢？在《逻辑研究》中，"对象"是一个凭借"意向内容"被指示的对象，当然它并不是现象学研究的对象——在现象学研究中它被看

---

① 胡塞尔：《纯粹现象学通论》，商务印书馆 1992 年版，第 312 页。

作是外在于意识活动，从而被悬搁起来。但在《纯粹现象学和现象学哲学的观念》第一卷中，"对象"则是内在于意识活动的，意识和对象合为一体，共同构成了意向对象。当然，在现象学的研究中，"对象"的存在是被悬搁起来的。这个"对象"既非经验对象，也非观念对象，它只是一个通过无数不同意义被构造出来的可选择项。

这样一来，生成性和未完成性给予了对象，而这样的理解直接导致了胡塞尔生活世界理论的出现。生活世界理论可以说是胡塞尔哲学思想影响最为深远的部分，其影响不仅体现在哲学领域当中，形成了一股生存论转向；更体现在对人们日常生活的影响上，关注生活本身使人们摆脱对抽象事物的一味追求，而力图还原最本真的生活，这是现象学理论与现实生活相互结合的一个契机。这一理论胡塞尔在 20 世纪 20 年代初的时候就开始零星的使用了，但在 1936 年发表的《欧洲科学危机和先验现象学》中才更为鲜明的将生活世界作为其哲学研究的主题，此后又在《生活世界现象学》当中更为集中的对其进行了表述。

为什么要提出生活世界理论，可以说这是与胡塞尔所处的时代特点相互关联的。20 世纪二三十年代的德国正是法西斯主义日益猖獗的时期，在这样的社会历史条件下，人们所面对的是人性的危机和文明的危机，法西斯主义以民族主义消解人道主义、以某种文明的霸权统治其他文明的做法引起了胡塞尔的重视。胡塞尔认为这是一场危机，而寻求解决危机的方式是哲学的使命和任务。为了完成这一任务他做了"欧洲人文危机中的哲学"、"欧洲科学危机和心理学"系列演讲，希望引起人们对这一现象的关注，在这些研究的基础上写作了《欧洲科学危机和先验现象学》一书。

在这部书中，胡塞尔指出欧洲人性的危机和文明的危机实质上根源于欧洲科学的危机，而科学之所以出现危机是因为科学本身脱离了其原本依赖的生活世界而完全成为了实证科学——科学从原有服务于人的生活世界，逐渐凌驾于生活世界之上。在这一状况的影响下，一方面科学给予人们最为富足的生活，过上了比任何时代都富裕的物质生活；而另一方面科学脱离了生活世界，也就无法给人们生活提供方向、创造意义。正是在这一意义上，胡塞尔说："在人生的根本问题上，实证科学对我们什么也没有说。实证科学正是在原则上排斥了一个在我们的不幸的时代中，人面对命运攸关的根本变革所必须立即作出回答的问题：探问整个人生有无意义……这些问题归根结底涉及人在和非人的周围世界的相处中能否自由地自我决定的问题。"① 与纯粹的实证科学相对应，实证科学支配下的现代人也不再关心存在的意义和价值，甚至不关心人们的实际生活，而仅仅关心有用性。这样一来科学繁荣迷惑了现代人，使现代人发生了扭曲。如何改变这一状况，胡塞尔认为要回到被人们遗忘和疏远的生活世界当中。他认为，现象学的方法不仅是一种哲学的方法，更应该是一切科学的方法，用现象学的方法能够在更本真的意义上揭示生活世界的本来面目。

生活世界究竟是什么样子？胡塞尔并没有给出确切的定义，而是给予了一种描述性的表达，"作为唯一实在的、通过知觉实际地被给予的、被经验到并能被经验到的世界，即我们的日常生活世界。"② 我们可以从以下几个方面试图把握"生活世界"的内涵。

首先，生活世界本身不能作为一个课题加以研究。胡塞尔反对实证主义的科学研究方式，认为这一研究方式针对生活世界这一主题无法展现其真实意义，而只能将其曲解。生活世界就是我们在日常生活当中经验到的世界，人们能够通过感官感知它、经验它，这是一切科学知识赖以存在的前提。当我们用科学的实证主义方式将生活世界作为一个课题的时候就将一些其他的东西抽象掉了，这会使我们对事物的理解陷入了片面性和割裂性。事实上，生活世界本身被当作课题，也就是说生活世界本身依赖于我们所经验到的一些看似不相干的东西，而实际上它们构成了生活世界的重要组成部分。如果将其抽象掉，所遗留下来的世界只能是抽象的世界，而不是完整的生活世界。真正的非课题性的生活世界，就是将其作为一个始终被给予的前提，"生活世界是一个始终在先被给予的、始终在先存在着

---

① 胡塞尔：《胡塞尔选集》（下卷），上海三联书店 1997 年版，第 982 页。
② 胡塞尔：《胡塞尔选集》（下卷），上海三联书店 1997 年版，第 1027 页。

的有效的世界，但这种有效不是出于某个意图、某个课题、不是根据某个普遍的目的。每个目的都以生活世界为前提，就连那种企图在科学真实性中认识生活的普遍目的也以生活世界为前提"。① 生活世界所具有的基础性使其成为一切课题性世界的前提。其次，生活世界依赖于直观。胡塞尔看到生活世界本身就是一个奠基性的非课题性的世界，也就是对于这样的世界我们无法用科学式的理性主义方式把握，只能通过直观的方式把握到其总体。对于生活世界这样一个日常的、非抽象的、非概念化的世界不能用逻辑的方式认知而只能以直观方式将其真实面貌表现出来。再次，生活世界具有基础性。正如前文所说的那样，生活世界本身是先在于科学的世界、文化的世界和哲学的世界的，其直接呈现出先在被给予性、自明性、原初性和朴素性，它是一切课题性世界的前提，因此构成了奠基性的基础世界。在表达这一理解的过程中，胡塞尔区分了生活世界的态度、科学的态度和哲学的态度，并得出了后两者在一定程度上依赖于前者的结论——生活世界的态度决定了科学态度和哲学态度。最后，生活世界也是一个与主观相对的世界。在胡塞尔看来，科学世界以理论逻辑为基础而无法直觉和经验到，生活世界正是一个凭借直觉和经验才能直观到的世界，究其直观到的本质来说是一个为我的经验存在物的总体。这也就意味着对于不同的主体，出于不同的体验视角，所直观到的生活世界是各不相同的，而生活世界对于每一个主体来说都具有独特性，我们当中的每一个人都有他的生活世界。正是有这一差异，生活世界具有主观性，其状况与主体自身的自我建构相互关联，其从本质上来说不是一个外在于主体的世界，恰恰是内在于主体的直观和经验当中的世界。根据以上理解，我们可以描述性的将胡塞尔的生活世界概括成为一个由主体自身的直觉和经验建构的奠基性的、直观性的基础性世界。通过对生活世界的揭示，胡塞尔想要实现从科学世界到生活世界的回归，并以此来解救欧洲的人性危机和文化危机。

胡塞尔晚年转向生活世界的研究是不是意味着他已放弃了早年的严格

---

① 倪梁康：《现象学及其效应》，上海三联书店1994年版，第131页。

科学理想呢？实际上，生活世界理论是胡塞尔先验现象学的构成部分。对胡塞尔来说，向生活世界的回溯是达到现象学超越论哲学的一条道路。胡塞尔在《欧洲科学的危机与先验现象学》一书中提出一个命题："从生活世界出发通向先验现象学之路"，可见胡塞尔思想遵循这样的逻辑：把哲学建设成为一门严格科学的理想是其始终如一的信念，转向生活世界是其理论思考的延续和拓展，它为胡塞尔现象学理论敞开了无限的可能性。

由胡塞尔所开创的现象学运动是 20 世纪最有影响的哲学运动。胡塞尔思想的影响，首先表现在他所使用的现象学方法上。现象学方法不仅构成了现象学运动的基本思想方法，更影响了哲学、心理学、美学、文学、艺术、社会学、神学、教育学、逻辑学等众多领域的研究。其次，胡塞尔提出的"面向事物本身"的著名口号为哲学家提供了取之不竭的源头活水，他的"意向性"理论和"生活世界"理论为后来哲学的发展敞开了无限的可能性。胡塞尔的生活世界理论对现当代哲学产生了深远的影响，面向生活世界的主张响彻了人们的心灵世界，而这一问题也日益成为现当代西方哲学的一个中心课题。

胡塞尔哲学对当代青年人的影响体现为两个方面：其一是对青年人看待问题的方法论产生影响。现象学的还原方法和面向生活世界的要求，使青年人在思考世界以及人与世界关系的时候，更多地关注更为本真的世界，这一思想有助于帮助当代青年人形成透过现象把握本质的思维习惯；其二是胡塞尔对科学的反思以及面向生活世界的主张，让青年人在思考科学技术给人们带来的现代化生活的同时，更多地思考我们所需要的究竟是物质的极大丰富，还是物质极大丰富基础上的生活世界的丰富，帮助青年人能更深入的思考生命和生活的价值与意义。与此同时，胡塞尔哲学在给予青年人以一种新的生活方式引导的同时，却没有将通往这一新生活方式的道路揭示出来，仍然更多地停留在一种乌托邦式的设想，而如何在面向生活世界的理想中寻找到实现这一理想的实践方式，则是更为重要的问题。

五 海德格尔：此在的生存结构与在世状态

海德格尔哲学具有深沉的生存论色彩，其对人的本真生活的关注引起了当代青年人的兴趣。他指出他所生活的那个社会已经呈现为一个主体责任淡漠、沉沦和烦闷的时代。在这样的时代条件下，更为重要的任务不是如何实现人们物质生活水平的提升，而是引导人们真正关心自身的生存，思考自身的存在以及对于整个世界的意义，这应该构成现当代哲学的重大主题之一，生存论应该成为哲学的未来走向。随着胡塞尔等人对于回归生活世界的探讨，如何真正在人们生活的意义上形成一种合理的态度、规约人们的行为，探索符合人类本性的生存智慧和生存状态就成为生存论哲学的任务。面对这一问题，海德格尔在对传统哲学批判和重构的过程当中对人的本性作出了生存论意义上的回答——作为此在这一特殊的在者，对存在的自觉地反思，使存在不断的解蔽出来，是此在应该自觉承担的责任，而对于自身来说回归人的本真生活也应该成为此在的展现自身本质的现实要求。

"存在"是一个非常古老的哲学命题，关于存在的理论是传统形而上学的核心。但是海德格尔认为，尽管全部西方形而上学都在谈论存在，并且力求建立关于存在的科学——本体论，但是形而上学一开始就遗忘了存在，整个一部关于形而上学史就是一部关于存在的遗忘史。"我们的时代虽把重新肯定形而上学当作自己的进步，但这里所提的问题如今被遗忘已久了。人们认为自己已无须努力来重新展开有关存在问题的争论。然而，这里提出的问题却绝不是什么随随便便的问题。"① 传统形而上学一直以来都在探讨存在，但总是在最为普遍的、不可定义的、不证自明的意义上使用存在，导致人们只是关心什么存在，而忽视对存在本身的研究。海德格尔认为存在才是最为根本的问题或者说是唯有它才是最基本的问题，必须要对存在本身展开思考。由于传统哲学忘记了对存在的思考，海德格尔评价其为无根的本体论，他围绕"存在"这个中心问题，对传统本体论哲学展开了批判，以揭示其"无根"性，阐释自己建立的"有根"的本体论。

海德格尔批判了传统本体论对于"存在"和存在者的混淆不清。他认为，"存在"和存在者有着严格的区分，存在者是指存在着的事物，其本身是因为"存在"才成为自身的。而对于存在者来说存在是其先在的条件，具有先在的地位。"在这个有待回答的问题（关于存在的）中，问之所问是存在——使存在者之被规定为存在者的就是这个存在；无论我们怎样讨论存在者，存在者总已经是在存在已被先领会的基础上才得到领会的。存在者的存在本身不是一种存在者。"② 但是，"存在"和存在者又是紧密联系在一起的，存在离不开存在者，"存在"的各种意义是通过不同的存在者来表达的，存在总归是存在者的存在。正因为存在离不开存在者，它的各种意义总是通过存在者来表达，所以人们往往把存在和存在者混同起来。"只要问之所问是存在，而存在又总意味着存在者的存在，那么，在存在问题中，被问及的东西恰就是存在者本身。不妨说，就是要从存在者身上逼问出它的存在来，但若要使存在者能够不经歪曲地给出它的存在性质，就须如存在者本身所是那样通达它。"③ 由于存在并不是在存在者之外某种独立自存的东西，没有独特的本质和规律，因此我们不能把"存在"作为一个单独的概念。

在海德格尔看来，存在的问题事实上就是存在意义的问题。只不过传统哲学在追问存在的过程中总是将"存在是什么"看作对存在意义的回答。

① 海德格尔：《存在与时间》，三联书店 1987 年版，第 3 页。
② 海德格尔：《存在与时间》，三联书店 1987 年版，第 8 页。
③ 海德格尔：《存在与时间》，三联书店 1987 年版，第 9 页。

但海德格尔指出，当用存在是什么来表达对存在理解的时候，已经将存在当作了一物——存在者。而存在不同于存在者，它不是存在的一物，而是使一切存在成为存在的东西，这就需要我们用追问存在者怎样存在的方式才能对其加以探讨。传统哲学就是以追问存在是什么的方式来把握存在，结果把"存在"变成了存在者，"存在"的问题就被遗忘了，传统的本体论哲学就成了一种无根的本体论。在海德格尔看来，对存在和存在者的混淆，对存在的遗忘是传统本体论哲学陷入危机和困境的根本原因，要使哲学摆脱困境，就必须把存在与存在者严格区分开来，由对存在者的研究返回到对存在本身的研究，澄清和阐明存在的意义，使哲学成为有根的本体论。

海德格尔认为，存在的问题就是对存在意义的追问，接下来的问题是从哪里入手去追问存在的意义呢？首先就要确定一个正确的出发点。海德格尔认为，尽管存在和存在者有根本有别，但是，由于存在离不开存在者，它总是存在者的存在，因此我们必须从存在者入手追问存在的意义，而不能离开存在者去玄思冥想存在。然而，世间有无数的存在者，究竟应当从哪种存在者入手呢？海德格尔认为，存在的出发点不能是任意的一种存在物，而必须是这样的存在者：一事物的存在是其他事物存在的基础，其他事物能够通过对这一事物的追问将其存在显现出来，所以对于它的分析能够导致对一般存在的把握。而只有人是这样的存在者。"就某种存在者——即发问的存在者——的存在，使这种存在者透彻可见。作为某种存在者的存在样式，这个问题的发问本身从本质上就是由问之所问规定的——即由存在规定的。这种存在者，就是我们自己向来所是的存在者，就是除了其他存在的可能性外还能够发问的存在者，我们用'此在'这个术语来称呼这种存在者。"①

在《存在与时间》当中海德格尔对此在的含义作出了三重界定：其一是此在相比较于其他存在是更根本的存在。海德格尔曾经这样指出："从存在者状态上来看，这个存在者的与众不同之处在于：这个存在者为它的

---

① 海德格尔：《存在与时间》，三联书店1987年版，第10页。

存在本身而存在。于是乎，此在的这一存在机制中就包含有：这个此在在它的存在中对这个存在具有存在关系。而这复又是说：此在在它的存在中无论以任何一种方式、任何一种表述都领会着自身。"① 也就是说此在本身必须要伴随着它自身对存在的领悟，并通过对存在的领悟而理解自身，它的自身是通过存在展现出来的，因此此在是存在论的中心，更通过存在论表达自身。此在先于存在论的存在，这一"先于"不是时间意义上的先在，而是在存在状态上领会的先在。此在在一定程度上构成了存在得以存在的重要条件。其二，此在相比较于其他的存在是最纯粹的存在，"此在这样或那样地与之相关的那个存在：总之此在无论如何总要以某种方式与之相关的那个存在，我们称之为生存。这个存在着的本质规定不能靠列举与事情相关的'什么'来进行。它的本质毋宁在于：它向来不得不去作为它本已存在的它的存在，所以，此在这个名称就被选来作为纯粹指存在的术语，用来标识这个存在者了。"② 也就是说，相比较于其他存在总是通过它者来领会自身，因为除此在以外的其他存在都是被动的，只能依靠此在的领会才能成就自身。而唯有此在总是通过它自身来领会自身，而其自身又总是在各种生存的可能性中成就自身的，因此生存总是为此在的抓紧或耽误的方式所决定着。此在的生存活动澄明了生存问题本身。此在是作为纯粹的存在，它只依靠自身的生存，为不依靠其他任何东西。其三，此在相比较于其他存在是优先的存在，"凡是以不具备此在式的存在特性的存在者为课题的各种存在论都是赖此在自身的存在者状态上的结构为根基并作说明的，而这种此在的存在者状态结构包含着先于存在论的存在之领会的规定性。"③ 此在相对于其他存在具有存在论结构的优先性，这一优先性已经被许多思想家所洞察，如亚里士多德认为人的灵魂以某种方式存在就是存在者事实上可以追溯到巴门尼德"存在与思维统一"的命题，此后一些学者也探讨了此在的优先性，可见此在的优先地位历来是受到重视的。

---

① 海德格尔：《存在与时间》，三联书店 1987 年版，第 15 页。
② 海德格尔：《存在与时间》，三联书店 1987 年版，第 16 页。
③ 海德格尔：《存在与时间》，三联书店 1987 年版，第 17 页。

海德格尔的此在包含着对此在——人的理解的双重性。一方面不是从现实性方面来揭示人，而是从可能性方面揭示人。此在的存在是一个过程，此在在其存在过程中，其可能性变成现实性，此在所揭示的是一种动态的展开的过程，因此人是一种可能性的存在。人有多种可能性，究竟哪一种可能会变成现实，完全取决于他的存在方式。另一方面此在具有个体的和"我的"性质，而不具有普遍的和"类的"性质。此在所意识到的总是我自己的存在，所以，此在的种种生存方式总具有"我的"性质。也就是说，此在并不是人类和普遍性的人的概念，而是指个体的人，指每一个"我"。

海德格尔把人称为"此在"，以此强调他是存在论层次上的存在，把自己对人的规定与传统哲学对人的理解区分开来。海德格尔认为，"此在"之所以能够作为追问存在的出发点，是因为"此在"同其他存在者相比具有明显的优先地位：存在者状态上的优先地位。同其他存在者相比，人的独特之处就在于，他并没有固定的、一成不变的本质，他的本质是由他的存在过程决定的。因此，他不是凝固化的、现成的存在者，而是一个未成定型的、始终面对可能性筹划自身的开放的存在者，所以他能够存在出来，从而显现自身。海德格尔强调，人的存在是一个自我显示的过程，他的本质就是这一显示过程的全部内容；只要这个过程没有结束，他就能够改变自己，重新塑造自己。总之，人是这样一种存在，他的存在决定他的本质。在《存在与时间》中，海德格尔描述了人的这一重要特征"此在的本质在于他的存在"在本体论上的优先地位。同其他存在者相比，人是一个在其存在过程中能够领会自己存在的存在者，其他的存在者并不能够领会自己的存在，人不仅领悟到自身的存在，而且也能够领会其他存在者的存在。因为人在其存在的过程中，在与外部世界打交道的过程中，对外界存在的意义也产生了认识，其他存在者也只有通过人的存在，才能得以显示自己，因此人的存在是其他事物存在的先决条件。只有人这种特殊的存在者才能在其存在过程中提出和追问存在的意义问题，能够领会存在。

海德格尔称此在的存在为生存。海德格尔认为，此在的本质就在于他的去存在——生存。他说："此在的'本质'在于它的生存。所以，可以在这个存在者身上清理出来的各种性质都不是'看上去'如此这般的现成'属性'，而是对它说来总是去存在的种种可能方式，并且仅此而已。"①可见，"此在"没有任何现成的本质或事先被规定的东西，"此在"的本质是在他的"存在"过程中获得的，人的生存可以表现为各种可能性的生活方式。也就是说，他可以根据自己的各种可能性自由选择和造就自己。此在就是存在于此，存在出来的意思。海德格尔通过"此在"来展现存在，其目的就在于强调存在的动态发展过程。海德格尔指出，只有人具有生存这种方式，只有"此在"生存着，其他存在物都不能称为生存。这是人和其他存在者的根本区别。其他存在物的存在是一般意义上的存在，只能通过此在的生存才能被理解。由此可见，海德格尔强调的是人的"本质"的生成性，他把去存在——生存作为人这种特殊存在者的根本规定。

在海德格尔看来，此在具有日常生存状态，这一状态不是指此在在日常生活当中的具体呈现，而是指此在最为本真的存在状态。此在就是这样一种存在者，其根本特征就是生存，在此在的生存中，此在才能真正呈现其原有的形式，在此在的本真状态中刻画自身的生存状况。此在在自身的各种可能性中揭示人的原初性，即此在的实际状态。

此在在世界中存在，它不得不同形形色色的外物打交道，同其他"在者"混在一起，也不能不与其他人打交道，"与人共在"。海德格尔用"混世"与"共在"来说明"此在"、"在世"的两种状态。海德格尔认为这是"此在"不可避免的状况。但是，他认为人在日常生活中的这种存在状态并非"此在"的"本真状态"，而只是"非本真状态"。因为，在"混世"中，人经常同外物打交道，把它们当作工具来操作、使用，结果人虽然达到了在日常生活中所追求的目的，却使人把自己视为与外物一样的"在者"，使自己降到与物相同的水平上去了。

海德格尔认为，此在的基本状态是"在世"，因其一旦成为此在就已

---

① 海德格尔：《存在与时间》，三联书店 1987 年版，第 51 页。

经不得不存在。因此，对于此在的在世不是其选择的结果，而是不由自主地被抛到世界上来的，这就是海德格尔所谓的此在的"被抛状态"。"此在作为被抛的此在被抛入生存"。[1]"此在"的本质是生存，它没有任何先验的本质，它的本质是在他的"存在"过程中获得的。在海德格尔看来，人的生存是一个向外开放和超越的可能性状态，此在和可能性密切相关，此在是从它的生存来造就自身。海德格尔认为此在的生存就是超越，它的存在状态就是通过不断超越而领会自身的存在状态，从而为自身的发展筹划各种可能性，达到丰富自己、更新自己、发展自己的目标。

海德格尔指出，尽管超越性是此在的本性，但是在日常生活中，此在往往既不能清醒地意识到自己这种"被抛"而处身于世的状态，也不能领会自身、筹划未来。因为，此在在世必然要与其他存在者、他人打交道，必然要处于一定的自然和社会环境中，必然受到常人统治的社会政治制度、社会舆论、法令法规、文化传统、道德规范、风俗习惯等的影响和约束。于是，"众人怎样享乐，我们就怎样享乐；众人对文学艺术怎样阅读判断，我们就怎样阅读判断；竟至众人怎样从'大众'抽身，我们也就怎样抽身；……就是这个众人指定着日常生活的存在方式，平均状态是众人的一种生存论性质。"[2]海德格尔认为，在日常生活中，此在丧失了他的本真性，以非本真的方式存在，这时的此在已经变成"常人"，人云亦云，丧失了个性，"失去自己本身"，这就是此在的"沉沦"。

海德格尔认为，情绪是"此在"的现身，人总是在情绪中领悟自身的。"此在"的情绪状态就是"烦"和"畏"。"因为此在本质上包含有在世，所以此在的向世之存在本质上就是烦。""烦的机制整体性是在时间性中有其可能的根据。"[3]"已经完成的对此在本真的能整体生存的阐释以及由此生长出来的对烦之时间性的分析，为历史性的生存论构造提供指导线索，对此在历史性的生存论筹划只是用以揭开已包藏在时间性之中的东西。历

---

① 海德格尔：《存在与时间》，三联书店 1987 年版，第 330 页。

② 海德格尔：《存在与时间》，三联书店 1987 年版，第 126 页。

③ 海德格尔：《存在与时间》，三联书店 1987 年版，第 201 页。

史性植根于烦；与此相适应，此在向来作为本真地或非本真地是历史性的此在而生存。"①海德格尔认为，此在总是不可避免地与周围世界打交道，在与他人和他物打交道的过程中，"烦"是不可避免的，烦是繁忙和烦神的结合。在对烦意味着什么和为什么而烦的问题的解答过程中，海德格尔指出，人之所以烦的根本原因是在人的可能性与现实性当中无法找到一个均衡的位置，人们不愿意同化于现实，在现实当中沉沦，但又无法彻底克服或摆脱；人总想要追问存在的意义，以此来克服此刻的沉沦，面向未来彰显人的种种可能性。而立足于现实与可能性相差甚远，就会觉得遥遥无期，在这两种状态中间烦的情绪就出现了。

烦是此在无法摆脱的处境，被抛于世的此在必然要经历烦这一心境。海德格尔没有对烦这一情绪作出完全负面的理解，恰恰相反认为烦的情绪的出现表明此在开始对自身的现存的生存状态展开了自觉的哲学思考——哲学从其表达来说就是一种深沉的烦之情绪。从日常生活的烦的情绪到哲学的深沉的烦之间包含着烦的种种形式：第一种是日常生活当中常见的"为某物所烦"，这种情绪是此在面对某种事物时所展开的情绪，也就是对某物厌烦的情绪，还有类似的为某事所烦，即"放任自身于所发生的不管什么事情，在这种把自身丢到一边的随意性中，就形成一种空无。"②在时间的流动中，此在总是囿于某种事件，使自身始终流连于其中，看似流动实则僵化。比如在《1844年经济学—哲学手稿》中马克思对无产阶级在劳动当中的异化状况的分析就是一个典型的例证。无产阶级在劳动过程当中不是肯定自己，而是否定自己，不是感觉到快乐，而是感觉到不幸；但为了维持肉体的持存，又不得不继续从事这一痛苦和压抑的劳动。在这样的状况下，工人阶级在劳动过程当中始终保持在场，但在这一在场中，从过去到现在都是被动和滞留的，这一活动没有转向自己的为己的存在，也没有获得将来的可能性，自然会产生烦之情绪。第二种烦是此在的逃避所

---

① 海德格尔：《存在与时间》，三联书店1987年版，第202页。

② 海德格尔：《存在与时间》，三联书店1987年版，第119页。

产生的情绪。当我们对某物或某事产生烦之情绪之时，就容易产生一种逃避的情绪，无论我们逃避到何种事物当中，都会产生对烦的本质的思考：我们的烦到底是来自烦之事物还是来自我们的厌恶之情绪，这样一来，就进入了对烦更为本质的思考。第三种烦是我们真正无法对抗的"烦"，在这一情绪当中我们既无法对抗又无法诉说，这一烦让我们自身变得渺小而无关紧要，使我们从存在走向空无。这一情绪直接导致我们对事物、事件抱持的烦躁情绪。这一层面的烦构成了前两重烦的根基，又构成了相比较于前两重烦更加解决不了的深层次的烦之情绪，"深度之烦像一种无声之雾在我们生存的深渊中到处浮动，把万物、人类和与之共在的人本身逐入一种显然的无关紧要之中。"①正是在第三重规定性上，我们才进入了对烦的本质的哲学考察，也真正进入了对此在存在状态的追问，此在正是在这种"烦"中才体验到自己的存在。

与此同时，海德格尔指出："烦"还不是存在的真正本质，"畏"才是存在的真实状态或实质。烦当中事实上已经包含了畏，当我们对根本性的烦无能为力之时，一种畏的情绪就会油然而生。相对于烦来说，畏是更根本的情绪。烦是此在生存当中的情绪，而畏本身是以否定性的方式揭示出存在。"寓于畏中的全部内容都可以从形式上列出来：畏作为现身情态是在世的一种方式；畏之所畏是被抛的在世；畏之所为而畏者是能在世"。②海德格尔区分了"畏"和"惧"。二者讲的都是怕，但又有所不同，惧是小怕，畏是大怕，惧有所惧之对象，是指外界的具体对象对个人形成的威胁在心理上的反映，而畏却没有具体的对象，畏是一种无形的、不可名状的东西对个人所形成的威胁。因此，畏比惧更可怕。它浸透在此在的心灵深处而永远无法自解。畏本身包含系列问题：畏什么？为什么畏？畏本身究竟是什么？在对这一系列问题的回答过程中，海德格尔认为畏是此在的在世方式。"畏惧什么"应该是此在对未来无法预知性的领会；"为什么畏

---

① 海德格尔：《存在与时间》，三联书店1987年版，第87页。

② 海德格尔：《存在与时间》，三联书店1987年版，第129页。

惧"对应的是此在作为被抛在世，因此总是无由而来，又不知去往何处；"畏本身"对应的则是沉沦。畏的三重结构和烦的环节是一一对应的关系，此在在世的整体性在于畏的否定性中揭示出来。"此在总是能够在其最本己的可能性中走向自己，总是在这种让自己走向自己中把可能性作为可能性保持着，也即生存着"。① 当人们身处畏的状态之时，一切都不再重要，只剩下空无。因空无而畏，因畏而达到空无。一旦登达此状况，便已经把握到了人生在世的真谛。"畏造就了个别化，这种个别化把此在从其沉沦中收取回来并且使此在把本真状态与非本真状态都作为它的存在的可能性看清楚了"。②"'畏'使人——此在先行意识到死亡，人——此在要在必死的前提下筹划自己的能在，作出决断。因此，'畏'使此在摆脱了沉沦状态，使此在敞开了自我的无限可能性。在此时此在做的决断，是真正对于在者来说有意义的。"③ 此在日常沉沦着，它在逃避：逃避空无，逃到它所繁忙的事物中去，逃到使它烦神的一般人中去。这却说明，它逃避的东西还始终追迫着它。它到底逃不脱人生之大限——死。死就是空，畏就是直面死亡。

死亡概念是海德格尔基础本体论中的一个关键概念。由于此在对死亡的畏，使其放弃了本真的存在，而逃避到日常生活中去。然而，沉沦于日常生活中的此在始终不能逃脱人生之大限——死亡。那么，怎样使此在从沉沦中醒来？海德格尔认为，对本己的死的领会能使人由非本真的存在通向本真的存在，能使人从沉沦中醒来。海德格尔认为，死亡就是此在最为本真的，且无法预知和逾越的不确定性。

海德格尔的死亡观具有以下含义：首先，死亡具有本己性。死亡是他人不可代替的，死亡从来都是我自己的死亡。海德格尔认为，任谁也不能从他人那里取走他的死，只要死亡存在，它依其本质就向来是我自己的死亡。其次，死亡具有不可逾越性。死亡是此在的种种可能性的大限，一旦

① 海德格尔：《存在与时间》，三联书店 1987 年版，第 142 页。
② 海德格尔：《存在与时间》，三联书店 1987 年版，第 263 页。
③ 徐崇温：《存在主义哲学》，中国社会科学出版社 1986 年版，第 143 页。

越出死亡的界限，一切可能就都变成不可能了。再次，死亡具有确知的不确定性。世间万物都难免一死，但是，只有人即此在"确知"死亡的必然性。因此，死亡是确知的，然而此在却不知自己具体哪一天会死，因而死亡又具有不确定性。最后，死亡具有无所关联性。作为人生之大限，死亡标志着此在的结束，它将解脱人所有的一切，此在不再与世界关联，在死亡面前，一切都会烟消云散了。

海德格尔认为对待死亡的态度有两种："非本真的向死而在"与"本真的向死而在"。"非本真的向死而在"是在消极的对待死亡，在畏中整日忧心忡忡，在对死亡的畏惧中沉沦，最终导致了自我的迷失。而"本真的向死而在"不是因畏惧而逃避死亡，也不是对死亡毫不在乎的态度，而是要先行到死，即直面死亡、体验死亡、向死而生，以此筹划自身的生活，实现对自我的超越。在海德格尔看来，如果此在真正理解了生存论的死亡概念，那么人们就会领会死亡是不可逃避的，是随时随地都会发生的，也是任何人都无法逃避的。当人领会到自己的死以及死后的虚无，他就会强烈地意识到，沉沦在世界和人们之中是多么滑稽，他本应当成为一个是其所能是的独特的个体。于是，"本真的向死而在"把此在从沉沦中唤醒，认真考虑他的存在究竟包含一些怎样的可能性，从而积极地筹划未来，筹划自己在有生之年实现自身所特有的那些可能性，使自己成为一个自己所能是的独特的人。在海德格尔看来，"先行到死中去"这一"本真的向死而在"的方式是摆脱沉沦，恢复个人的真实存在的途径。

海德格尔的前期哲学主要是通过分析"此在"的生存状态来探讨存在的意义，对于真理问题同样也是通过对生存状态的分析来讨论的。在海德格尔看来，传统真理论的一个根本特点就是把真理当作判断与被判断的对象的一致或相符合，或者说主客观相符合。海德格尔并不否定这种传统符合说的真理观，他要追问的是符合是如何内在地可能的？他要给认识论的真理提供一个本体论的基础。他提出了一种新的真理观：去蔽说。

符合是如何内在地可能的？海德格尔就从这一问题入手来探讨真理。在对这一问题的追问中，海德格尔发现，传统的符合说所讲的符合的双方并不是同质同类的东西，一方是客观的独立自在的物质对象，另一方是主体对于它的认识。那么不同类的双方是怎样达到符合的呢？海德格尔从分析人的生存状态入手，来阐述这一问题。由于人存在的特殊性，只有人能够领会自身和其他存在者存在的意义，其他的存在者并不能领会自身存在的意义，存在物存在的意义都是由人追问和揭示的。我们对某物作出判断，实际上也就是揭示其存在的意义。因此，我们对所谓客观事物作出判断，并不是像传统的符合论所认为的那样，是对某独立于人之外的事物作出判断，而是对某个与人相关联的事物作出判断。这样一来，符合的双方才是同质同类的东西，它们之间才谈得上符合。而当一个判断揭示出事物的本来面目时，事物就达到了去蔽的状态而为人所见，这个判断就是真的。从这里可以看出，认识论上的符合是第二位的，它有一个本体论的基础——"人与世界"的融合关系。

在海德格尔看来，真理的本意是"去蔽"，就是"把存在者从晦蔽状态中取出来而让人在其无蔽状态（揭示状态）中来看"。他说："'是真'等于说'是进行揭示的'"，因此此在是真理发生的前提和条件。海德格尔指出："唯当此在存在，才有'真理'，唯当此在存在，存在者才是被揭示的。唯当此在存在，牛顿定律、矛盾律才在，无论什么真理才在。此在根本不在之前，任何真理都不曾在，此在根本不在之后，任何真理都将不在，因为那时真理就不能作为揭示活动或被揭示状态来在。"[①]一个判断之所以成为真，离不开人的揭示，真理就是"去蔽"，人的生存过程就是真理展开的过程。

海德格尔的真理观是存在论的真理观。相对于符合论的真理观，存在论意义上的真理观更为本原，并构成了认识论上的真理观的基础。海德格尔认为真理并不仅仅是对知识的渴望，更是对人生的体悟。因此，他的真理并不是与人无关的所谓客观的真理，而是与人密切相关的、人的生存之真理。海德格尔对真理的理解对我们具有很大的启发性。它揭示了一切真

---

① 海德格尔:《海德格尔选集: 论真理的本质》，上海三联书店 1996 年版，第 12 页。

理都与人相关联，一切真理都是人在其生存即与世界打交道的过程中得到揭示的，真理是人的生存之真理，这种对真理的独特阐释是对传统的认识论的真理观的超越，也是海德格尔真理观的最发人深省之处。

海德格尔一生所思的是存在的问题。对存在的追寻使海德格尔走上了探究语言之路。海德格尔是从语言与存在的关系入手探讨语言问题的。海德格尔的哲学思想可以分为前期和后期两个部分。前期思想主要体现在《存在与时间》一书中，在此书中，语言与存在的关系问题论及很少。后期思想转向对存在与语言的关系的研究，这主要散见于《走向语言之途》、《荷尔德林和诗的本质》、《诗歌、语言和思想》等著作中。海德格尔在后期提出了一个著名的命题："语言是存在的家"。在《关于人道主义的信》中，海德格尔提出，存在在思中形成语言，语言是存在的家。因为在他看来，语言与存在是紧密地联系在一起的，对存在的理解也就决定了对语言的理解：存在不是像传统哲学所理解的那样是"外物"的存在，而需要从对存在的领域出发探讨存在，而语言是人对存在进行领悟所必经的一个环节。海德格尔认为，思想是存在的展示，而思想又总是通过语言显现的，因而他提出了"语言是存在的家"这一著名命题。他说"哪里有语言，哪里才有世界"。正因为如此，海德格尔反对"语言是思想交流的工具"这一种传统的看法，而把语言看成是人对存在的领悟所必经的一个环节。语言是存在的家。那么，是不是一切语言都是存在的家呢？海德格尔认为只有本质的语言才是存在的家，本质的语言就是"存在"的显现，它意味着显示、让××出现。只有通过本质的语言，人才能领悟存在。在海德格尔看来，两千多年来的西方哲学一直在说的都是非本质的语言，它只能言说"存在者"，而无法领悟存在，而本质的语言是诗化的语言。海德格尔推崇诗，后期更是如此，他力图以诗的语言改变形而上学的语言。那么，语言、人与存在这三者是一种什么样的关系呢？在《关于人道主义的信》中，海德格尔用一个比喻对此进行了说明：存在在思中形成语言，人栖居在语言的家中。思者与诗人是这一家宅的看家人。他们通过自己的言说使存在存在于语言中并保持在语言中；就此而论，他们的看守就是存在的开敞的完成。在这里，我们也可以看出语言具有本体的意义。

海德格尔的"语言观"是一种本体论的语言观，他把存在与语言紧密地联系在一起，把语言看作是人领悟存在的一个必经环节，改变了传统哲学对语言的理解。海德格尔的语言观从根本上动摇了建立在对象性思维模式上的西方传统语言观，实现了语言学转向，对柏拉图以来的西方传统哲学进行了总体性的批判。不仅如此，海德格尔为重建西方哲学做了不懈的努力和尝试，他试图以诗化的语言重建哲学。

海德格尔的存在主义在中国社会一度成为风尚，影响了当代青年人的价值观。在以往的反映论和实践论的基础上，面向人此在的生活方式的提出将存在论的视野引入到理论研究和世界观的生成当中，由此更推动了人道主义、主体性、价值观、后现代主义等探讨，以此为背景，结构主义、后殖民主义、文化保守主义、反工具理性等说法迅速在当代青年人中找到了支持者。海德格尔的存在论哲学在一定程度上切中了中国社会发展过程中所暴露出的问题，其所提出的哲学方案也吸引了一部分希望解决现实困境的青年人。比如，海德格尔将此在作为一切存在者的依据，迎合了要求个性独立和解放，特别是要求以自我为中心的青年人的口味；再如海德格尔对于烦、畏、死的生存论结构的分析，切中了一些青年人对生活无所依附又对未来的挑战充满恐惧的生活状态；还有海德格尔的真理观也符合一些青年人对自我理解和认知能力的偏执，而受到追捧。

与此同时，我们也应该看到，当青年人确立"我就是我"、"我就是所有或一切"的姿态，当他们在与其他不同时代群体在生活观念和处世目标差异比较中所拥有的偏执性自负中，特别是在因消解集体主义和民族主义等大写"人"而仅仅立足于小"我"的生活之时，所应运而生的不仅是他们自身的困顿和茫然——对生命价值和意义的失落所导致烦恼、迷惘和恐惧的状态，更是整个社会、民族、国家和人类未来的晦暗不清。因此在对青年人展开教育的过程当中，应该帮助青年人学会将此在的生存与他人、社会、国家联系在一起，在社会关系当中生成自身更为全面的本质，克服存在主义的焦虑，从而形成更为完整的世界观、人生观和价值观。

六　萨特：存在先于本质与人的自由

　　萨特曾经被称为"一个时代的良心"，这样的称谓足见其所产生社会影响之深远。对时代和生活问题的敏感一直是法国的民族精神世界的特点，这一点在萨特思想中得到了鲜明的反映。作为一位存在主义者，萨特以"存在先于本质"为观点表达了其存在主义的主张；作为一位理论斗士，萨特提出了"介入"的主张，认为理论研究者须通过作品对当代社会、政治事件表态，从而保卫日常生活中的自由，并提出"我们必须为我们的时代而写作"的口号；作为一位深沉的思想者，萨特以尖锐的笔触更多地联系现实生活，努力揭示现实生活的真义——在文学作品中力图揭示深刻的哲理，在哲学思考中描绘生活的真相。

　　萨特有比较鲜明的中国情结，作为一名存在主义的马克思主义者，对马克思主义的赞同和支持使萨特对中国这一马克思主义指导的国度充满了好奇。1955 年萨特终于来到了中国，在中国进行了长达一个半月的交流和访问，他一方面惊叹于中国社会的变化，另一方面表达了对社会主义中国强烈支持的态度。在为《人民日报》撰写的《我对中国的观感》一文中，萨特这样表达："我所看到的也就是大家都看得到的东西：中国已经显示了它的无所不包的容貌"。"每一天，每看一眼，必定要同时看到古老的中国和未来的中国，才能够懂得你们当前的情况正是这个了不起的和生动的矛盾所构成的"，"你们走向社会主义，这不仅是一个伟大的民族为了建立一种更人道和更公正的社会制度而努力；在中国，社会主义化是一个关乎生死存亡的重要问题。你们也许会说：这在到处都是一样。不错，是这样的。但是，在任何其他地方，社会主义化的客观必要性也没有这样的鲜明显著。这同时也是中国人民千百年来为反抗压迫而进行斗争的最终目的，对于现在的中国和未来的中国来说，都是一个攸关生死存亡的问题。假使不提高工业和农业生产，如何能够从贫困中解脱出来呢？假使不以严格的计划经济来代替自由资本主义，又如何能够提高生产呢？中国必须或者灭亡，或者走向社会主义；它必须或者灭亡，或者变成一个非常强大的国家。然而，只要看一看你们如此欢乐的青年和儿童，就会明白这个国家一定不会灭亡"，"社会主义既是一种最严格的必要，同时又体现了人与人之间最合乎人情的关系。对我说来——同时我相信对大多数来中国访问的人也是如此——使我感动得最深刻的就是新中国的这种双重面貌。"他回国后又写了一系列文章宣传中国人民的成就，增进了法国人民对新中国的了解。

　　萨特对时代和生活所进行的深思以及对中国社会抱有的善意和好感，也让中国社会对这样一位思想家表达出强烈的兴趣。萨特哲学在中国传播近一个世纪，特别是 20 世纪 80 年代以来逐渐兴起了一股"萨特热"。这一风潮的出现一方面与萨特哲学所呈现出来的启蒙和理性的气质迎合了那个时代人们的要求相关，更为重要的是在中国社会改革开放过程中，一方面需要经济和社会的转型，另一方面更需要人的意识的觉醒和人的尊严和权力的确立，使每个人成为具有社会责任感的道德主体，从而才能真正实现中国从传统向现代的转型。思想解放的气质使萨特哲学在一定时间内吸引了人们的兴趣，从对人道主义的探讨到后来对主体性的争论，萨特哲学一直潜藏在这些理论背后，延展出自身对人的主体性彰显的重要意义。虽然"萨特热"在一定程度上已经退潮，但萨特哲学对当代青年人所产生的影响仍然广泛存在——对存在和本质关系的追求、对自由真谛的探究都在一定程度上折射出萨特思想的影子。如在 20 世纪 80 年代，就出现了针对这一问题的是"主观为自己，客观为别人"还是绝对的"毫不利己专门利人"讨论，一些学者指出："回首往事，我想，那场讨论的真正价值或许不在于它得出了什么结论，找到了什么答案，更主要的在于它第一次打破了长期的思想禁锢，引发了人们尤其是年轻人对自我存在的重新认识，对自身价值的深沉思考，对个人与他人、自己与社会的关系重新审度。"①

　　萨特的思想集中体现在对自由真相的解析当中。《存在与虚无》是萨特的一步比较著名的哲学著作。看到这部著作的名字，我们就会联想到海德格尔的著作《存在与时间》。从两部著作的名字就可以看出，海德格尔思想对萨特所产生的重要影响。在《存在与虚无》中，萨特一开始就表达了对胡塞尔和海德格尔现象学的尊重，在此意义上他对海德格尔关于此在的理解加以拓展，"我们可以把海德格尔给此在下的定义应用于意识，把意识看成这样一种存在，对这个存在来说，它在它的存在中关心的正是它自己的存在。但是还应该这样来补充和表述这个定义：意识是这样一种存在，只要这个存在暗指着一个异于其自身的存在，它在它的存在中关心的就是它自己的存在。"② 他把存在分为自在的存在和自为的存在：自在的存在的基本规定是存在存在着。存在即自在，存在就是"是其所是"。也就是说，自在的存在是自足的，它不以意识是否显现它为转移，而保持着自身完满，是一种纯粹的偶然性——一经注定便无可更改。因此，对于人而言，这个自在的存在是荒谬的。萨特在自己的作品里一再描述自在的世界是一个无可名状的、纯粹偶然的、荒诞的世界，它只能使人感到恶心、烦恼、厌倦甚至绝望。

　　和自在的存在相反，自为的存在并非命中注定。它不是存在，而是对存在的否定，即非存在或虚无；它并非自在，而是必然要超越自身的。因此，它不是其所是，而是其所不是，它永远不是什么又总是趋向成为什么。自为的存在是通过虚无从自在的存在中产生出来的。或者可以说，自为的存在必定要在自在的存在的基础上产生出来。"自为是被一种不断的偶然性所支持的，它承担这种偶然性并且与之同化，但却永远不能清除偶然性。自在的这种渐趋消逝的不断的偶然性纠缠着自为，并且把自为与自

---

① 彭波：《一代中国青年的思想初恋：潘晓讨论》，南开大学出版社 2000 年版，第 62 页。
② 萨特：《存在与虚无》，三联出版社 1997 年版，第 21 页。

在的存在联系起来而永远不让自己被捕捉到，这种偶然性，我们称之为自为的人为性。正是这种人为性能够说自为存在，自为真实地存在，尽管我们永远不能实现这人为性，尽管我们永远要通过自为把握这种人为性。"①萨特所指的自为的存在实际上就是意识。意识本身就是无，意识的呈现是个虚无化的过程，它将自己与自在的存在分离开来，拉开距离，并将某物的其他一切隐去而将此物的一部分呈现出来，或者说，自为的存在通过虚无化使本来混沌的自在的存在被打开。意识就是对自在的存在的否定，意识使存在虚无化意味着它本身就是虚无，因为只有本身是虚无的东西才能将其他东西虚无化。

自为的存在作为虚无就是一种超越性、否定性。它不断地追求存在并超越存在，但又不会停留下来，而是处于无穷的超越、否定和创造之中。"作为自我基础的自为就是否定的涌现。它自我奠定，因为它否定自我有某种存在或某种存在方式。我们知道，它所否定或消灭的，就是自在的存在。"②相对于自在的存在而言，自为的存在并不是独立自主的，它在逻辑上和本体论上都不能与自在的存在平起平坐，也就是说，自在的存在具有相对于自为的存在的本体论上的优先地位。自为的存在只能在自在的存在的基础上才能建立起来。但与此同时，自在的存在如果没有自为的存在，它只能是荒谬的和没有意义的。自在的世界之所以能够成为相互联系又彼此有别的多姿多彩的世界，正是因为自为的存在赋予它以意义。

自在的存在与自为的存在的区别可以用两个命题来加以诠释。对于自在的存在而言，它是"本质先于存在"；对于自为的存在而言，它是"存在先于本质"。这种说法也是来自海德格尔的启示，萨特援引海德格尔所说的"在自由中，存在先于并支配本质"的说法，表述其对自在与自为、自由与必然、存在与本质等一系列概念的理解。在他看来，自在的存在一经产生便命中注定，它自己的本质是既定的而无选择的自由和可能；对于

---

① 萨特：《存在与虚无》，三联出版社 1997 年版，第 123 页。
② 萨特：《存在与虚无》，三联出版社 1997 年版，第 128 页。

自为的存在而言，它的本质不是既定的，而是自己的主观性自我决定的。萨特举例说明，"试拿一件工艺品——例如一本书或者一把裁纸刀——来说，它是一个对此已有一个概念的匠人制造的；他对裁纸刀的概念，以及制造裁纸刀的前此已有的工艺（这也是概念的一部分，说到底，即一个公式）同样心中有数。因此裁纸刀既是一件可以按照固定方式制造出来的物件，又是一个达到某一固定目的的东西。"①可以看到，裁纸刀的本质在其存在之前就已经成为公式，它的本质是先于存在的。与此相反，对于人的存在而言，它不是像自在的存在一样表现为现成的确定的存在。对这一结论的认识也是经历了一个过程的，萨特回顾哲学发展过程，发觉在传统哲学那里仍然秉持人的本质先于存在的基本观点——无论体现在基督教上帝以观念造人的理解中，还是在康德等人对于人的本质的认识中，但萨特指出"本质的人先于历史的人出现"的假设是荒谬的。作为存在主义者，萨特认为人是一切本质主义的前提，这个世界总是要有一个什么东西存在，以此为基础才能形成关于自身的概念，"意思就是说首先有人，人碰上自己，在世界上涌现出来——然后才给自己下定义。"②人的存在最初在本质上表现为"无"，但总是在面临不同的可能性的过程当中生成自身的"有"，而其成为什么样的"有"，完全取决于自身的主观设计、筹划和选择。在这个意义上，人就是一种自我设计、自我谋划、自我选择和自我造就的存在物。"人就是人。这不仅说他是自己认为的那样，而且也是他愿意成为的那样——是他（从无到有）从不存在到存在之后愿意成为的那样。人除了自己认为的那样以外，什么都不是，这就是存在主义的第一原则。"③人总是根据自己的意向来塑造自己，成为他愿意是的那种人。

在萨特看来，人是存在先于本质的，也就意味着对于人来说没有什么先于人的存在之前的既定本质；人是自由的，他的存在也应该是自由的存在。不同于其他对于自由展开探讨的哲学家——他们或者将自由看作人的

---

① 萨特：《存在主义是一种人道主义》，上海译文出版社1988年版，第6页。
② 萨特：《存在主义是一种人道主义》，上海译文出版社1988年版，第8页。
③ 萨特：《存在主义是一种人道主义》，上海译文出版社1988年版，第8页。

某种性质，或者将自由看作人应该追求的某种状态——萨特认为自由是人的存在本身所蕴含的东西，不是人应该追求自由，而是自由本身就蕴含在人的生命结构当中，人的存在本身就意味着自由。"事实上，我是一个通过活动而知晓自身自由的存在者，而我同样是一个以其个别及单独的存在作为自由时间化的存在者。这样，我就必然是（对）自由（的）意识……我的自由在我的存在中便永远是在问题中；它不是一种外加品质或者我的本性的一种属性，它完完全全地是构成我的存在的材料。"①自由包含在人的存在当中也就说明了自由也是先于本质的，人在原初的状态当中是包含着种种自由的可能性的，只是在生存的过程中不断占有和生成自身的本质，才被赋予种种相互区别的规定性。但这也并不意味着人就不自由了，恰恰相反人的自由是绝对的。与相对的自由不同，后者只是指摆脱某些特定条件的限制，而绝对的自由是不受到任何条件的限制。萨特举例说明，比如监狱当中的犯人，其在相对自由层面上总是要受到限制，但在绝对自由的层面，他具有意识上选择的可能性——选择接受惩罚或者选择逃狱，如果他没有实施后者，也就意味他发挥了自身的意识自由，前者不过是其选择的结果而已。只要在意识中进行了选择也就意味着人是自由的。萨特甚至说，即便没有选择人也是自由的，因为他选择了不选择。"自由就是选择的自由，而不是不选择的自由。不选择，实际上就是选择了不选择。因此选择是被选择的存在的基础，而不是选择的基础。"②因此对于人来说，任何条件下都是自由的，在任何条件下都能够对自己的生存境遇进行反思而进行自由的选择，在这一意义上来说自由是绝对的。自由是绝对的，并不意味着人可以随心所欲，恰恰相反自由是绝对的意味着人必须为自己自由的选择负责任，人的任何结果都是自己自由选择的结果，当面对这样的结果之时人要懂得承担自身选择的结果。没有任何外在的力量可以强迫你，也没有任何他人能够决定我们的命运，我们自己的存在全由我们

---

① 萨特：《存在与虚无》，三联出版社 1997 年版，第 547 页。
② 萨特：《存在与虚无》，三联出版社 1997 年版，第 599 页。

自己来决定。懦夫的懦弱是自己造成的，英雄也是自己造成的。懦夫有可能变得不再懦弱，英雄有可能不再是英雄。

如果说自由是绝对的，选择的自由也是人所拥有的，也就意味着任何时候人都不能逃避自由。人具有选择的自由就必须作出选择，这是人无法逃避的职责，无论如何逃避，选择和决定权就在人自己那里。一个青年立志救国从戎，但不忍心抛下老母。在两难抉择的情况下求教于萨特，得到的回答是"你自由选择"。由于选择是自由的，而人又必须对选择承担责任。所以人永远处于现实的烦恼当中——担心选择的错误带来的后果、幻想另一种选择带来的结果、试图逃避选择所带来的责任。但无论如何，自由和责任是一个硬币的两面，任何人都无法选择只选择一面。正如美国学者威廉·巴雷特在论述萨特的思想时所指出的："这里有一种奇特的辩证作用：构成人的赖以雄踞于事物之上的力量的核心之中的东西，即人超越自身及其直接面临的境况的能力，同时又造成了脆弱性，犹豫不决又不堪一击，造成了人类命运中注定的极度痛苦。"[1]烦恼还源于人选择时的责任感。由于人的责任感，人在面临选择的时候不得不作出诸多考虑，不仅要为自己的现在负责，更要对自己的未来负责；不仅要为自身的行为负责，有时可能也要负担他人未来的职责。对于自身的选择没有任何借口逃避责任，对于他人来说自身的某些选择也很可能牵涉他人或人类。对每一个人来说，他每发生一件事，都好像整个人类在用双眼盯着他，要他用他的行为来指导自身。由责任压力想到行为的根据，便会产生烦恼。当然，人更大的烦恼来自人对死亡的不可抗拒的意识。在一定意义上，人的"生"不是我们自己自由选择的结果；人的"死"也是如此，"死"是人自己做不了主的事。人生的荒谬即在于此。萨特说："人是一种无用的激情"，这是一个让人沮丧的结论。但萨特又认为，"死"并不能限制我们的自由，只能"夺走"我们的自由。只要我们存在，我们就注定是自由的，我们就必须对我们的"生"和"死"负责任。

---

[1]　威廉·巴雷特：《非理性的人——存在主义哲学研究》，商务印书馆 1999 年版，第 242 页。

在萨特看来，每个人都处于与其他的自为的存在——即处于与他人的关系中。人与他人的关系，有一个非常直接的证明，就是我们承认有他人的存在，并不是由于我"看"到了他人，而是我被他人所"看"，我被他人所"看"的这种不安和羞愧感，正是他人存在的明证。每个人都是从自己的主观性出发来看到他人的，总是倾向于把自己作为主体，把他人看成是对象。别人爱你，你就是他人爱的对象，为了被爱，你就必须把自己打扮成可爱的对象；你爱别人，也同样把别人变成你的对象，并努力使别人变成你可爱的对象。每个人都在彼此之间的关系中试图保持自己的主体性，这样一来，人与人之间的关系就变成了"主奴关系"，都想把自己变成主人，而使他人成为自己支配的对象。正因为如此，个人的自由与他人的自由便处于对立和冲突之中。如果我主张忍耐的话，那无异于让他人放弃斗争；如果我帮助别人，那无异于妨碍他人自立。萨特由此在自己的著名剧本《间隔》中借剧中人物之口说出了一句令人不胜惊骇的话：他人就是地狱。因为人类社会的种种冲突都产生于自我与他者的区别当中。

萨特也是一位马克思主义者。早在上大学的时候，萨特就阅读过《德意志形态》、《资本论》等马克思主义的著作，"开始改变我的是马克思主义的现实，是在我眼前工人群众的沉重的存在，这个巨大而又阴沉的队伍在体验和实行马克思主义，并在远处对小资产阶级知识分子产生一种不可抵抗的吸引力。"①第二次世界大战后，萨特的思想表现出接近马克思主义的倾向，他认为马克思主义是当代唯一不可超越的哲学，只要马克思所提出的问题还没有被解决，马克思主义就还有生命力。而马克思主义最突出的特征，在萨特看来是真正的人道主义——一种以"人"为中心的"人学"。这是马克思主义最为宝贵的财富，但这一财富并没有为他的继承者很好的发扬，反而走向了僵化的教条。为解决这一困境，他提出用存在主义为马克思主义填补人学空场，达到重新修补马克思主义的目的。在此基础上，萨特指出教条化的马克思主义所存在的问题就是把自然、人、社会放在机

---

① 萨特：《辩证理性批判》（上册），安徽文艺出版社1998年版，第18—19页。

械决定论的意义上加以探讨，而事实上无论自然、人和社会历史都是在辩证运动发展的。萨特坚决反对恩格斯的自然辩证法，认为自然辩证法实际上取消了人的自由，把人变成了自然的一部分，并把人的历史变成了机械决定论意义上的自然化的历史。在萨特看来，辩证法的真正源泉是个人的实践活动。个人实践活动是人的自我选择、自我超越和自我决定的活动的具体化，是一种自为的活动。个人的实践活动是一种整体化的活动，整体化指的是整体形成整体的运动，即实现整体的运动。社会是由个人构成的，社会的整体化就是众多的个人"整体化"的"整体化"。辩证法正是对个人到社会的整体化运动的揭示，"辩证法就是整体化法则，这个法则造成了一些集合体，一些社会，一部历史，即一些强加于个人之上的实在性；而同时，它又必须由无数个体行为交织而成。"①整体化成为萨特所理解的人学辩证法的根本内容。

作为实践和行动逻辑的"人学辩证法"，可以划分为三个方面：第一个方面是"个人实践的辩证法"。个人的选择和行动是历史的起点，个人为了生存就必须与外部自然界进行斗争。这必然产生一个结果——即人的机能外化——构成人与自然的被动的统一。这时的辩证法尚处于构成阶段，萨特称之为"构成的辩证法"。第二个方面是"集体实践的辩证法"，这个阶段也可以说成"群"的阶段。在萨特看来，"群"还是一个没有形成统一主体的、无力的人们的集合状态。在这个阶段，人们由于对物质生活资料的需要，相聚为"群"，形成松散的集合状态，集体地进行实践。然而，这"集体实践"是对"个人实践"的否定。在"集体实践"中，人失去了自己的自由与个性，人与人的关系变为相互否定、相互异化的关系。社会上的"群"就是这样彼此成为潜在的敌人的人们。在这一状况下，人与人的关系总是被动的，因此也可以称之为"被动的辩证法"。第三个方面是"共同实践的辩证法"。在萨特看来，当稀有或某种外力的威胁使一个松散的"群"成员竞争并自发联合起来，采取共同行动、共同实践时，

---

① 萨特：《辩证理性批判》（上册），安徽文艺出版社 1998 年版，第 170 页。

就形成了"融合集团"。这种集团的融合,是由于受到客观压力而被动构成的,所以萨特把它叫做"被构成的辩证法"。

社会发展的历史是个人实践活动的辩证总体化。在这个意义上,社会历史是从事实践活动的人创造的。在社会历史的发展过程中,个人的实践既以现有条件为基础,同时又是对现有条件的超越和否定。社会历史的发展过程就是既依赖又超越的历史过程。人类社会发展的历史性正是体现于通过个人社会实践所实现的前人与后人之间的总体性统一之中。在这里,萨特的思想明显受到了马克思主义的影响,但是他在接受历史唯物主义的同时,对历史发展的普遍规律性实际上又是加以否定的。因此,总体上看,他的思想其实仍没有脱离存在主义的藩篱。

萨特的思想是存在主义的。直到今天"存在主义"仍然与他的名字联系在一起,萨特本人也以存在主义者自居。与海德格尔的存在主义思想相比较,萨特更多地把"意识"提出作为自己思想的议题,以此出发来讨论存在,展开关于存在的基本思想。"萨特优于海德格尔的地方主要在于他虽然没有离开存在的基础,但吸取了辩证法的观点,因而使他自己的存在论与海德格尔的存在论比较起来更有活力,更有社会的意义。"①也许作为存在主义的哲学家,萨特在理论上的建树未必高于海德格尔,但是要说到影响的广泛性,萨特也许更突出。这不仅因为萨特是文学家和社会活动家,也是因为萨特的思想更适应当时西方社会反抗现实、维护个人自由的时代精神。

萨特在自己的思想中揭示了人的存在的特殊性,他所表达的"存在先于本质"的论断鲜明地表征了对当时社会现实的反叛和抗议,表达了对个人自由的呐喊。但是,他对自由的理解又是绝对的,这种自由建立在人的主观性基础上,这不免使他的自由观又流于抽象。萨特向我们揭示了一个自在存在的荒谬世界,当他说"他人即是地狱"的时候,我们未免为此感到悲凉,但萨特正是要借此表达对传统人道主义盲目乐观的批判,把人的

---

① 叶秀山:《思·史·诗——现象学和存在哲学研究》,人民出版社1988年版,第268页。

眼光拉回到沉重的现实。虽然萨特的思想中不免包含着晦暗和消极意识的流露，但其总体上关于"自由、选择、责任"的论述所敞开的仍是一种积极的人生态度。正因为如此，萨特才被誉为"20世纪人类的良心"，他的思想才引起不绝于耳的时代回响。

萨特的存在主义哲学具有导向相对主义和唯心主义之嫌，并不可避免地包含着内在的矛盾。他主张"人生是荒谬的"，又相信历史总是向着人意识到自己是人的方向缓慢发展的；主张"他人就是地狱"，又提倡个人必须把他人的自由当成个人自由的目标，个人自由才能实现。也许，他矛盾的思想正是体现和反映了人存在的两歧性矛盾。萨特也以其存在主义的视角表达了对马克思主义的尊敬，当他试图用存在主义改造马克思主义时，他看到了教条主义的马克思主义的缺陷，但是他对马克思主义的理解并没有走出存在主义的视界——在萨特的人学辩证法中，他否定人的实践活动和人类社会历史发展的客观性和规律性，把建立在人的主观性基础上的"我"与"他人"的冲突当做辩证法的内容，这与马克思的历史唯物主义的基本精神是相悖逆的。

萨特作为"一个时代的良心"对青年人的影响是广泛而深刻的，其对自由追求的姿态使其呈现为一个时代的思想斗士。他的哲学兴盛于"中国人自我选择的时代，很多人都在思考自我的价值取向以及人生道路。萨特'存在主义'的核心正是强调'自我选择'，这种观念正好适合了当时那代人的主观需求，尤其是释放了很多青年人对这种情绪的发泄。"① 在这样的时代，萨特哲学让人们联想到许多人追求的个体自由，其中所蕴含的批判精神表达了青年人对重获自由的渴望。与此同时，萨特哲学当中对于自由的表达也对青年人的自由观产生了影响：人的存在是自由的，自由是无条件的，自由是选择的自由，人应为自身的选择承担后果。这样的自由观影响了一代青年人，甚至到了今天仍有余温。与萨特给青年人思想带来的积极影响相伴的是其消极影响：当萨特将他人看作是地狱，看作是对自身绝

---

① 柳鸣九：《萨特研究》，中国社会科学出版社1983年版，第11页。

对自由的妨碍之时，自由本身就变成了个体性的，而丧失了整个人类性的意义——因为在整个人类性层面上来说，自由因他人的地狱已经变成了不自由。这一理解容易导致青年人将自由极端化，将自由放在个体的、与他者相互敌对的意义上理解的思想倾向，可能会导致个体主义和利己主义，甚至导致一定程度上的反社会倾向。同时萨特对于马克思主义人学空场的理解，是对马克思主义的一种曲解，而用存在主义弥补马克思主义缺憾的设想，也因存在主义的理论抽象性与马克思主义的实践批判性之间的断裂而永远无法实现，这也可能会给青年人理解马克思主义带来一定程度上的消极影响。

七 维特根斯坦：哲学的自我治疗与
哲学形象的颠覆

路德维希·维特根斯坦是一位罕见的哲学天才，罗素把维特根斯坦当作"天才人物的最完满的范例"：热情、深刻、认真、纯正、出类拔萃。他对人类生存本质的深刻感知，以及在理智上的特殊天赋，使他在哲学上达到了其他哲学家难以企及的深度。其作品不多，为人们所熟知的仅有《逻辑哲学论》和《哲学研究》，但前者被"公认为西方哲学史上最精炼、最难懂的经典著作之一"，而后者"被哲学家们称为用德语撰写的最伟大的散文之一"。显而易见，维特根斯坦对哲学的影响是深刻的，其哲学贡献是伟大的，特别其身上所具有的审慎态度是西方传统理性主义在当代的典型呈现。

维特根斯坦思想对当代青年人的影响集中体现在其语言哲学上。我们可以看到各种社会思潮或通过口头传播，或通过各种书刊传播，或通过各种媒体或媒介传播，无论哪种传播方式都离不开语言的路径，语言构成了青年人了解社会现实以及理解各种思潮的途径或方式。因此如何理解语言、能否从语言当中获取意义就成为关键性问题。正如维特根斯坦所说："我们正与语言搏斗，我们已经卷入与语言的搏斗中。"了解维特根斯坦的语言哲学及其意义不仅对于青年人正确认识维特根斯坦本人的思想，更对于在语言范式的意义上审视和评价现当代哲学思潮，以及在话语的意义上构建社会主义核心话语体系和传播路径均具有重要的意义和价值。

　　无论是早期维特根斯坦通过对语言的逻辑分析，解决语言如何能够表达和描述世界的问题，倾向于去建构"逻辑上完善"的理想语言，还是晚期从对命题意义静态的逻辑分析转向了对语言用法的动态分析，从对理想语言的建构走向对日常语言的关注，都表达了他对语言的浓厚兴趣——语言与意义的关系构成了维特根斯坦哲学的主要问题。语言和意义之间是否具有关联？语言所具有的表述和表达的双重功能使语言既能够表述世界，又能够表达情感。后者更构成语言与意义之间的桥梁：部分意义可以由语言表达，但更多的意义却是在语言之外的，这就是维特根斯坦所说的：凡是可以说的都可以说清楚；对于不能谈论的东西必须保持沉默。可说的是语言，不可说的更多的是意义，语言表述世界，意义彰显存在，这就是维特根斯坦关于语言和意义的基本理解。

　　语言与意义之间有着千丝万缕的关联，但二者也是相互区别的。差异之一表现在语言的存在方式是一种主观性的客观存在，意义的存在方式是一种主观性的主观存在。在维特根斯坦看来，语言应当是公共的而非私人性质的，"假定每个人都有一个装着某种东西的盒子：我们把这个东西叫做'甲虫'。没有人能够看到别人的盒子里面的东西，因而每个人都说他只是由于看到他的甲虫才知道甲虫是什么。这里完全有可能每个人盒子里的东西都是完全不同的，甚至可以想象这个东西老在变化。——但假定'甲虫'这个词在这些人的语言中有同一种用法又该怎样呢？——如果这样，它就不应被用做一个东西的名称。盒子里的东西在这种语言游戏中根本没有地位，甚至没有某种东西，因为盒子完全可以是空的。——的确，人们可以'除尽'盒子里的东西，无论它是什么，都可以被消去。那就是说：如果我们根据'对象与名称'的模式来解释感觉表达式的语法，那么对象作为不相干的东西就无须考虑了。"[1]不难看出，维特根斯坦反对私人语言的同时，也确立起语言的公共性。语言在表达的过程中，无论是对语素、词句还是语法的使用，都应当是出于自身的主观性认识，更应是一种符合

―――――――――――――

[1]　维特根斯坦：《哲学研究》，商务印书馆 1996 年版，第 293 页。

公共标准的客观认识。这样，语言才能具有可解读性、可理解性和可交流性，才是一种能被使用的公共语言。维特根斯坦所表达的语言就是这样一种主观性的客观存在，而意义则有所不同。无论是原因、作用还是价值都是人根据自身的需求作出的一种主观性选择。正如维特根斯坦在谈到语言游戏时所指出的，"没有什么行为的原因能够由一条规则来决定，因为每一种行为的原因都可以被搞得符合规则。"[①]意义的存在不仅是人主观选择的结果，而且看似具有客观规律性的意义往往都是主观性的，而不可通过客观标准来进行衡量的。例如，一个人来到医院，可能是因为生病需要就诊，可能是探望亲友，可能是医生上班，等等。无论是从原因、作用还是价值上，不同的个人在实践和认识这一相同行为的需求是不同的，即主观状态的不同，决定了所赋予的意义是不同的。

差异之二表现在从指向对象上看，语言指向的是存在的主体方面，而意义指向的则是存在的主观方面。所谓存在的主体方面，是指语言所表达的具有公共标准的存在本身；存在的主观方面，是指认识主体所赋予存在对象的认知状态。正如卡尔纳普所指出的："形而上学的虚构句子，价值哲学和伦理学的虚构句子，都是一些假的句子，它们并没有逻辑的内容，仅仅能够引起听到这些句子的人们在感情和意志方面的激动。"[②]从指向对象上，语言所表述的、所呈现的都是客观的存在本身。即对语素、词句的使用必须符合语言表述对象的本质特征，句法的表达也应适宜表述对象的存在方式。意义在指向对象上，则强调认知主体自身与认知对象之间的认知状态和关系，如原因的解释、作用的大小，特别是价值的有无、正负和大小的判断。语言和意义在两个不同的维度上，实现了认识主体对认知对象的感知、理解和交流。维特根斯坦在反对私人语言时，就通过对私人语言不存在和公共语言必然性的论证，道出了语言与意义在指向对象上的不同。"这种语言的个体词指的是只有说话者知道的东西，是指他当下的私

---

①　维特根斯坦：《哲学研究》，商务印书馆 1996 年版，第 201 页。

②　洪谦：《现代西方哲学论著选辑》（上册），商务印书馆 1993 年版，第 460 页。

人感觉。因此别人不能理解这种语言。"① 在此，维特根斯坦道出了语言与意义在指向对象上的不同：语言指向的是其表述的对象本身，强调的是对象自身的主体性；而意义作为认知主体与认知对象之间关系的附加物，则强调赋予认知对象的一种状态，如产生这一事物或现象的原因、其价值如何、有何作用，等等。正是基于语言与意义的指向对象不同，才能构建出一种符合逻辑要求的语言。语言与意义在指向对象上的不同，既是由于其存在方式不同所致，更是二者内在构成要素不同所致。需要强调的是，这种指向对象的不同，对于语言和意义的存在也是密切相关的。源于指向对象的不同，决定了语言与意义在现实生活世界中既区别又互补——语言表述的存在主体本身是赋予意义性认知状态的前提和基础，意义性的认知状态也是语言表达认知对象之主体性存在的必然结果。

差异之三表现在语言与意义的实现领域不同。所谓实现领域，是指其能够在何种范围内或怎样的一种维度上达成自身的内在要求或效果。这里语言或意义的实现领域，指语言或意义在现实生活世界，如何达成其内在的要求或效果，而实现领域的划分则是通过其内在构成要素的要求来体现的。语言的实现领域，是通过语素、词句和语法的有效运用进而达成其表述对象的效果来确定的，即语言能够加以表述，并能真实反应对象的都属于语言的实现领域。"哲学的成果是使我们发现了这个或那个明显地胡说，发现了理智把头撞到语言的界限上所撞出的肿块，正是这些肿块使我看到了上述发现的价值。"② 维特根斯坦将语言的实现领域定义为我们的现实生活世界，将现实生活中所有"理智"的认知都纳入到语言的实现领域中来。而意义则被放逐到一个不可说的境域，成为认知过程中"只可意会"、"不可言传"的部分。在分析这一实现领域的区别时，维特根斯坦将其与以往哲学因为错用语言，而混淆语言与意义的界限加以联系。"关于哲学问题的大多数命题和问题不是虚伪的，而是无意思的。因此我们根本不能回答

---

① 维特根斯坦：《哲学研究》，商务印书馆 1996 年版，第 243 页。
② 维特根斯坦：《哲学研究》，商务印书馆 1996 年版，第 119 页。

这一类的问题，我们只能确定它们的荒谬无稽。哲学家们的大多数问题和命题是由于我们不理解我们语言的逻辑而来的。"① 由此可见，正是由于缺乏对语言与意义实现领域的正确认识，使得语言和意义都成为了不可能的存在，成为了逻辑混乱的一片混沌之地。对语言与意义实现领域的正确认识，既是区分二者的重要标志，也是确保二者各行其职的重要手段。确定语言的实现领域为意义的形成奠定基础，而意义领域的明确则为语言在现实生活世界得以逻辑地使用提供了保障。

差异之四表现在语言与意义之间更有有限性与无限性、异质性与非对称性、确定性和模糊性的区别。这里的有限性和无限性并非仅指语言与意义在实现领域和范围方面的大与小，更表现为二者在认知过程中地位和作用的不同。语言无论是从自身的构成还是从表述对象上来看都是有限的，这种有限性表征了语言在使用时所具有的针对性，更体现了语言在认知现实生活世界时的基础性地位和作用。人的认知过程是以由一个个稳固而确定的环节紧密相连而成的，而作为认知、理解、表述和改造世界重要手段的语言，就充当这一重要角色。有限的语言为人去展开无限的认知活动奠定了坚实的基础；同样也为意义的展开确立了稳固的载体。与此相对，意义则是无限性的。意义的无限性既是由于认识主体的人的能动性所决定的，更是现实生活世界本身（内在的无限可能性）所要求的结果。意义的无限性不仅为现实生活的展开提了理解和认知的方向，亦为人的生活活动提供了向前发展的可能性。语言和意义的差异还体现在确定性和模糊性上，语言的确定性是语言作为一种工具所决定的特质，在认识、理解和交流的过程中，语言的确定性都表露无遗。很多时候无论出现的是认识的不同、理解的偏差还是交流的滞阻，都是缺少对语言的确定性的认识所造成的。"有一条总的规则，使得音乐家能从总谱读出交响乐，使得我们能够通过唱片的沟纹放出交响乐来，而且应用原则还可以从交响乐重新推得总谱。这些看起来完全不同的东西之间的内在相似性正在于此。这条规则就是将交响

---

① 维特根斯坦：《逻辑哲学论》，商务印书馆 1985 年版，第 38 页。

乐投射到音符语言上去的投影法则，也是把这种音符语言翻译为唱片语言的规则。"[1] 维特根斯坦在如何正确使用语言的问题上反复强调规则的重要性，就是要引起人们对语言确定性的重视和关注，即强调语言的确定性。而意义则与语言相反，具有模糊性。意义模糊性的根源就在于其产生的根基是人的主观意识。在人与认知对象之间的关系上，意义总是在人具体的、历史的认知状态中产生，这就使意义具有了一种模糊性，即意义在特定历史、条件环境中才能加以确定地明确出来。正是意义的模糊性才使确定性的语言具有的不同的使用方式，进而为人的认知方式提供了无限的可能性。语言与意义的一个重要差异还在于二者的异质性和非对称性。异质性是指语言与意义在表征对象的本质内容上是相互区别的。虽然语言和意义在运用时会涉及同一具体事物，但二者所表征的内容却是截然不同的。语言可以主观的使用，但从本质内容上是对对象的一种客观表述；意义则是在认识主体与认识客体之间实现一种关系。也正是基于这种异质性，语言与意义呈现出一种非对称性。即语言能加以统摄的对象，未必具有意义的表达；而意义所赋予的对象则未必是语言能够加以表述的内容。"人具有组织用以表现任何思想的语言的能力，而不必有每个词具有怎样的意义和什么意义这种概念。——正如人说话而不知道个别的声音是如何产生的一样。"[2] 维特根斯坦将语言与意义作出的这种区别就是要说明二者在异质性基础上所表现出来的非对称性。异质性和非对称性不仅是语言与意义的区别，更是从另一维度对"可说与不可说"理论的呼应。于是，在语言的实现领域中"可说"成为了一种必然，"不可说"则成了意义的一种需要。

语言的可说与意义的不可说既是对语言与意义之间界线的探求，更是对可说与不可说之间关系的确立。在某种意义上，探讨语言的可说与意义的不可说只是一种手段，即一种探求"意义的不可说"如何为"语言的可说"奠定坚实基础的手段。对于语言是否可说这个问题，维特根斯坦在其

---

① 维特根斯坦：《逻辑哲学论》，商务印书馆 1985 年版，第 39 页。
② 维特根斯坦：《逻辑哲学论》，商务印书馆 1985 年版，第 37 页。

关于公共语言的反私人语言论证的"甲虫"例证中就给出了明确的答案，语言的"可说"，既是基于语言本身的公共特质，更是基于意义的"不可说"。意义的"不可说"为语言的"可说"划定确实的领域，为语言的"可说"给出存在的合理性解释，更为语言的"可说"提供了发展的可能性基础。可说的语言正是通过不可说的意义，为自身的存在找到意义根据，为实现自身的价值和作用找到途径，更通过它为自身的发展找到了无限的可能性。语言的"可说"通过表述对象，所要表达的深层内容正是"不可说"的意义。正是在意义不可说的指导下，语言在现实生活世界中表达着事物，按照其内在的逻辑形式去实现其可说。而符合"意义的不可说"的"可说的语言"不仅能够被现实地说出来，更从本质上保证了其可说的有效性。

在维特根斯坦看来，与语言的可说相对，意义则是不可说的。可说的语言在其表述对象时必须以可说的形式呈现，否则被使用出来的不再是语言，而是跨入意义领域的东西。如果将语言的领域和意义的领域加以量化比较，不难发现，意义的领域是远远大于语言领域的。意义恰在这种视域下，呈现的是不同于语言实现领域的内容，远远大于语言内涵的内容。"世界的意思必定是在世界之外。在世界中一切东西都如本来面目，所发生的一切都是实际上发生的。其中没有任何价值，——如果它有价值的话，它就没有价值了。如果有一个具有价值的价值，则它必定在一切所发生的事情之外，必定在实在之外。……它必须在世界之外。"[①] 维特根斯坦将世界的意义定位在世界"之外"，维特根斯坦从"可说的"方面排除了意义存在的可能性，意义成为了"不可说"的存在。而这种不可说的存在，虽然不属于语言的实现领域，但时刻与之相伴。不可说的意义领域的广泛性，为可说的语言实现其领域的延伸和发展奠定了基础。在维特根斯坦看来，不可说的也并非不可理解，只是理解的方式与语言的可说有所不同，是通过意义自身的呈现来加以理解。也正因为意义的表现和理解等方面都有着不同于语言的可说的方式，意义的"不可说"才成为了一种必然，才有了

---

① 　维特根斯坦：《逻辑哲学论》，商务印书馆 1985 年版，第 94—95 页。

维特根斯坦所说的"保持沉默"。

维特根斯坦认为,"真正说来哲学的正确方法如此:除了能说的东西以外,不说什么事情,也就是除了自然科学的命题,即与哲学没有关系的东西之外,不说什么事情;于是当某人想说某种形而上学的东西时,总是向他指明,在他的命题中他并没有被赋予某些记号以意义。这个方法对于别人是不能满意的,——他不会有我们在教他哲学这种威情,——但是这是唯一严格正确的方法。"① 由此可见,语言与意义的区别并非简单地归结为可说与不可说,也不是此岸与彼岸的遥不可及。对于哲学而言,探求二者各自的本质特征,找到语言的可说与意义的不可说的界线,明确二者之于哲学的不同意义和作用,才是真正理解语言的可说与意义的不可说的关系的合理途径。二者的关系,就是要明确意义的不可说之于语言的可说的基础性作用。缺少意义的语言没有存在的价值,缺少不可说的可说本身也将是空洞和乏味的语言形式。

语言的可说之于意义的不可说,犹如滴水之于大海。想要保持可说的语言的发展,就要将其融入不可说的意义之中。区分语言的可说与意义的不可说,并非为了将二者简单地视为异己的存在,而是找到二者此岸、彼岸的界线,从而寻求沟通二者的有效途径。正是在这一意义上,维特根斯坦否认私人语言的可能性,意在表明语言本身具有社会公共性,语言作为一种生活形式,它内在地嵌入于人的现实的社会生活之中,那种企图脱离人的现实生活在所谓内在意识中来建立确定性的思想道路是行不通的。这样一来,无论是近代西方哲学笛卡尔立足于"我思"的自明性来奠定科学确定性的基础,还是现当代哲学的胡塞尔通过现象学还原来实现哲学作为科学的确定性努力,都将不可避免地陷入困境。

维特根斯坦认为哲学就是在以语言表达意义过程当中的语言的狂妄,既然语言无法在人的意识当中建构,哲学所立志完成的宏大叙事的语言的事业也注定是无法完成的。传统哲学的困境导致哲学必然需要发生转向,

---

① 维特根斯坦:《逻辑哲学论》,商务印书馆 1985 年版,第 97 页。

特别是当传统哲学所要求的意义的崇高在现当代哲学这里被实用所取代，哲学应该如何存在？维特根斯坦的答案应该是"我不知道我的出路"，正因为不知道才有若干的可能性。正因为如此，当代后现代主义的思想家都倾向于把维特根斯坦引为同道，并承认他的思想对后现代主义产生了重要的影响。当我们将其语言哲学与后现代文化景观放置于一起加以审视之时，或许更能看到维特根斯坦对当代哲学的意义。

无论如何，维特根斯坦通过语言与意义的关系所彰显出来的哲学之思是无尽的。在这一哲学之思的影响下，当代青年人开始关注语言，并将语言与生命的意义放在一起进行思考。正是在这一维度上，一些学者从语言的视角把握不同时代人们的精神世界以及人们对意义的思考。比如20世纪80年代青年人所表达的生活状态是"过把瘾就死"，生命转瞬即逝，必定要在短暂的生命当中轰轰烈烈的体验，这是对生命直观感受的重视，尚缺乏对生活的深沉思考；进入九十年代，"一无所有"表达了青年人所直面的困顿：生活还有意义吗？生活的意义究竟是什么？这一时期青年人已经开始反思生活的意义；而进入21世纪，当青年人直面财富的神话和多元的价值标准，对物的过度依赖以及生活的紧张状态，他们以自嘲和自讽的方式力图释放生命的重负。这一状况集中地体现了青年人在语言的世界中表达对生命的体会，这些变化都可以在维特根斯坦开启的语言与意义的关系当中进行考量。

与此同时，当维特根斯坦将意义与语言紧密联系在一起，而语言的碎片化又撕裂了意义的整体性，在碎片化的语言当中青年人对意义本身会产生更加不确定的感觉。在当代青年人的语言当中，我们可以看到多元化、变幻性和流行性的特征。语言不仅在表达人们真实生存体验的过程当中日益式微，而且更为一种风尚——时髦用语成为人们交流的一种装饰品。这导致青年人在语言的泛化和非本真化的过程当中，距离意义本身更加遥远。在这样的状况下，我们更应该思索的问题是如何还原语言的真相，回归语言的本来面目；如何用更本真的语言帮助青年人寻获生命的意义，这更应该是维特根斯坦哲学给予青年教育的深层次启示。

八 伽达默尔：理解的多元性与人的历史性

伽达默尔的解释学可谓是对当代青年影响较为深刻的现当代哲学思潮之一。中国社会对伽达默尔哲学的接受起始于 20 世纪 80 年代，其哲学思想对中国社会产生了诸多启示：其一，在语言哲学方面，伽达默尔对语言哲学的重视使中国哲学的研究也开始深入到语言层面，从而能与语言学转向视阈下的现当代哲学进行对话。其二，伽达默尔的解释学不但引起我们对于如何对待经典的思考，更影响了我们对待传统的态度。自启蒙以来，对待传统的态度就是截然分化的，要么全盘抛弃，要么全盘接受。伽达默尔的解释学让中国社会学会用与传统和经典对话的方式，立足今人的立场和观点审视和重新诠释传统。其三，伽达默尔对中国社会的影响还体现在其思想中所呈现出来的与中国传统思想的一致性，如伽达默尔与庄子哲学的一致性，以此推动中西方哲学思维方式的对话和融通。总之，伽达默尔对中国社会的影响体现在引导中国人以理性的方式重温民族的历史记忆，并对其进行时代的创造。

伽达默尔本人可以说是名师之后，海德格尔是胡塞尔的学生，伽达默尔则是海德格尔的学生。与海德格尔的相遇改变、决定了伽达默尔一生的哲学方向，海德格尔使他从原始的世界经验出发去思考古希腊哲学，使他明白哲学传统中发展的思想只是因为被理解为现实问题的答案才有力量，柏拉图和亚里士多德的问题实际是我们自己的问题。这就决定了解释学和希腊哲学是伽达默尔一生哲学的两个中心。难能可贵的是伽达默尔没有囿于老师哲学思想的藩篱，而是走出属于自己的哲学道路，这使得他成为

20 世纪哲学的代表性人物，其所创立发展的解释学成为哲学流派步入人文学科殿堂的标志。

在伽达默尔看来，现代自然科学虽然取得了巨大的成就，但是并不能取代形而上学对人类文明进步的反思。当人类以确实性和可控性的严格标准在创造新的科学知识，开辟新的技术领域的时候，人们绝不能忘记这样一个基本事实：人面对的不仅仅是物的自然界，他还必须面对自己，面对自己所创造的并生活于其中的这个世界。自然科学只关心真，并不考虑自己在人类生活整体中的意义。而形而上学作为人类寻找合理性的精神活动，其意义则在于帮助人们怎样使生活可以变得更加合理和更加美好。在现代科学技术条件下，人自身存在的意义问题成为哲学研究的首要问题。在《真理与方法》中，伽达默尔一开始就表明："本书探究的出发点在于这样一种对抗，即在现代科学范围内抵制对科学方法的普遍要求。因此，本书所关注的是，在经验所及并且可以追问其合法性的一切地方，去探寻那种超出科学方法控制范围的对真理的经验。"[①]

在康德看来，形而上学的功能就是为科学找到合法性基础，探寻科学认识活动得以可能的条件。伽达默尔受康德的启迪，认为哲学解释学的任务是探索理解得以可能的条件。在他看来，对文本及其理解的研究不仅仅是科学研究、哲学研究的一个基础性问题，更关涉人类整体经验的接受。理解现象遍及人和世界的一切关系，理解的过程发生在人类生活的一切方面。作为海德格尔的弟子，伽达默尔认为海氏对于人的时间性存在方式的把握令人豁然开朗。在伽达默尔看来，理解活动并不是主体认识客体的主观意识的活动，而是人存在的基本方式。理解得以可能的条件问题，也就是人按照其所是的那样存在的条件问题。理解中所蕴含的本体论条件是以人的历史性为基础的，这个条件是内含在理解活动之中的。他在《真理与方法》一书的第二版序言中说："本书的'释义学'概念正是在这个意义上使用的，它标志着此在的根本运动性。这种运动性构成此在的有限性和

[①] 伽达默尔：《真理与方法》（上册），上海译文出版社 1992 年版，第 17—18 页。

历史性，因而也包括此在的全部世界经验。既不是随心所欲，也不是片面夸大，而是事物的本性使得理解运动成为无所不包和无所不在。"① 这样，围绕着"理解的可能性"这个问题，伽达默尔把自己的以历史意识为基础的哲学解释学同传统解释学，乃至传统形而上学方法论鲜明地对立起来。他通过研究和分析理解的各种条件和特点，来阐明作为此在的人在传统、历史和世界中的经验，以达到对世界、历史、人生之意义的理解与解释。

在传统哲学看来，哲学方法论的确要有一种坚实的基础。这一基础必须是自明性的，而不能是循环论证的，而后者被看作一种无效的、不被容许的错误方法。但在解释学看来，在意义理解的过程中，不可回避这一解释的循环——细节依靠整体的把握来调整，整体又依赖于细节的综合来实现。海德格尔认为，重要的问题不是如何逃避这种循环，而是怎样正确地进入这种循环。

伽达默尔认为，传统解释学仅仅在文本框架内考察"循环"问题是不足取的。这在方法论上同传统哲学并没有什么本质的不同。因为它们仍然把文本自身具有的意义看作是永恒不变的，把理解看作是向原意的复归。伽达默尔认为，文本理解事实上包含着三重关系：一是文本自身的整体与部分之间的关系；二是作为文本理解背景的社会历史条件和文化传统与理解行为的关系；三是作为理解的前提的"理解的前背景"与理解活动之间的关系。与把这种循环看成是坏的循环相反，伽达默尔认为，这种循环其实具有积极的意义——"循环"关系是理解的本体论构成要素，理解只有在这种循环关系中才能发生。伽达默尔借此表明，传统解释学"追求原意"、"返回作者心理世界"、"再现作品世界"的方法论要求，实际上不过是一种不切实际的幻想。同时，它也表明，对文本意义的领悟是在一个开放体系中完成的，"文本的意义"永远是一个可能的存在，是一个不断在历史中获得新生的存在，而理解者的参与性是"文本的意义"得以实现的

① 伽达默尔：《真理与方法》（上册），上海译文出版社 1992 年版，第 6 页。

本体论条件。

在传统解释学的观念中，理解本身由于与文本本身存在着历史时间上的差异和主体审视标准的差异，导致的结果就是理解相对于文本本身的意愿来说总是存在主体性成见的。这些成见会影响解释的客观性和效果，因而必须在理解的过程中力图克服和规避，才能真正实现对客观历史或客观文本的重新还原。也就是说理解就是按照历史或文本的本来面目真实的还原，这样一来，主体性的成见就是应该克服的偶然性因素——施莱尔马赫就将理解看作是避免误解的艺术。

伽达默尔反对这种观点。他认为，人的历史性是人类存在的基本事实。对于人的存在而言，他的历史特殊性和历史局限性是无法消除的。无论理解者还是文本，都毫无例外地嵌入于历史之中。理解的历史性具体体现为成见与传统对理解的制约作用。在传统解释学的方法论中，成见总是表现为消极的东西，它是阻碍人们客观认识对象的先入为主的意见和看法。因此，在传统解释学那里，认识真理的首要前提就是要消除成见。成见也就是影响我们"中立"立场的某些既成的立场，其构成了理解的障碍。但伽达默尔却持相反的观点，认为成见本身具有合法性，对于理解其必要且有益。一是对于理解活动来说成见是先在的"前解构"，没有成见我们也就无法理解。二是对于成见作为传统的延续影响我们理解的观点，伽达默尔认为我们首先是属于传统的，其次才是属于自己的。传统不是外在于我们、外在于历史的，恰恰相反，我们是内在于历史、内在于传统的。因而成见中的个体是真实的历史个体，不存在成见的个体也就丧失了历史性和真实性。三是成见本身并非和错误画等号，相反，成见本身是理解成为真理的重要条件。因为成见特别是合法性的成见能够产生积极的效果，通过其自身作为理解的前结构使理解能够真正的扎根于历史和传统。与此同时，对传统和历史的反思也需要我们的成见才能够得到实现。因此，伽达默尔指出，我们的历史性所产生的各种成见不但不是理解的障碍，反而是一切理解的必要组成部分。他说："与其说是我们的种种判断，不如说是我们的种种成见，构成了我们的存在。……我们存在的历史性需要种种成见（从这个词的字面意义看）为我们的全部经验能力指定最初的方向。成见乃是我们向世界敞开的先入之见，它们简直就是我们借以经验某些事物的条件——凭借它们，我们所遭遇的才向我们诉说某种东西。"[①]如果我们想正确对待人类有限的历史，就必须正确地对待成见，承认成见存在的合理性。

启蒙运动反对成见，在伽达默尔看来，这其实是对"成见的成见"。之所以反对成见，其实是要反对一切权威和传统。但权威未必等于盲目和控制，传统也是先于我们而存在并被我们不得不接受的东西。不是传统属于我们，而是我们属于传统，与其说人是传统的继承者，不如说传统通过人得以显现。我们每个人都抛入传统之中并只能在传统中进行理解。传统构成了我们存在和理解的基本条件。传统并不意味着是对旧的东西的保存。从本质上看，传统作为保存是在历史变化中有选择的、主动的保存。即使是最顽固的传统，也必须在历史的选择当中才能延续。不仅如此，传统对于人们生活的作用，也受到我们对传统态度的影响。传统不只是我们理解的前提，而且我们也参与传统的创造和发展。

在伽达默尔看来，理解并不是主体与客体的外在关系，而是自己与自己的世界的自我领会的内在关系。时间间距并不是为了达到正确理解而必须克服的障碍，相反它为意义的发现过程提供了积极的、建设性的可能性。正如离得太近了反而不容易看清楚一样，意义的发现是通过时间间距而实现的。同时，时间间距还具有可以过滤我们不知道的对于理解对象的成见、预设和功利性看法的作用。

在伽达默尔看来，理解与历史的关系不是外在的，而是理解在历史当中实现其实在性，对这样的历史伽达默尔用"效果历史"的概念加以表达。"真正的历史对象其实根本不是对象，而是自己与他者的统一体，或一种关系，在这种关系中同时存在着历史的真实和历史理解的真实。一种名副其实的释义学必须在理解本身中显示历史的实在性。因此，我把所需要的

---

① 伽达默尔：《美的现实性》，三联书店 1991 年版，第 170 页。

这样一种东西称为'效果历史'。理解按其本性乃是一种效果历史事件。"①
在一切历史中，都有效果历史的力量在起作用，无论我们意识到还是没有
意识到。伽达默尔指出，在效果历史的过程当中，人们能够获得一种主动
的意识——人隶属于历史，人永恒存在于历史的流动之中，不能一时一刻
外在于历史的流变，因此，我们现在的人在看待过去时，必然是从已有的
处境中，或者说从现在的视界中看待过去。我们在理解时，总有自己的视
界，人不可能离开现在的视界去看待过去。

　　孤立的现在视界和孤立的过去视界都只能是人为的抽象。我们在理解
时总要碰到许多不同的视界。理解者和他要理解的东西都各有自己的视
界，伽达默尔认为，成见为解释者提供了特殊的"视界"。对于解释者和
被解释者来说，都有自身不同的视界，但真正的理解并非像传统解释学
所要求的那样抛弃自身的视界而进入他人的视界，达到与他人视界的同
一。在伽达默尔看来这是不现实的，也是没有必要的。真正的理解或解释
不是抛弃自己的视界，而是在历史的延续性和流变性当中将自身的视界与
他者的视界融合在一起，在理解者进入他人视界的同时，也将自身的视界
带入他人的视界，在用成见解释传统的同时，也用传统不断的检验和规约
我们的成见。而这种视界的交融是人们理解和解释的重要过程，伽达默尔
用"视界融合"加以表达。他指出，理解是将自己置于传统的一个过程中，
在这过程中过去与现在不断融合。对历史文本的理解之所以可能，是因为
文本的读者与作者的视界的融合——对于结合的双方来说文本作者的传统
性纳入了文本读者的现实性当中，文本读者的理解当中又包容了文本作者
的历史性和时代性。把历史看作是流动的过程，而不是静止的间距，历史
就不再是障碍，而构成了理解的前提性条件；理解不是去成见的过程，而
是文本作者和文本读者之间视界交融的过程。

　　在这一意义上重新审视理解，理解离不开传统、成见和读者的视界，
因为失去了这一层面，理解就变得既不现实也不可能，这一新的视界构成

---

① 　伽达默尔：《真理与方法》（上册），上海译文出版社1992年版，第384—385页。

了理解的现实性的依托；同时理解也离不开文本本身以及过去的视界，这构成了文本本身的客观性根据。在伽达默尔看来，正是在这样的交互作用和差异互补的过程中，解释才得以完成。在成见的前解构当中，解释和理解才不是简单的复制，而呈现为一种思想的再创造。视域融合后产生的新的融合视域，既包括理解者的视域，也包括文本的视域，但已无法明确区分了。新的视界超越了它们融合的视界最初的问题和成见，给了我们新的经验和新理解的可能性。总之，理解是一种创造性的视界融合的过程。

从伽达默尔对视界的理解可以看出视界具有如下特点：其一，是世界的基础是历史性的。因为人必须要在历史性的交融当中才能在把握文本意义和创造新意义的过程当中实现视界的融合；其二，视界的融合是以视界的开放性和变化性为基础，没有视界的开放性和变化性就不可能有不同视界的相遇、变化和交融，这是理解的前提，也是历史的重要特征。因为历史本身就是没有任何立足点的现实，呈现为一种开放的视界，因此在历史的生成过程当中传统以过去的视界起作用、现实以现在的视界起作用、未来以开放的形式同样作用于视界的形成当中，整体的运动构成了历史的实现形式，历史也在视界的融合过程当中构成了效果历史。

伽达默尔对理解的历史性的分析表明，哲学解释学是建立在对人的历史性存在的洞见上的。理解本质上并不是一个以价值中立的立场从而逼近绝对真理的过程，而是一种效果历史事件，是通过视界融合完成的意义生成过程。理解的历史性不仅表明了理解对于成见和传统的依赖性，而且也表明了理解向未来敞开的开放性。

正是出于这一立场，伽达默尔对近代以来的经验概念十分不满。他认为，自培根以来，科学的客观性一直以能反复出现的、恒久不变的经验为基础，科学实验的程序保证了这种经验可以在任何时候被任何人所重复。自然科学的经验观念完全被近代哲学所接受。在伽达默尔看来，近代以来的经验观念完全倾向于科学，而没有考虑经验的内在历史性。自然科学的经验并不是原始的、最基本的经验，它是人们为了获取某种知识而构造出来的。与自然科学所理解的经验具有可被重复性的特征不同，哲学解释学所理解的经验的特点恰恰在于它的开放性，即经验不断向新的经验开放。"经验的辩证运动的真正完成并不在于某种封闭的知识，而是在于那种通过经验本身所促成的对于经验的开放性。"[①]很显然，伽达默尔突出地强调了解释学所理解的经验的开放性。也就是说，经验的真理总是包含着一种朝向新经验的倾向，经验总是历史的过程。经验的开放性意味着经验总是有限的，"真正的经验就是这样一种使人类认识到自身有限性的经验。"[②]这样一来，开放性和有限性就构成了经验的一般结构。在这里，伽达默尔并不是要完全否定自然科学的经验概念，而是要限制它的使用范围。在他看来，哲学解释学所理解的经验才是人类生活的最原初的、最基本的经验。

伽达默尔认为，一切经验都有问题的结构，我们不可能不提出问题就有经验。历史文本之所以成为理解对象，就是由于它向揭示者提出了问题，而理解一个文本则意味着理解这个问题。理解作为对话事件，它具有问答逻辑的形式。问答逻辑把理解看作是"我—你"关系，而不是认识论的主观——客观关系。作为对话者的"你"不是认识对象，而是处于与"我"同等地位的理解的来源。这种"我—你"关系是开放性的对话，是互相倾听的、反复进行的过程，包含着同意批评、自我修正、服从，在此基础上达到相互理解。对话过程也是一种视界融合的过程。就是说，作为理解对象的本文与理解者之间的关系，就像人类言语活动中的人与人之间的对话关系一样。对话双方并不只是各自陈述自己的见解，双方都必然受对方观点的影响，向着一种新的视界融合过渡。同样，在理解过程中，认识的正确性不是由理解者来决定，也不是由理解对象来决定，而是由理解过程的双方共同决定。

当然，对话者不一定总是人，它可以是文本。读者可以通过理解与文本对话。文本成为对话者意味着它向理解者提出了问题。伽达默尔指出，

---

① 伽达默尔：《真理与方法》（上册），上海译文出版社 1992 年版，第 457 页。

② 伽达默尔：《真理与方法》（上册），上海译文出版社 1992 年版，第 459 页。

理解一个文本意味着理解这个问题，问题的本质就在于使事物不确定。文本提出的问题具有自己的历史视界，我们必须在我们的视界内提出问题。这是在我们的视界内建构出来的问题，也是历史地提出的问题，对问题的回答不可能不发生视界的融合。我们的历史处境决定了我们无法给出一个完满的答案，一个答案意味着新的问题。在如此往复循环的问答中问题不断被理解，文本意义的无限性被不断敞开。在这里，伽达默尔强调了语言的重要性，语言是对话的媒介，更是一切理解的前提，没有语言理解和对话不会发生、视界融合也无法实现，正是在这一意义上说，视界的融合是语言特有的成就。

这样一来对理解问题的关注就转化为对语言问题的理解。传统语言观往往把语言看作是一种符号或工具，将其视为人们从事交流的某种手段，其自身受到人们交往和表达行为的控制和操纵。海德格尔的语言观对伽达默尔产生了较为深远的影响，在伽达默尔看来，语言并不是单纯的表达思想的工具，语言真正的存在是它的内容，应当赋予语言以存在论的地位。伽达默尔非常欣赏德国古典学者洪堡关于"语言是世界观"的命题。洪堡认为，语言是人类精神力的产物，每种语言作为民族精神力的产物都是一种独特的世界观。伽达默尔肯定了洪堡不把语言看成是单纯形式的观点，他进一步认为，语言不但是适合于在世界中的人的一种配置，而且人拥有世界也是建立在语言之上。从存在论的视角看，他认为能理解的存在就是语言。我们只能通过语言来理解存在，语言表达了人与世界的一切关系，人永远是以语言的方式拥有世界。人之所以拥有世界，而动物没有拥有世界，乃是由于人有语言。谁拥有语言，谁就拥有世界。是语言使我们超越了外在的环境，打开了我们的世界，使得事态得以呈现出来。因此，拥有语言意味着一种完全不同于动物受环境束缚的存在方式。在这个意义上，伽达默尔把人理解为拥有语言的存在物。正因为人拥有语言，所以人才可以拥有一个世界，可以同世界有一个特殊的关系，对世界持一种特殊的态度，可以有一个世界"观"。世界必须通过语言向我们呈现出来，也就是说，世界只有进入语言，才能表现为我们的世界，语言与世界的关系是人与世界的本体论关系。人不可能排除自身世界经验的语言性，也不可能脱离语言世界而进入一个非语言世界。对于人来说，世界本身就是语言的世界，语言和世界的关系并非一个是呈现世界的方式，一个是语言所把握的对象。事实上在语言性世界之外并不存在着一个立足点，由之出发可以把自身变为对象。伽达默尔指出，语言性完全表现了我们人类世界经验的特征，语言的原始人类性同时也意味着人类存在的原始语言性。语言不是供我们使用的工具，而是我们赖以生存的要素，而且我们永远也不能把语言客观化到精确的客观化的效果。语言是历史文化的水库，在这里有人们割舍不断地与传统和历史之间的关联，也正是在语言当中实现了对历史和传统的再诠释和再创造。

针对理解和语言的关系，伽达默尔指出，语言是理解本身的实现途径，理解依赖于语言。这一依赖首先在于理解对象的文本具有语言性特征，正是通过历史的语言，文本才能超越作者在特定历史时间当中的特定理解，而获得了历史生成过程当中的普遍性和广泛性，拥有了独立的意义，才成为理解的对象；这一依赖更在于理解的进行也依赖于语言，我们对于文本的诠释要依赖于读者和作者的对话，在展开对话之前，语言已经将双方的视界规定下来，而视界的融合事实上也是在原有的语言界限当中不断突破寻求和创造新的共同语言和共同视界的过程。因此，"理解的语言性是效果历史意识的具体化，"[①] 理解就是语言的结果。

伽达默尔关于理解的语言性的思想，开拓了哲学解释学对理解得以可能的条件分析的新视域，其中所蕴含的对工具论的语言观的超越态度，无疑是具有创造性的，它深化了现当代哲学对于理解与语言关系的理解，同时，伽达默尔对语言的新见解也把哲学解释学的发展推向了一个新的阶段。伽达默尔的哲学解释学，不仅推进了解释学的发展，而且使哲学解释学走上了现当代哲学的舞台而发展成为一种不可忽视的思想力量和哲学思潮，哲学解释学的思想不仅在哲学内部产生了重大的影响，而且也广泛渗

---

① 伽达默尔：《真理与方法》（上册），上海译文出版社 1992 年版，第 497 页。

透和扩展到文学、历史、艺术等众多社会文化领域，具有不可忽视的思想效应。伽达默尔通过阐释理解的普遍性、历史性和语言性，系统地阐发了他的解释学理论，揭示了理解的对象、理解的框架、理解的维度等一系列问题，使他的新解释学在摧毁与解构、继承与发挥的破旧立新中形成了独立性和原创性的思想观念。他的新解释学力图打破人本主义和科学主义两大哲学思潮的僵持格局，代表了当今理论研究综合发展的趋向。哲学解释学已经成为当今各国哲学家的热门话题，并被认为预示着今后哲学的发展方向。

伽达默尔的解释学思想不仅引起了思想界极大的重视，而且也遭遇到有力的挑战。"法兰克福学派"的后起之秀、德国哲学家哈贝马斯与伽达默尔的交锋颇引人注目。哈贝马斯在 1967 年发表了《为了社会科学的逻辑》一书，书中对伽达默尔的一些基本观点进行了批评。在哈贝马斯看来，伽达默尔过分重视传统并维护传统，把传统看作是理解活动的先决条件，这容易导致理性对于传统的屈从，从而导向政治保守主义。哈贝马斯同样认为，伽达默尔对于语言的理解包含着无视语言、意义赖以存在的社会生产劳动和经济发展的情况，缺乏对于语言的意识形态批判。哈贝马斯强调，哲学解释学只有同意识形态批判相结合，才能具有普遍有效性。由此，哈贝马斯实现了解释学与批判理论的结合，创立了"批判的解释学"。对于哈贝马斯的批评，伽达默尔进行了反批评。伽达默尔认为，只有对传统和成见的尊重和维护，才能保证每个人拥有独特的视界，视界的融合才能成为可能。在这方面，哈贝马斯作为"激进的意识形态批判者"并没有经过足够充分的反思，简单地将传统与反思抽象地对立起来，要知道反思批判的主体其实并不能走出历史之外。对于哈贝马斯的批判，伽达默尔则重申自己从来没有像哈贝马斯归罪于他的"所谓语言表达的意识决定实践生活物质的存在"的想法，相反他从来认为语言不能脱离世界，人永远是以语言的方式拥有世界。应当说，哈贝马斯与伽达默尔之间的思想争论，深化了对哲学解释学相关问题的理解，也在很大程度上推动了哲学解释学的发展，扩大了哲学解释学的影响。正如伽达默尔所阐明的，理解本身就是创造，哲学解释学也必然在对自己的创造性理解中推进自身的思想深化。

在看到伽达默尔哲学的重要意义的同时，我们也应看到其所形成的哲学解释学对青年学生也产生了一些影响。其积极影响体现在：使青年人学会以解释学的方式解读文本、视界交融、思想对话，从而达到对传统对思想本身的创造性的把握和审视；但与此同时，当青年人以解释学的方式理解传统之时，就会对传统产生严重的不确定感——既然可以以自身的"视界"理解传统、再释思想，那么也就意味着可以对文本和思想进行自我的理解和解读，似乎理解已无界限。解释学的方式也可能导致青年人在面临对文本、事件和事物的理解过程当中，丧失标准和规范，如果仅从自我出发、从个体的视界出发，这无疑会助长相对主义和多元主义的倾向。特别是当解释学与后现代主义实现了共谋之后，更使青年人陷入了深深的思想困惑当中：究竟有没有本质和真相？真理是否只是一种相对的理解？丧失了真理的我们应该如何生活？

这一系列问题是伽达默尔解释学给当代青年人带来的思想困惑，带着这一困惑，在对青年进行教育的过程中，不仅要帮助其解放思想，实现在对传统的解释过程中的思维创造，更应该给予其对真理和确定性的坚持。因为如果丧失了真理，也就没有了标准，人们有序而规范的生活就会被打乱。确定性和相对性是一对辩证统一的范畴，当我们以相对性的眼光审视事物的同时，更应坚持确定性的标准和尺度，这样才能在宽容性和多样性当中，有方向性的推进事物的有序发展。

现实世界的机制与现代性奥秘的破解

九　卢卡奇：物化世界的揭露与资本主义生存现实的批判

随着 20 世纪的到来，西方哲学也随之从传统走向现代。现当代哲学思潮针对传统哲学的困境，不断探寻着多种可能性的发展路径，逐渐形成了语言哲学、生存论哲学、后现代哲学等多种表现形式。在这些哲学思潮之中，西方马克思主义思潮是比较特别的，之所以说它特别是因为它不仅基于西方传统哲学，对传统哲学存在的困境，力图在理论上给予解决；更为重要的意义在于它还站在马克思主义的发展路径上，批判了传统马克思主义存在的问题，并试图以马克思主义的立场来重新审视西方哲学，试图用马克思主义的思想观点和理论方法来解决现代西方工业文明社会的种种问题。正是在这个意义上，我们说他们也是"马克思主义的幽灵"。

在西方马克思主义思想家中，卢卡奇是比较典型的一位，其在中国青年人中具有广泛影响的重要原因之一就在于他与马克思思想的相关性和一定程度上的一致性。众所周知，卢卡奇的《历史与阶级意识》的写作早于马克思《1844 年经济学—哲学手稿》的公开出版，但却以近乎天才的方式得出了几乎一致的结论。正是这一点引起了青年学生的极大兴趣，甚至在 20 世纪 90 年代对于卢卡奇的《历史与阶级意识》的研读又反过来引起了对马克思《1844 年经济学—哲学手稿》的高度重视，甚至掀起了比较视阈下马克思主义研究的风尚。正是在这一意义上，以卢卡奇为代表的西方马克思主义思潮对现代西方工业文明社会的批判被看作是在回归马克思、保卫马克思的过程中，重新探索和把握马克思主义理论的基本内核和基本精神，拓宽理论视野，助推马克思主义理论学科的蓬勃发展的重要理论资源。

我们对卢卡奇的研究可以从其物化理论开始。异化范畴在社会历史领域中广为使用，可以追溯到卢梭和霍布斯身上，真正将异化范畴引入哲学领域应该归功于德国古典哲学家们。他们在用理性的尺度衡量现实生活的时候，发现现实生活中存在着许多与人和理性相背离的现象，将这些现象用"异化"的概念予以表达，体现出较为鲜明的人本主义的特征。1845年马克思创立了历史唯物主义以后，这种人本化的异化逻辑真正被颠覆了，异化不再是一个纯粹的理论问题，而是一个生发于人的真实生活之中的、具有深厚根基的社会历史现象，是一个亟待在理论上展开研究并在实践领域加以克服的社会问题。在卢卡奇这里，虽然没有直接使用"异化"概念，但是他的"物化"概念的内涵与马克思的"异化"概念具有一定程度上的理论关联性。

"物化"是针对资本主义社会提出的一个批判性概念。卢卡奇在分析物化时，并没有停留在对现象的描述上，而是试图揭示现象背后存在的本质的东西。他对物化的批判体现在思维方式和思想理论的批判上，不同于康德仅仅把批判停留在理性本身，卢卡奇站在社会历史的角度对资本主义固有的物化结构加以批判，而进行批判的目的是要彰显物化的内在结构、揭示物化的历史规律，批判资本主义反总体性的物化世界，呼唤无产阶级的主体性。他的批判体现为序列性——不仅仅体现在经济层面的现实批判，更对资本主义固有的思维逻辑进行了哲学批判和文化批判，体现了理论研究的深入性。

卢卡奇是从社会历史的表层现象——物化开始分析的。卢卡奇的物化批判首先集中在经济维度，他直接依据马克思关于商品拜物教的分析："商品形式的奥秘不过在于：商品形式在人们面前把人们本身劳动的社会性质反映成劳动产品本身的物的性质，反映成这些物的天然的社会属性，从而把生产者同总劳动的社会关系反映成存在于生产者之外的物与物之间的社会关系。由于这种转换，劳动产品成了商品，成了可感觉而又超感觉的物或社会的物。……这只是人们自己的一定的社会关系，但它在人们面前采取了物与物的关系的虚幻形式。"①与马克思从分析资本主义社会的异化现象到退出商品拜物教的存在的理路相反，卢卡奇从对商品拜物教的批判回溯到物化现象的发生，他认为物化首先表现为商品生产中人与人的关系被物与物的关系所掩盖，全部的物的关系根源于人与人的关系，这一点同马克思的观点相同：资本不是一种物，而是一种以物为媒介的人与人之间的社会关系。物化现象在经济领域更表现在，"人自身的活动，他自己的劳动变成了客观的、不以自己的意志转移的某种东西，变成了依靠背离人的自律力而控制了人的某种东西。"②这就是说，客体化了的人的本质所组成的物的世界，反过来通过"客观"规律来统治主体，使人对世界抱"静观"态度，即缺乏主体性，不能对现实自觉地进行干预和改造。马克思在分析商品拜物教的时候，人道主义的价值曾经也占有过核心地位，而在历史唯物主义形成以后，纯粹的价值批判已经被对经济事实的辩证的、历史的分析为基础的科学分析所取代，因而马克思在分析商品拜物教的时候侧重其科学意义，而卢卡奇在分析商品拜物教的时候则侧重于其价值意义。正是由于这一点，引出了卢卡奇和马克思的分歧：如果在科学意义上研究物化，那么物化包含着普遍意义上的物化和特定历史时期的异化现象，物化是人类社会历史中始终存在的现象，异化是资本主义社会特有的现象，资本主义灭亡，异化现象就会消失。马克思思想的着力点是证明资本主义社会的暂时性，因此，马克思是从异化和物化双重含义来分析这一概念的。卢卡奇的分析着力于其价值性，主要从其价值性的否定性的方面进行批判，在这里他的物化概念大体上等同于马克思的异化的概念，这与他的主旨有重要的关系，在《历史与阶级意识——关于马克思的辩证法》一书中，就是要运用马克思的总体性辩证法来启发无产阶级的阶级意识，只有充分揭露资本主义社会普遍存在的物化现象才能更好地唤醒无产阶级的阶

① 《马克思恩格斯文集》（第5卷），人民出版社2009年版，第89—90页。

② 卢卡奇：《历史与阶级意识——马克思主义辩证法研究》，重庆出版社1990年版，第96页。

级意识，而只有批判性的否定性的概念才能更好地达到这一理论目的。

商品拜物教正是在普遍物化的基础上表现出来的，他直接引证了马克思的观点：劳动产品一旦作为商品来生产，就带上拜物教性质，因此拜物教是同商品生产分不开的。他是从动态的角度考察物化现象，把这看作是一种暂时的、历史的现象。他指出："当社会还是非常原始的时候，商品交换和与此相应的主观和客观的商品关系就已存在。"[①] 而到了资本主义工业时代，商品交换的形式才处于支配地位并渗透社会生活的各个方面，因此商品交换和由此产生的物化现象虽然在资本主义以前的社会也可以发生，但物化现象是可以被彻底消除的。

同马克思对异化的逐层深入的分析相同，卢卡奇也采取了同样的批判的方式，进一步展开了对劳动的物化的分析，在这里他更多的使用哲学的批判方式，哲学的批判正是停留于问题的根基处，向前追问理论的预设。在这里，卢卡奇使用哲学批判的方式，是为了进一步说明物化现象起源于劳动的物化，劳动的物化给人们带来更为严重的后果。首先，他从主—客的角度看待这一问题："从客观方面看，一个充满客体和事物之间关系的世界拔地而起。控制这些客体的规律的确渐渐地被人们所认识，即使这样，他们仍然把它作为能产生自身力量的隐蔽力量与之相对抗。这个人可以利用他所掌握的对自己有利的规律知识，但是他不能通过自己的活动来改变这个过程。"[②] 从主观方面看，"一个人的活动成了与他自己相疏远的东西，变成了附属于社会自然规律的人类以外的商品"，[③] 这种商品具有非人的客观性。也就是说，不仅这个世界是陌生的，不可控制的，就连主体本身也变成陌生的，不属于自己的东西：主体的肉体上的能力从那里撕裂

---

① 卢卡奇：《历史与阶级意识——马克思主义辩证法研究》，重庆出版社 1990 年版，第 93 页。

② 卢卡奇：《历史与阶级意识——马克思主义辩证法研究》，重庆出版社 1990 年版，第 96 页。

③ 卢卡奇：《历史与阶级意识——马克思主义辩证法研究》，重庆出版社 1990 年版，第 96 页。

下来而变成一种在客观过程的法则范围内运动的物。马克思揭示了劳动者同劳动产品的异化即物的异化，就是同作为自己存在对象的自然的疏离和异化，进而揭示了劳动者同自己的生产行为的异化，人的劳动使劳动者不再成为人，这就是人的自我异化。马克思关于劳动异化的概念，是从分析客观的劳动产品、劳动活动的异化，到分析人身、人的类本质和人的相互关系的异化；卢卡奇关于劳动异化的分析，也是从客观到主观两个方面进行，而且从揭露物化现象进展到批判物化意识。由上可见，在卢卡奇的论述过程中也体现出一定程度上的辨证性的研究方法和逻辑严密的体系性特征。

在对物化劳动进行主—客两个方面的批判后，卢卡奇得出了这样的结论，在资本主义社会经济现实中，对创造出来的对象性采取了直接性的形式，人与人的社会关系经过复杂的历史性中介和转换，变成了简单的直接的物与物的关系。卢卡奇认为，在资产阶级经济学中，正是由于在方法论上没有使用批判，才会直接接受了经济运动的对象性形式，停留在物的表象阶段，进而坠入拜物教。因而，在卢卡奇的理论中，批判性不但体现在方法和理论的实际运用上，卢卡奇还极力呼吁批判性，认为批判性是克服物化现象的思维方式，而这正是思维方式变革的体现，或者说这是黑格尔哲学体系解体后的哲学观的转向。

通过对经济领域的分析，卢卡奇认为异化过程直接与人类的理性化过程相关，于是他的哲学批判在对人类理性进行批判的过程中就体现得更为明显。马克思在《1844年经济学—哲学手稿》中，在阐述异化现象和劳动的异化之后，也将自己的研究方向在很大程度上转入纯哲学的领域，研究了人和其类本质的异化，使人的类生活变成了某种抽象的东西。卢卡奇也在分析经济领域的物化之后，论述了经济领域的物化造成人的片面化、抽象化的后果，他把马克思的"抽象劳动"概念与德国社会学家韦伯的"形式合理化"概念相结合，从而展开了对人类理性的形而上的思考。他认为人类文明始终存在两种张力：一是以人的主体性为核心的人本精神；二是以可计算性和定量化为特征的科学精神。随着工业文明的进程的加剧，两种文化精神之间存在的张力和冲突日益加剧：科学技术的广泛应用在一定条件下导致人的主体性的失落和人在机械体系中的抽象化，这成为现代人所面临的一个重要的困境。卢卡奇指出，发达的商品经济遵循着"建立在被计算基础上的合理化原则"，它在不断理性化的进程中，逐步形成和强化了依据商品本性和理性原则建立起来的机械化体系，"人既不是在客观上也不是在他同他的工作关系上表现为劳动过程的真正主人。相反，他是被结合到机械体系中的一个机械部分。"[1] 人被整合到自律的机械体系之中所导致的抽象化是物化的重要表现形式。正如马克思所说："随着人在这个活动中活动力的减少，他丧失的热情也越来越多，他的意志的沦丧日益加重。"[2] 同时，机械化也把他们分裂成孤立的、抽象的原子，使整体的关系遭到破坏。卢卡奇论述道："他们的工作不再把他们直接地有机地结合在一起；由于禁锢他们机械抽象规律的作用，在日益扩大的范围内，他们成了中介。"[3] 这种对科学理性的哲学批判使无产阶级能够更清醒地意识到科学技术深化了他们劳动的物化，而为什么生活在这样的社会中的无产阶级会丧失反抗性呢？于是，卢卡奇将批判的触角深入到了文化领域，集中展开了对物化意识的批判。

物化意识的批判体现出了卢卡奇和马克思不同的思维进路。马克思通过对人与类本质的异化拓展到了人与人之间的异化，将劳动异化同私有财产紧密联系起来，进而将异化劳动的起源问题变为异化劳动同人类发展的关系问题，随后又通过异化概念发现并创立了唯物史观和剩余价值学说。卢卡奇则从对物化现象和劳动物化的分析进入了意识领域对文化展开的批判。这也与其唤醒无产阶级阶级意识的目的有关。物化意识是一种对现实的非批判的态度，人的外在的物化状况，切入人的心灵，迫使人从意识上

---

[1] 卢卡奇：《历史与阶级意识——马克思主义辩证法研究》，重庆出版社 1990 年版，第99页。

[2] 马克思：《资本论》（第 1 卷），人民出版社 1975 年版，第 374—376 页。

[3] 卢卡奇：《历史与阶级意识——马克思主义辩证法研究》，重庆出版社 1990 年版，第100页。

认同和接受人的物化，因而涉足整个社会的统一意识结构就应运而生了，物化对生活的侵蚀是一个从外在存在到内心经验的总体同化过程，物化现象不止在经济层面上存在，在科学、法学、经济学、艺术、新闻界等层面上都存在物化意识。卢卡奇认为资本主义社会的"物化意识"最突出的表现是总体的丧失，导致科学不能从总体上把握事实。物化使社会单面化、零碎化，于是出现了"孤立"的事实复合体，而这种"崇拜事实"的科学以它的精密抽象摧毁了总体性，使主体只能面对着独立的客体，而无法看到一个主客体同一的总体。资产阶级思想仅仅以直接、简单的方式再现社会生活，对社会现实采取非批判的态度，这种思维方式模糊了资本主义社会的历史过渡性。而卢卡奇正是看到了资本主义思维方式所具有的这种特点，认为这与资本主义社会特有的文化有关，因而文化批判正是卢卡奇的理论着力点，他在对具体的文化现象的批判之后，又对资本主义社会的文化总体的非批判性展开了论述。

卢卡奇认为，整个德国古典哲学所走的道路就是在哲学上探索一种方法和途径，去克服康德所说的"自在之物"。卢卡奇对德国哲学的独特看法是：从康德开始到黑格尔为止，试图在思维方式上实现一次彻底的革命。这个革命之所以未能完全实现，其重要原因在于他们把问题仅仅限制在纯思想的范围内，他们的视线所关注的对象始终没有突破伦理学和逻辑的范围，没有真正触及资本主义社会现实生活的层面，所以一旦在逻辑学范围内出现了问题，就企图通过道德哲学来弥补，这个任务只有马克思才终于完成了。卢卡奇《历史与阶级意识》的副标题就是"关于马克思主义辩证法的研究"。他认为，正统马克思主义者不是对这个或那个论点的"信仰"，仅仅是方法。辩证法在卢卡奇那里代表了对资本主义物化理论的批判张力，马克思主义辩证方法就应该从社会历史的角度，辩证的理解人的实际生活。卢卡奇将马克思开启的辩证思维方式的批判性运用于社会历史领域，这种批判的思维方式不像德国古典哲学一样只停留在意识领域，而是被赋予了更多的实践性，也更多关注人的社会历史。这种批判以马克思对资本主义经济过程的否定尺度颠倒韦伯的合理性指认，在生产技术层面开创了一种对工具理性（科学技术）的批判。这开启了后来法兰克福学派的"启蒙辩证法"的批判逻辑。这种以总体为规范的否定与批判在法兰克福学派那里几乎成为其干预人本主义哲学逻辑原则的核心，他们的学说与卢卡奇的一样都充满了批判精神和人道主义热情。

卢卡奇得出结论：正是由于这种非批判性特点，资产阶级越来越失去了思想上把握社会总体的能力，因此丧失了领导这个社会的使命，而这一使命需要一个新的阶级来完成，"这个阶级能够在其自身的生活—经验的基础上发现行为的主体，主体—客体的统一，创世的'我们'：也就是无产阶级。"[①]无产阶级把现实生活理解为人与人之间的关系，从而将它作为历史的总体过程来把握，而无产阶级要在总体上理解和超越资产阶级（客体），就必须获得阶级意识。卢卡奇与马克思一样立足于无产阶级和人类的彻底解放，要求通过无产阶级的意识自觉和一系列长期而复杂的斗争，克服社会现象中各种物化状况，以便超越"人类史前史"，进入自由王国，使人类第一次把它的历史掌握在自己的手中。卢卡奇也强调实践在无产阶级革命中的重要作用，然而他更认为无产阶级阶级意识的觉醒在这其中起着更为至关重要的作用，这更为鲜明地体现了其意识哲学的特点。

综观卢卡奇对物化批判的全部内容，我们不难看出，他不是从社会生活中不同的领域展开论述，而是用总体性的方法来统摄一切，将社会生活看作是一个总体。从分析表面的经济现象入手，对其进行前提性的追问，从而深入到了哲学批判的维度，而对哲学问题的探索离不开广泛的文化背景和文化根基。这三个维度的批判，层层深入，又相互照应，共同为他的理论主旨：揭露物化现象和物化意识，唤醒无产阶级的阶级意识服务。马克思曾经说过：理论只要能说服人就能掌握群众；而理论只要彻底，就能说服人。卢卡奇的理论以其批判性的特点体现了彻底性，因而也能够掌握群众。事实证明，卢卡奇的物化批判理论在其生活的年代对无产阶级阶级

---

① 卢卡奇：《历史与阶级意识——马克思主义辩证法研究》，重庆出版社 1990 年版，第168 页。

意识的觉醒，起到了应有的理论的作用，在丰富和发展马克思主义，克服对马克思主义的片面化理解，特别是对以后的社会主义革命理论的探索以及西方马克思主义的文化批判等方面起到了承前启后的作用。

卢卡奇对物化现象和物化意识的深刻揭露和批评，不仅在理论层面对当代资本主义社会的认识至今还富有现实意识，就是对于我们当前所处社会主义初级阶段、发展市场经济的社会现实，也确有值得借鉴和参考的方面。在市场经济发展的同时，人的独立性也应该得到发展，我们不能以牺牲人的自由和全面发展来片面强调物质文明建设。精神劳动和物质劳动的分工是人类生产向前发展的最初的内在动力和必然趋势，它们共同推动了生产力的进步，推动了人类文化的创立和发展，在阶级社会条件下特别是在资本主义条件下导致了人的本质的异化。与此同时，只有在克服资本主义制度的基础上正视社会分工、扬弃异化，才能够最终实现马克思所预言的共产主义社会的人的自由和全面发展。

卢卡奇开创了"西方马克思主义"这一西方世界对马克思主义进行研究的思想潮流，他们对马克思主义的理解和诠释也在一定程度上丰富了马克思主义理论的样态，为我们创造性的发展马克思主义提供了些许经验借鉴和教训启示。同时其对物化状况的揭示丰富了青年人对当代资本主义社会状况的理解，其特有的批判性视野，有助于当代青年人更深刻的认识资本主义社会条件下人们生活的本质和真相。其对商品拜物教和物化的揭示也给当代中国社会的发展起到了警示作用。

与此同时，在卢卡奇思想当中也蕴含着一些对马克思主义理论的弱化，比如他认为改变资本主义的物化状况需要唤醒无产阶级的阶级意识，仅仅在意识层面上实现对一种社会制度的革命性变革显然是无力且软弱的。卢卡奇批判的根本缺陷主要在于它没有在存在论的根基处展开批判，就其哲学的解释路向而言，仍然局限于近代哲学的主客体二元对立的知识论路向上，仍然局限于传统形而上学之内而没有超越传统形而上学。正是在这个意义上，卢卡奇丧失了马克思对资本及其现实世界的批判高度。也正是在这个意义上，卢卡奇的思想迫使人们思考：何以能真正超越近代理性形而上学？何以能克服主客二分的知性思维方式？如果说以升华无产阶级阶级意识为己任的卢卡奇所提出的历史主体—客体相互作用的辩证法，即历史总体性辩证法不足以克服近代理性形而上学的话，哲学批判将何以进一步展开，才能达到理论自觉？这是卢卡奇为当代的马克思主义者留下来的问题，以后的西方马克思主义思潮也大抵在这一逻辑上展开。

十　霍克海默和阿道尔诺：启蒙理性的批判与现代性问题的提出

西方马克思主义思潮的一个重要的思想维度在于对资本主义制度和文化形态的批判，其中又以对启蒙和理性的批判表现得尤为突出，这一重要内容是西方马克思主义思想家对启蒙及其存在问题和导致危机的系统思考。其对于西方社会体现为危机之后的现代反思，对于中国社会也具有一定程度上的启示意义。在当代中国社会，现代化的征程尚在进行中，在这样的历史时间点上重提启蒙与理性的问题，展开有益的反思，对于在发展中矫正发展的步伐、深思发展的目标、规范发展的轨迹具有一定的理论意义和实践价值，这些理论引发了当代青年人的理论兴趣。霍克海默和阿道尔诺就是在这一问题域上最为典型的思想家，他们共同写作的《启蒙辩证法》一书，不仅反思了理性和启蒙的问题，更集中考察了以此逻辑为基础所导致的现代社会的系列危机：人对自然的征服、男性对女性的征服、白人种族对黑人种族的征服，其从根本上来说都来自启蒙的逻辑——启蒙的逻辑就是征服的逻辑。而这一系列问题的探索有益于青年人思考人类社会的不平等问题及其产生的原因、改变的方式等，特别是结合人类社会对仍然存在的种族歧视、性别歧视等现象展开有针对性的思考具有一定的启示意义。

法兰克福学派的霍克海默和阿道尔诺以《启蒙的辩证法》为名，以神话与启蒙为核心，解密了"神话就是启蒙，而启蒙却倒退成了神话"这一启蒙的逻辑：发端于启蒙并以启蒙为目标的现代文明（即工业文明）依其本性转化为启蒙的反面，即启蒙如何于自身中包含否定自身的本质环节而倒退为神话，最终导致"启蒙的自我毁灭"。这样，霍克海默、阿道尔诺通过解密启蒙的逻辑，确立了以"启蒙辩证法"为基本立场的哲学主题：启蒙的逻辑作为现代性的秘密，现代性与启蒙精神具有内在的本质关联；对现代性的批判就是对工具理性主义的批判，现代性的危机就是启蒙精神的危机。

在传统意义上，启蒙是现代性的代名词，现代性的秘密就蕴含在启蒙之中。因此霍克海默和阿道尔诺的现代性批判首先基于对启蒙的理解。在《启蒙辩证法》一书中霍克海默和阿道尔诺从"启蒙的概念"开始谈起，认为启蒙虽然是伴随着人类社会历史发展而不断成就的过程，但启蒙的主旨早在近代哲学之父——培根那里就已经确立了。那就是用人类的理智和自信去征服那已经日益失去魔力的自然，知识成为人们的力量，它能够使人摆脱造物主对人的生活的束缚，更能使人改变对统治者逆来顺受的命运，能够自由自在的生活。知识作为人们生活的重要内容本来无可厚非，但问题在于作为知识本质的力量——技术，将知识本身变为工具，随之而来的是知识由原本人实现自身的力量变成了人学会利用自然、征服自然的武器或手段。"知识不是满足，并不满足于向人们展示真理，只有'操作'，'去行之有效的解决问题'，才是它的'真正目标'。"[1] 由此，从培根以来实体与属性、能动与被动、存在与生存等一系列概念不但成为科学的重要范畴，也成为哲学的重要范畴，哲学和科学的永恒的主题就是实现启蒙，完成人对世界的征服。同时，这一系列概念也成为启蒙战胜神话的重要力量——相比较与以往神话有着千丝万缕联系的旧形而上学的概念，这些概念以"物质"为中心，摆脱了旧形而上学的潜在的幻觉性，使具有可计算和实用规则的东西成为自身的中心。在这样的情形下，启蒙以其不可动摇的核心获得了更多的力量，"启蒙运动每一次所遭遇到的精神抵抗，都恰恰为它增添了无穷的力量。这表明，启蒙始终在神话中确认自身。任何抵

---

[1] 霍克海默、阿道尔诺：《启蒙辩证法》，上海人民出版社 2005 年版，第 2 页。

抗所诉诸的神话，都作为反证之论据的极端实施，承认了它所要谴责的启蒙运动带有破坏性的理性原则，启蒙带有极权主义性质。"①

在霍克海默和阿道尔诺看来，启蒙始终坚持自身与神话的对立，将神人同形作为一切神话的基础，随之而来的必然是自然就是人的主体之折射，人就是自然之典型呈现，自然与人之间的这一关系使人永远晦暗不清。而启蒙之于神话就是"启人之蒙"，将人从神话当中解放出来，以客观性定义自身，以便为自身的生活规定某种秩序的轮廓。"就启蒙运动而言，不能被还原为数字的，或最终不能被还原为太一（Eine）的，都是幻象；近代实证主义则把这些东西划归为文学虚构领域。从巴门尼德到罗素，同一性一直是一句口号，旨在坚持不懈的摧毁诸神和多质。"②霍克海默和阿道尔诺认为，在这里启蒙没有看到自身与神话的同质性——无论是奥林匹斯山上诸神所遵循的严格的神系和等级，还是神圣的命运对人与神所颁布的必须被严格执行的定律，就其本质来说都是启蒙所追寻的"同一性"的呈现，"面对这种理性同一性的观念，神与人的分离已经变得无关紧要，而这正是对荷马的最早批评以来那种彻底理性最为关注的问题。造物主与秩序精神在统治自然的意义上是相似的，人类与上帝的近似体现在对生存的主权中，体现在君主的正言厉色中，也体现在命令中。"③这样一来，启蒙一直标榜自身的"反神话"性质，究其实质是其本身与神话并没有什么本质的区别，差别仅仅在于神话变成了启蒙，而自然变成了客观性。两者的一致性都是对权力的过分膨胀，以及由此带来的操纵和控制——由原有的独裁者控制人到现在的理性控制万物，由原来的神圣存在创造世界到现在的科学家创造万物，统治构成了一切时代、一切存在形式的基础。这样从正向上看，启蒙取代了神话的蒙昧，而从负向上看，启蒙已经深深陷入神话的泥潭之中，它吸取了神话的一切东西，而使自身看似消灭了神话，却沦入了神话手中的玩物，作用与反作用的原理在启蒙与神

---

① 霍克海默、阿道尔诺：《启蒙辩证法》，上海人民出版社 2005 年版，第 4 页。

② 霍克海默、阿道尔诺：《启蒙辩证法》，上海人民出版社 2005 年版，第 5 页。

③ 霍克海默、阿道尔诺：《启蒙辩证法》，上海人民出版社 2005 年版，第 6 页。

话之间的关系上体现得淋漓尽致。

于是，在启蒙身上存在着若干神话的痕迹。启蒙的正义性就是神话的正义性的呈现。在神话世界中，每个世界的生命活动都以最终的死亡和消失为代价，每个个体的幸运和幸福都以随之而来的不幸和厄运为代价，人和神都试图在短暂的生命过程当中评估自身、掌握自身，而不是仅仅听凭命运的安排，顺从命运与命运抗争是人与神对待自己生命的两种态度。在神话世界中，无论是人还是神都选择了后者，即便为选择付出了沉重的代价，也获得了与付出相匹配的正义性原则。启蒙也是如此，启蒙就是使人摆脱不成熟的状态，使人走向成熟，而成熟和文明是以法律——或者说规训和惩罚所制定的一些制度的基础上实现的，法律便成为神话当中的命运。人们总是在无法规避的自然循环中寻求自身的命运，直至将法律变为"偶像"——与服从相互等价，这意味着启蒙的正义并非是其一直所标榜的自由。

启蒙的符号就是对神话的图腾改造。神话当中的图腾具有普遍的权力，因为其不仅具有符号的内涵，也具有符号的普遍本质——以象征的方式代替诸神及命运。其自身与启蒙有关联，"在奥林匹亚丑闻的蒙昽面纱中，混淆不清、彼此的困惑以及各种元素间相互冲撞的学说已初露端倪，但不久它就把自己确立为科学，把神话变成虚幻的图像。"① 于是图腾和印记在启蒙的时代就变成了语词：它作为一种符号，使自然放弃表征自然的目的，还作为一种镜像反映自然，需要不断摆脱其自身所蕴含的自然因素，而步入文明的牢笼（如中国文字当中所包含的象形字，在文字历史从传统到现代的发展演变中逐渐消失，就证明了这一点）。不仅如此，相比较于神话的图腾，语词本身实现了符号和图像的分离，这就使符号和图像完全居于两个不同的领域，前者为科学，后者为艺术。于是形中的美感被数中的清晰所取代，由启蒙带来的神话恐惧与神话本身如出一辙。霍克海默和阿道尔诺认为斯宾诺莎提出的"自我持存的努力乃是德性的首要基

---

① 霍克海默、阿道尔诺：《启蒙辩证法》，上海人民出版社 2005 年版，第 13 页。

础"包含了西方文明的真正原则，也就是说，启蒙以来的西方文明所追求的主体，就是将自我提升为先验和逻辑的主体，作为审视一切的根据和裁决者。所以，在启蒙看来，如果人类违背了这一原则，无法理智的安排自身的生活，那么人类就沦入了迷信的深渊，始终无法摆脱神话的恐惧。启蒙的确推翻了这一恐惧，给人类认识世界提供了精致的确定性，同时，这时的主体已不再是自由和自主的主体，主体已变成了游戏规则的逻辑和使用精致确定性的工具，"最终没有给思想自身留有任何余地，消除了个体行为与社会规范之间的最后壁垒。主体在取消意识之后将自我客体化的技术过程，彻底摆脱了模糊的神话思想以及一切意义，因为理性自身已经成为万能经济机器的工具。"①于是，自我持存从一种生存的理想变成了自我毁灭的过程，自身所包含的悖论彻底彰显出来。

可见，启蒙在不断确证自身的过程当中使自己重新沦为"神话"。区别在于以清晰性和确定性的神话取代了原有模糊性的神话，但仍然没有实现自身从一开始就提出的人类在征服过程中所达到的自由状态，相反不自由却日益严重，比之神话之下生活的人们似乎更加鲜明。霍克海默和阿道尔诺认为，要想改变启蒙自身所存在的问题，就要摧毁启蒙的逻辑这一核心要素。所以，对启蒙逻辑的深入探讨成为霍克海默和阿道尔诺进一步研究的话题。

启蒙的逻辑就是抽象的同一性原则，正如启蒙将人类的自我持存看作是首要的基础，自我持存在本质上是要寻求一种理性生活与现实生活的同一状态，其理想目标是，自身不在与他者的相互作用中实现与对方的融合，而是永久的拥有自身，将对方融合入永恒的自身当中。这样，自我和同一戴着一副能够融合其他者的面具，使启蒙在完成自身的同一性过程中，又将同一性注入了如下的内涵。

霍克海默和阿道尔诺认为，启蒙的同一性是以"牺牲质的多样性和自然的统一性"为代价的单一性的追求。在启蒙的逻辑当中，作为人们活动

① 霍克海默、阿道尔诺：《启蒙辩证法》，上海人民出版社2005年版，第23页。

对象的对象变得僵化了，原本具有多样性的自然物，在启蒙的逻辑当中都统统被冠以"客体"、"对象"、"物质"的名头，其存在的价值仅仅在于为人们提供某种认识的客体或实现启蒙自身同一性的对象，仅仅是供主体自身所包容和融合的另一方而已，"生存者之间的各种各样的关系，被有意义的主体和无意义的客体、理性意义与偶然意义中介之间的简单关系所抑制。"① 在这一过程当中，事实上客体已经隐退，客体的质的多样性已经被其单一性的功用所遮蔽，对客体的丰富性所起重要作用的日常生活也被单一的、可计算的、理性主义的生活所取代。不仅如此，单一性还体现在人与自然的关系上。启蒙之前，人与自然的关系经历了双向的互动过程——从人对自然的依附到人认识自然、改造自然的双向互动过程。启蒙之后，启蒙的逻辑所要求的同一性，是要在人与自然的关系中追求"统一性"，这一"统一性"不是关系的统一性，而是主体的人对客体的自然的统治的齐一性。也就是说，在人与自然的关系中，人是统一者，自然是被统一者，自然统一在人的要求和目的当中。"对于纯粹的自然存在，不管是动物还是植物，都是极端的威胁。在每个时代里，所有人对似水流年——不管是古老的游牧生活，还是所有前父权制社会——的缅怀追忆，都遭到了严厉的惩罚，并在人类意识中被彻底清除掉。"② 这样一来，自然只有在人的目的和愿望中才起作用，人才是真正意义上的存在主体。

启蒙推翻神话所依据的重要武器是"内在性原则"，他与"同一性"原则是互为表里的。启蒙的"同一性"要想获得实现，必须回答的问题是，相对于神话自己所具备的优势如何？启蒙的答案是："内在性。""启蒙运动推翻神话幻想所依靠的是内在性原则，即把每一事件都解释为再现，这种原则实际上就是神话自身的原则。"③ 即启蒙的同一性是"内在的同一性"，其内在于主体自身当中，启蒙的一切理想变为现实始终是在主体自身的内在同一性中完成的——事实上是在思维领域当中将已有的现实

---

① 霍克海默、阿道尔诺：《启蒙辩证法》，上海人民出版社 2005 年版，第 7 页。

② 霍克海默、阿道尔诺：《启蒙辩证法》，上海人民出版社 2005 年版，第 24 页。

③ 霍克海默、阿道尔诺：《启蒙辩证法》，上海人民出版社 2005 年版，第 8 页。

事物加以再现而已，一切不过都是对理性的复制。在启蒙看来，内在性原则比神话的原则具有优势——人不再是盲目的，始终是与自身同一的；人也不再是被动的、适应外在条件的，而是主动的，将外在客观世界融涵入自身的，内在性原则使同一性更加坚实。"所有无聊游戏都玩过了，所有的精深思想都思考的差不多了，所有未来的发现都已经得到了确定，而人们都已经决定把自我持存当作适应手段。"①但内在性原则所导致的结果也是鲜明的——主体的理性能力获得了至高无上的位置，客体成为主体统治的对象而无法实现与自身的认同。所以启蒙在政治上消除了不公正的统治关系和在地位上消除了人对自然的依附关系的基础之上，又确立了新的不平等和不公正关系——主体与客体的不公正关系，而在同一性和内在性原则起作用的条件下，这种不公正地关系必将存在，"抽象，这种启蒙的工具，把他的对象像命运一样，当作它必须予以拒斥的观念加以彻底清算。抽象的同一支配使得每一种自然事物变成可以再现的，并把这一切都用到工业的支配过程中，在两种支配下，正是获得自由的人最终变成了'群虻'，黑格尔称他们是启蒙的结果。"②

当单一性原则和内在性原则都起作用时，自然万物本身必然丧失起本原性而表现为被主体所遗忘了的自然，思想变成强制自然的力量，人们试图在生活当中远离自然，只在思想中将自然依照想象的模样重新建立起来，其目的是要依靠自己的内在性和主体性原则改变自然的状态，以达到支配自然和控制自然的目的。在这样的情况下，所有真实存在的自然和万物都变成了观念性的存在，真实的自然成为虚假的，观念中的自然反倒成为真实的自然。"思想有能力辨识首尾一致却又自相矛盾的非此即彼的逻辑，他可以借助这种逻辑把自身彻底地从自然当中解放出来，成为一种不可救药的和自我异化的自然。"③这样一来，观念本身从划分对象、将功能给予对象的任务进一步拓展为否定对象、包容对象、使对象容纳入自身

---

① 霍克海默、阿道尔诺：《启蒙辩证法》，上海人民出版社 2005 年版，第 8—9 页。

② 霍克海默、阿道尔诺：《启蒙辩证法》，上海人民出版社 2005 年版，第 9 页。

③ 霍克海默、阿道尔诺：《启蒙辩证法》，上海人民出版社 2005 年版，第 31 页。

并成为自身的一部分。这样，观念在使对象虚幻化的同时也使自己虚幻化，观念不再成为人类征服自然的蓝图，反倒成为人类进步的桎梏。观念以其静止性、僵化性的状态，丧失在盲目追求现实的过程中，丧失了自我关注和自我否定的力量，"启蒙便与统治根本对立起来：甚至是回响在瓦尼尼（Vanini）时代的制止启蒙的呼声，也并非产生于对精确科学的惧怕，而是产生于对难以驾驭的观念的憎恨，这种观念来自对自然的束缚，因为它承认自己只不过是自然对自身的极端恐惧而已。"①启蒙所具有的同一性原则被霍克海默和阿道尔诺以单一性、内在性和观念性原则作了进一步诠释，也就是说正是这些因素综合作用的结果使启蒙以批判神话为自身的使命，却又为人们建构了新的神话———一种看似更美好、实则更危险的神话，这一神话导致启蒙以隐秘的方式所包含的秘密被揭示出来。

这样一来，启蒙原本所要求的将人类从蒙昧中拯救出来，许诺给人类一个光明未来的承诺所表达的正面精神：启蒙以科学、民主、自由为口号，通过理性的力量给人们一个可控的理性社会；启蒙以资本主义制度和民主主义国家试图消除不平等现象，使人走向平等，这一切的承诺在表面上已经实现了："人获得了自信，信任自己的那种作为思维的思维，信任自己的感觉，信任自身以外的感性自然和自身以内的感性本性；在技术中、自然中发现了从事发明的兴趣和乐趣。理智在现世的事物中发荣滋长；人意识到了自己的意志和成就，在自己栖身的地上、自己从事的行业中得到了乐趣，因为其中就有道理、有意义。"②理性和启蒙成为一个时代的标志——进步的标志。这样启蒙建立起高大健全的形象，成为从愚昧走向进步的代名词。与此同时，霍克海默和阿道尔诺认为在隐秘性的一面，"启蒙的秘密"在同神话的比较当中被揭示出来，这一秘密原本隐藏在启蒙的光环之下，人们都看到启蒙所取得的成就，即便看到些许问题，也被启蒙所取得的巨大成绩所掩盖和淹没——"启蒙的问题"成为人们"视而

---

① 霍克海默、阿道尔诺：《启蒙辩证法》，上海人民出版社 2005 年版，第 32 页。
② 黑格尔：《哲学史讲演录》（第 4 卷），商务印书馆 1981 年版，第 4 页。

不见"的秘密，而他们为自己所确立的目标就是将这样的秘密揭示出来。

"启蒙的秘密"首先在于给人们一个不真实的感性经验。西方文明从古至今将感性放在与理性相比较而言的不重要的位置，甚至强调其自身的虚假性，但这看似虚假的感性生活却在一定程度上呈现了人的真实生活状态，在启蒙光环映照下的感性生活似乎充满了问题。霍克海默和阿道尔诺认为在感性当中，感性经验——劳动本身存在着类似马克思所说的"异化"状况。在这里，他们仍然是比照神话——奥德修斯的神话来谈启蒙所造成的危机的。同奥德修斯将对物的独立性的改造这一任务交给奴隶一样，在启蒙以理性、知识和技术为手段重新分配任务之时，劳动和在劳动当中创造价值的使命不再被给予有产者，有产者本身丧失了在劳动当中所体会到的感官的愉悦；与之相反，本应能感受到感官愉悦的那部分群体——劳动者则因为其所从事的劳动是"被动的劳动"——在有产者的强迫下所进行的劳动，他们在劳动当中没有感到希望，而是被彻底遮蔽了感官。于是在人们直接能够获得感观愉悦的劳动过程当中，再也体会不到以往劳动所获得的快乐和成就感。这一点，马克思说得更清楚，"他在自己的劳动中不是肯定自己，而是否定自己，不是感到幸福而是感到不幸，不是自由地发挥了自己的体力和智力，而是使自己的肉体受到折磨，精神受到摧残……他们劳动不是自愿的劳动，而是被迫的强制劳动……这种劳动不是他自己的，而是别人的，劳动不属于他自己，而属于别人。"[1] 在这样的状况之下，感观丧失真正的享受也就成为一种必然。与马克思将这一问题归结为资本主义制度和剥削制度不同，霍克海默和阿道尔诺将其归结为人类自身权力关系所必然导致的结果——正如神话当中所包含的权力关系一样，这一权力关系也使启蒙本身没有超出神话权力关系的特征而变得更加清晰。所造成的后果则更为惨痛，"技术的发展给人们带来了生活的安逸，统治也以更为沉稳的压榨手段巩固了自己的地位，同时也确定了人类的本能。想象力萎缩了。这一灾难不能只归于个人已经退避到社会及其物质背后的

---

① 马克思：《1844 年经济学—哲学手稿》，人民出版社 2000 年版，第 50—51 页。

缘故。"①在这一状况之下，人类变成了为本能而活着，属人的一切特征却变得不那么清晰了，不是技术推进了属人的生活，而是机器成为凌驾于人之上的"总体"。所以霍克海默和阿道尔诺得出结论：对权力进步的追求，总是伴随着权力的退化；势不可挡的进步总与势不可挡的退步相伴而行。

霍克海默和阿道尔诺认为，启蒙不但给予我们一个退步的感性生活，更给予我们一个理智独断的世界。从根本上来说，启蒙的同一性归根结底来自理智独断的同一性——理智总要统摄感觉从而达到在理智之内的同一，其单一性、内在性、观念性原则也是由此而生的。但这种同一性一方面带来了齐一的、制度性、规范化的生活；另一方面也意味着思想的贫困，"天真的管理者们，都把思想限制在组织和管理工作范围之内，这必然意味着所有的限制性权力都要由大人物来掌握和限定……精神实质上变成了统治和自我统治的工具。"②霍克海默和阿道尔诺看到启蒙之所以能够在一定阶段上取得一些成绩，从根本上来说就是被统治者思想的不成熟推动社会走向成熟，正是因为被统治者思想之不成熟，思想才具有进步的空间，社会才能真正走向进步。但是与之相伴而来的是生产系统本身也不断进步，在一定的时代条件下，思想进步的空间被缩小，而机器或技术本身的精细化则被不断加强，于是人的功能变得单纯了——仅仅是完成生产序列的工具，人的生活本身也单一了——仅仅能够在有限的范围之内感受生活。被统治者感观受限，彼此孤立。与之相伴的是统摄感观的思想在这样的状况下也越发简单了：思想可以通过法律和组织来进行，在统治的同时也会对自身形成限制。当法律和组织以确定的方式对生产以及人们行为加以限制的同时，其始终是以自身为标准来进行的。同理，当其以自身为标准审视自身之时，发展和进步就成为遥远的事情，"异化理性正在对社会——这个社会把作为物质和精神机制的固定模式同自由、生活和思维调和起来——发生着作用，并把社会本身当作思想的真正主体。"③这样一

---

① 霍克海默、阿道尔诺：《启蒙辩证法》，上海人民出版社 2005 年版，第 28 页。
② 霍克海默、阿道尔诺：《启蒙辩证法》，上海人民出版社 2005 年版，第 29 页。
③ 霍克海默、阿道尔诺：《启蒙辩证法》，上海人民出版社 2005 年版，第 30 页。

来，统治者们不再相信客观的必然性，而认为自己是社会历史的主宰和设计师，与之相反，被统治者和被雇佣者们被同一到这一认识当中，除了相信之外别无他法。于是启蒙从一个令人迷惑的社会话语，从不断获得人们尊重与敬佩的事实和城堡，被其内部掩盖的秘密所出卖，革命的形象被乌托邦甚至比乌托邦还糟糕的现实击溃，如此启蒙进步性所蕴含的衰退被霍克海默和阿道尔诺揭示出来。

不仅如此，他们看到这只是启蒙在单个个体生活所造成的危机，在更为广阔的空间内，启蒙所造成的后果已经转化为现代性的危机。在《启蒙辩证法》中，霍克海默和阿道尔诺提出了工业文明对人的这种异化影响，"随着支配自然的力量一步步地增长，制度支配人的权力也在同步增长。这种荒谬的处境彻底揭示出理性社会中的合理性已经不合时宜。"① 无论是人与自然的关系，还是人与人的关系、人与社会的关系，都在现代工业文明的进程中表现出一种异化的发展趋势——即背离人、自然和社会及其相互关系的本性和内在要求的发展趋势。所有这些症结似乎都可以归结为人的自然性的丧失，而人的自然性的丧失所导致的结果必然是自然的危机。

启蒙在霍克海默和阿道尔诺看来，从根本上说是一种权力关系的继续运行，在神话世界的人神权力关系基础上所演化成的新权力关系。在新权力关系当中，神已经"祛魅"，人丧失了神这一对象。于是，在人与自然之间天然关系的基础上，依着人类自身权力关系的惯性，人将自然作为自身的对象，"人类为其权力的膨胀付出了他们在行使权力过程中不断异化的代价。……科学家熟悉万物，因此他们才能制造万物。于是，万物便顺从科学家的意志。事物的本质万变不离其宗，即永远都是统治的基础。这种同一性构成了自然的统一性。"② 这样一来，自然变成了人的权力关系的作用对象，正像神人关系当中，人匍匐于神之脚下一样。人们通过启蒙获得的自信，使人相信通过人的努力终究会使自然像奴隶一样屈居和臣服在

---

① 霍克海默、阿道尔诺：《启蒙辩证法》，上海人民出版社 2005 年版，第 31 页。
② 霍克海默、阿道尔诺：《启蒙辩证法》，上海人民出版社 2005 年版，第 6 页。

人的力量之下，"人为自然立法"成为人类最为自信的呼声。"尽管自我从盲目的自然中把自己解救了出来，但自然的支配权还依然在牺牲中持续不断地显现出来。尽管自我作为一种有机体，依旧被囚禁在自然条件之中，但它却试图在反抗有机存在的过程中确证自身。尽管自我持存的合理性取代了牺牲，但它仍然像牺牲一样，不过是一种交换而已。尽管在废除牺牲的过程中产生了能够始终维持同一性的自我，但自我很快就会变成一种顽固僵硬的祭祀仪式，在这种仪式中，人们只有通过把自我意识与自然条件对立起来，才能宣布自身的胜利。"①

与此同时，当人类用启蒙的方式、凭借理性的力量将这一目标逐步实现的过程中，人们却发现人与自然的关系表现为一种残酷的、强制的支配。人对自然的支配既是人及人类社会向前发展的结果，更是进入现代工业文明后，人对自然的人为（即异化）的产物。科学技术的发展和生产力的提高，都表现为人对自然支配欲和统治欲的膨胀。无论是对人自身自然性的认识，还是对人与自然关系的认识，都在现代工业文明中被"遗忘"了，剩下的仅仅是人对自然加以支配的"强制机制"，所导致的结果是自然本身存在着种种生态危机。人自身的生活也必将问题重重，一方面自然危机日益深重，人们也日益认识到，"现在的全球生态危机，是由于我们的贪婪、过度的利己主义以及认为科学技术可以解决一切的盲目自满造成的，换一句话，是我们的价值体系导致了这一场危机，如果我们再不对我们的价值观和信仰体系进行反思，其结果将是环境质量的进一步恶化，甚至最终导致全球生命保障系统的崩溃。"②与此同时，人类所面临的另一种危机在于，"这种支配不仅仅为人与其支配对象相异化付出了代价，而且随着灵魂的对象化，人与人的关系本身，甚至个体与其自身的关系也被神化了。个人被贬低为习惯反映和实际所需的行为方式的聚集物。泛灵论使对象精神化，而工业化却把人的灵魂物化了。"③所以不得不说，人对自

---

① 霍克海默、阿道尔诺：《启蒙辩证法》，上海人民出版社 2005 年版，第 44 页。

② 朱坦：《环境伦理学理论与实践》，中国环境科学出版社 2001 年版，第 84—85 页。

③ 霍克海默、阿道尔诺：《启蒙辩证法》，上海人民出版社 2005 年版，第 21—22 页。

然的征服在现代社会中"成功"的转化为一种人对人的征服——工具理性泛滥，价值理性式微；物性的特质增长，人性的领地缩减；控制的力量增强，自由的空间缩减……现代社会变成了一个封闭、僵化、冷漠和绝对的"顽固体"，失去了诞生之初的生机和活力，失去了自我批判、内在否定的力量，失去了不断奔涌向前的价值追求。

霍克海默和阿道尔诺认为，当启蒙以自然为对象，将权力关系照搬到人与自然关系之上并取得阶段性的"胜利"之时，启蒙的自我膨胀并没有中止，反倒愈演愈烈。自然在启蒙看来已经不能再作为人具有挑战性的"对象"，依启蒙自身的逻辑，必须要实现同一、单一、内在和齐一，就必须寻找新的对象。这样启蒙依其自身的惯性，从人与自然的权力冲突发展到人与人的权力冲突。这一权力冲突在霍克海默和阿道尔诺看来一方面体现为种族冲突的"灭犹主义"，另一方面体现在男性对于女性的"性别压制"当中，可以说现代社会的种族危机和性别危机是启蒙逻辑发展的必然结果。

霍克海默和阿道尔诺认为，启蒙和现代性所造成的必然结果是使一切矛盾和否定性消亡，不但人们远离自然，而且人与人之间也是疏远的——因为不知何时自己就会成为人与自然关系惯性作用的牺牲品，因而即便是在实践活动当中征服了自然，获得了自信，但这一征服和自信早已被心灵深处更深的恐惧所掩盖和抹杀。不仅如此，人们也丧失了反思能力，忙着奴役宇宙，却忘记思考自身，人沦为了最具有权力的动物——但却仅仅是动物而已。这就是启蒙和现代性所带来的世界，这个世界祛自然之魅，却带来的人之魅，从根本上来说是启蒙所具有的权力之魅，也是人在启蒙的过程当中为自身带上的"枷锁"。对于霍克海默和阿道尔诺来说，打破枷锁，重新理解启蒙就成为其理论的新路向。

启蒙和现代性之所以出现困境，是人们对于启蒙的理解出了问题，启蒙不是无限制的，理性也不是一切的法庭。启蒙和理性更不是希求一种无矛盾的、同一的世界，因此"启蒙作为这种适应机制，作为一种单纯的建构手段，就像他的浪漫主义之敌所责难的那样，是颇具破坏作用的。只有在他摒弃了与敌人最后一丝连带关系并敢于扬弃错误的绝对者，即盲目统治原则的时候，启蒙才能名副其实。"①对启蒙的重新理解是霍克海默和阿道尔诺的任务，也是重新找回属人生活的重要方式。

重新理解启蒙首先就是重新理解启蒙的精神，启蒙的确是想要将人从一种混沌的状态中解放出来，但启蒙绝不意味着无矛盾的同一，启蒙所要求的"清醒"不是非此即彼的清醒，而恰恰是要在一种相互融通的关系当中寻求新的状态，而放弃培根式的"用行动支配自然"的幻象。因此在霍克海默和阿道尔诺看来，从最为根本的人与自然关系上放弃以权力为中心的征服和压制，是从根本上改变启蒙所带来的危机的最合理途径。

霍克海默和阿道尔诺首先要做的是将人与自然的关系从其异化的状态中翻转过来。他们认为人与自然的关系应当是一种最初最原始的生态关系。"带着泥土的气息，人们细致入微的多重嗅觉总是体现为一种对低等生存方式的原始渴望，一种与自然环境直接和谐一致的原始渴望。"②人与自然的关系应当走出支配、被支配的简单关系框架，实现一种符合自然本性的融合。而这种趋于融合、和谐一致的"原始渴望"才是人与自然关系应有的本真状态。将人的自然性加以合理的保留和发展，既是人自我持存的需要，也是人自我解放和发展的要求。"启蒙绝不仅仅是启蒙，在其异化形式中，自然得到了清楚的呈现。精神作为与自身分裂的自然，在其自我认识中，就像在史前时期一样，自然呼唤着自我，但是不再直接用它的全能之名，把自己唤作曼纳，而只是把自己叫做一种闭目塞听、残缺不全的存在。自然的衰败就在于征服自然，没有这种征服，精神就不会存在。一旦精神承认是统治并隐退于自然，那么，它就会放弃这种能使其成为自然的奴仆的统治观念。"③在霍克海默和阿道尔诺看来，现代工业文明将人与自然加以对立，在"征服"与"被征服"之中，将人与自然的关系确立起来，忽视了人与自然之间的"和谐一致的原始渴望"，而这不仅是现代

---

① 霍克海默、阿道尔诺：《启蒙辩证法》，上海人民出版社 2005 年版，第 53 页。

② 霍克海默、阿道尔诺：《启蒙辩证法》，上海人民出版社 2005 年版，第 169 页。

③ 霍克海默、阿道尔诺：《启蒙辩证法》，上海人民出版社 2005 年版，第 32 页。

工业文明衰落的根源，更是人的异化的症结所在。他们想要通过对这种"原始渴望"的唤醒来实现人与自然关系的重新建构，这既符合人与自然关系的本性，更符合人与自然本身持存的要求。

因此，霍克海默和阿道尔诺认为，"他们最终从事物的权力中学会了放弃权力。只有在实践的近期目标展现为它目前所要达到的终极目标的时候，只有君主们的'密探和媚臣们打听不到的'范围，即在被占据支配地位的科学一直所忽视的自然被看作是发源地的时候，启蒙才能获得自我实现，并最终自我扬弃。"① 只有在这样状况之下，启蒙才能真正达到在克服权力关系基础之上的与自然的和解，才能让人重新"带着泥土的气息……"，实现"一种与自然环境直接和谐一致的原始渴望"，也才能真正克服现代性的危机——自然的危机和人的危机，以人与自然的和谐为基础重建现代性的秩序，恢复人所追求的自由而富足的世界。

不仅如此，霍克海默和阿道尔诺认为，启蒙所追求的自由本身也需要通过对启蒙自身不断强化而达到。在以往启蒙以征服为导向所实现的对世界的控制中，这一力量最终会固化在人自身之上，因此启蒙从一开始就存在自反的悖论——追求自由却无往而不在枷锁之中。即便能给人们带来某种形式上的自由，也仅仅只是形式而已，启蒙"是一种长期以来的历史叙事，所有这些，都是通过某些非常模糊的自由假相来实现的，因为从那时起，文明根本无法把这种自由展示出来"。② 特别是当启蒙与资本主义制度结合在一起之后，启蒙本身的这一特点就展现得淋漓尽致，启蒙的理想——能力的解放、普遍的自由和自决的权力——作为资产阶级攫取权力的手段和工具，已经日益成为一种带有压迫色彩的控制系统，"这种原则取消了一切事物的内在联系，把统治作为一种至高无上的权威来发号施令，并操纵着任何证明可以适用于这种权威的契约和义务。在那些已经丧失了坚实基础的市民道德和人性之爱以后，哲学继而把权威和等级宣布为

---

① 霍克海默、阿道尔诺：《启蒙辩证法》，上海人民出版社 2005 年版，第 34 页。
② 霍克海默、阿道尔诺：《启蒙辩证法》，上海人民出版社 2005 年版，第 66 页。

德性，但长期以来，启蒙却把他们当成一种骗人的谎言"。[①]

霍克海默和阿道尔诺认为这是启蒙的困境，但同时他们也认为这其中蕴含着启蒙真正的自由理想。他们指出，当资产阶级以启蒙为武器和工具妄图使自身的统治能够长久下去之时，启蒙自身所蕴含的最低限度的理想本身——自由的追求，会使其意识到资产阶级统治本身就是对自由的最大妨碍，资产阶级作为一种压迫体系，会成为启蒙逻辑和力量的作用对象——启蒙是摧毁一切的，资产阶级统治也必将成为这一切当中的一部分。于是霍克海默和阿道尔诺认为当启蒙失去自身存在的意义之时，思想就会自觉的重新寻找意义——当启蒙已经摧毁了自然和人自身的自由世界之时，启蒙寻的新的意义就是摆脱自身的枷锁，"一旦被占主导地位的生产关系所驾驭，启蒙就会努力消除一切压制人民的秩序"。[②] 而在这样的过程当中，启蒙也就自然会发展到自身的对立面，因为启蒙已经摧毁了一切确定性，所剩下的只有自身，摧毁自身、怀疑自身也就成为启蒙的下一个目标，从自我持存出发对一切事物包括自身在内加以怀疑，就使启蒙从同一性和确定性走向了自我怀疑和自我否定。启蒙在现时代走向了自身的反面，给予人们不是确定，而是相对，启蒙摧毁了自身的理想，也就使启蒙走到了尽头。

霍克海默和阿道尔诺反思，是否启蒙的自由理想能给人们带来真正的自由？借用恩格斯的话来说，"自由就在于根据对自然界的必然性的认识来支配我们自己和外部自然；因此它必然是历史发展的产物"。[③] 因此真正的自由必须要在与自然关系的基础上才能达到，而当启蒙以自然作为自身对象进而摧毁自然之时，自然的必然性也一同被摧毁，此时自由就无法真正得以实现了。因此，启蒙的理想不是真正的征服自然而实现自我的独立，"自由不在于幻想中摆脱自然规律而独立，而在于认识这些规律，从而能够有计划地使自然规律为一定的目的服务。这无论对外部自然的规

---

① 霍克海默、阿道尔诺：《启蒙辩证法》，上海人民出版社 2005 年版，第 81 页。
② 霍克海默、阿道尔诺：《启蒙辩证法》，上海人民出版社 2005 年版，第 81 页。
③ 《马克思恩格斯文集》（第 9 卷），人民出版社 2009 年版，第 120 页。

律，或对支配人本身的肉体存在和精神存在的规律来说，都是一样。"① 不仅如此，真正的自由并不是假想中的自由，是启蒙为自身设定的理想中的自由，真正的自由是现实的自由，霍克海默和阿道尔诺也承认了这一点，认为启蒙必须从一种理想走向一种务实的态度，才能达到自由，"要想形成这样的认识，就必须把现实中的所有势力都全部联系起来。并从根本上把人类社会理解成一个大规模的团体。"② 这正像马克思所说的那样："在过去的种种冒充的共同体中，如在国家等等中，个人自由只是对那些在统治阶级范围内发展的个人来说是存在的，他们之所以有个人自由，只是因为他们是这一阶级的个人。"③ 所以真正的自由绝不是启蒙所理想中的这种"乌托邦式"的自由。霍克海默和阿道尔诺进一步指出，在真正的自由当中，即便人们已经支离破碎，但仍然能够发出刺耳的嚎叫，会在人们已经破碎的心灵当中产生回响，或许种族灭绝主义和性别歧视当中迸发出的最为深切的声音就是对真正自由的呼唤。

如何达到真正的自由？霍克海默和阿道尔诺认为仍然要回到自然那里，在自然当中寻找人的自由，"只有当人们认识了自然的真正面目以后，自然才能成为对生存和和平的渴望，成为这样一种意识：即它从一开始就激励着人们，毫不动摇地与领袖和他的集团展开一场较量"④，在这场真正的较量当中，真正的自由才能现实的达到。

霍克海默和阿道尔诺给予启蒙以辩证的理解，从自然与自由、启蒙的理想性与启蒙的自反性等方面向人们揭示了启蒙自身所蕴含的同一性的矛盾性、自反性的逻辑，将几个世纪以来人们对启蒙的盲目崇拜警醒，使人们能够正视启蒙，正视人类可能存在的未来，并将人类所面临的真实状况与启蒙的内在关联深刻的揭示出来。与此同时，我们也应看到，启蒙理想的真正实现不但需要破除虚假的启蒙工具性和同一性，更需要从一种理想

---

① 《马克思恩格斯文集》（第 9 卷），人民出版社 2009 年版，第 120 页。

② 霍克海默、阿道尔诺：《启蒙辩证法》，上海人民出版社 2005 年版，第 237 页。

③ 《马克思恩格斯选集》（第 1 卷），人民出版社 1995 年版，第 119 页。

④ 霍克海默、阿道尔诺：《启蒙辩证法》，上海人民出版社 2005 年版，第 237 页。

转变为现实。哈贝马斯曾经批判霍克海默和阿道尔诺，认为他们对启蒙的批判是集中在意识和文化领域当中的，而这一启蒙的自我扬弃在国家和市民社会的结构当中将会反映得更加清晰，原因在于霍克海默和阿道尔诺眼中的启蒙仅仅是观念意义上的概念，而现实生活当中的问题仅仅在于观念作用于现实产生的结果而已。因此在《启蒙辩证法》中霍克海默和阿道尔诺对社会主义持一种怀疑态度，"社会主义把必然性抬高到未来的基础地位，并且从为唯心主义的角度把精神贬损到最低的地位，为此，社会主义紧紧抓住了资产阶级哲学的所有遗产。这样，必然王国与自由王国的关系便只有量化意义和机械意义。"①在这里霍克海默和阿道尔诺没有努力对社会理论进行修正，因为对资产阶级理想的真实性内涵的怀疑，似乎使意识形态批判自身的标准成了问题。在这里他们仍然持有一种资产阶级的虚假性，没有真正从社会实践和现实层面思考问题，简单地从物质和精神、唯物主义和唯心主义的层面上界定资产阶级和无产阶级的差别，没有看到社会主义制度对启蒙理想所实现的现实作用。正如马克思所说："人们自己的社会行动的规律，这些一直作为异己的、支配着人们的自然规律而同人们相对立的规律，那时就将被人们熟练地运用，因而将听从人们的支配。人们自身的社会结合一直是作为自然界和历史强加于他们的东西而同他们相对立的，现在则变成他们自己的自由行动了。至今一直统治着历史的、客观的异己的力量，现在处于人们自己的控制之下了。……这是人类从必然王国进入自由王国的飞跃。"②只有在真正的社会现实当中才有实现自由和平等理想的可能，才能使启蒙的积极意义在社会实践活动当中得以呈现。

霍克海默和阿道尔诺对启蒙及资本主义社会的批判具有启示意义：在启蒙与的逻辑进程当中审视当前中国社会的现实，青年人可以从中找到一丝理论共鸣，并借此对社会现实展开具有负面效应的理解。但事实上，我

---

① 霍克海默、阿道尔诺：《启蒙辩证法》，上海人民出版社 2005 年版，第 33 页。
② 《马克思恩格斯选集》（第 9 卷），人民出版社 2009 年版，第 300 页。

们应该看到霍克海默和阿道尔诺对启蒙的批判是基于文化领域的，而没有真正将现代社会危机的根源——资本主义制度的本质揭示出来，这就使其批判具有相对性和不彻底性。这种相对性和不彻底性所引起的青年人的思想混乱应该通过坚定社会主义信仰、社会主义制度和社会主义道路加以纠正和清晰化。

十一　阿多诺：时代问题的诊断与治疗

如果说《启蒙辩证法》是霍克海默和阿道尔诺为探寻启蒙的逻辑、纠正现代社会问题而写作的重要著作，那么它仅仅告诉人们两位思想家眼中的现代社会的问题究竟在何处，更有意义的理论探讨则在于启蒙的逻辑和现代社会的问题依靠什么来解决，这是按此逻辑演进所必然面临的问题。显然这两位思想家也注意到了这一点，在《启蒙辩证法》之后，阿多诺（阿道尔诺）又写作了《否定的辩证法》一书，集中探讨了现代社会危机所固有的逻辑问题以及走出困境所应该遵循的新思路，即阿多诺所理解的"否定辩证法"。《否定的辩证法》以辩证法为题，鲜明地揭示出时代问题与辩证法之间的内在关联即在于否定性的思维方式，以此深化了《启蒙辩证法》的主题，继续在思维方式的意义上探讨问题。

阿多诺《否定的辩证法》对青年学生的影响集中体现在对辩证法的理解上，马克思的辩证法毫无疑问是马克思思想当中重要的组成部分，并作为思想方法贯穿于马克思主义理论的全过程。如果从方法对理论的形成具有重要意义的角度看，马克思的辩证法是马克思主义理论产生的思想前提和思想基础。正是源于此，西方马克思主义者们特别重视对马克思辩证法的研究，如卢卡奇就认为真正的正统马克思主义不是理论而是方法，我们完全可以抛弃马克思的具体结论，而仍不失为一个正统的马克思主义者，关键在于我们如何继承马克思的方法，因此对马克思辩证法的重视是西方马克思主义的理论传统。阿多诺也是在这一意义上对辩证法作出自我理解的。这一理解一方面抓住了马克思辩证法的否定性特征，具有一定程度上的理论意义，但与此同时阿多诺将马克思辩证法重新还原到理论逻辑的意义上，失却了马克思在历史辩证法视野上所作出的革命性变革。这一方面是对马克思辩证法的曲解，另一方面也会给当代青年人理解马克思辩证法造成一定程度上的困难，因此通过阿多诺的否定辩证法思考马克思辩证法，从而正确认识马克思辩证法的价值和意义，是十分有意义的事情。

阿多诺在《否定的辩证法》中的探讨并非如《启蒙辩证法》一样直接触及启蒙本身，而是采取了另外一个策略：从理论批判到现实批判，即从对辩证法理论的自我阐释和自我澄明中践行哲学理论的解释世界和改变世界的理论功能。因此在全文开头，阿多诺就深刻而尖锐地指出哲学存在的问题："似乎一度过时的哲学由于那种借以实现它的要素未被所把握而生存下来。总的裁决是：它只是解释了世界，在现实面前畏缩不前导致它弄残了自身。"[1] 当前哲学存在的问题就在于哲学理论本应该在解释世界的同时，发挥其更为重要的功用——改造世界，而哲学在发展的过程中似乎已经遗忘了其这一重要的功能，这就致使"被无限耽搁的实践不再是对自我满足的思辨进行起诉的法庭，毋宁说它是权力执行机构为徒劳地堵塞任何批判的思想而使用的借口，尽管变化着的实践需要批判的思想。"[2] 哲学如此这般的问题引起阿多诺的反思：其一，哲学丧失了对现实的批判性，使其沦为同其他科学一样的具体科学。导致的结果是哲学家思考问题丧失了批判性，即只对某学科基本原则之上的某些部分进行思考，而丧失了对统一的整体的自觉反思——"他们越来越不敢考虑自己置身于一个被他们当作对象来垄断的整体中，并把人和这样的考虑都当作异己的东西加以蔑视。"[3] 其二，哲学这一问题的出现根本原因在于"批判的自我反思在达到它的历史高峰之处就突然中断"，因此，要说明问题的原因首先应该探讨这一问题与辩证法之间的关系。在这里，阿多诺并非直接告诉人们辩证法应该如何，因为在某种程度上，若方法不同其结果也不同。所以，阿多诺

---

① 阿多诺：《否定的辩证法》，重庆出版社 1993 年版，第 1 页。

② 阿多诺：《否定的辩证法》，重庆出版社 1993 年版，第 1 页。

③ 阿多诺：《否定的辩证法》，重庆出版社 1993 年版，第 2 页。

是采取一种"否定性"的方式来揭示辩证法的真意。

辩证法不是一种立场。辩证法不是同其他理论一样需要在选择、鉴别当中避免自身沦为自我吹捧而实现自身的价值。辩证法不用担心非难和指责，因为辩证法"就意味着客体不会一点不落地完全进入客体的概念中，客体是同传统的充足理由律相矛盾的。"[1]但是阿多诺也指出同一性是思维本身就固有的，思维本身的特性就在于通过对客观的把握从而实现思维与存在的同一，这一点是作为思维的本性所无法改变的。在这里阿多诺引证了康德和黑格尔作为例证：康德认为超概念的"自在"由于不存在作为外界客体的存在，是完全无规定的"空"；黑格尔则在康德的基础上，提出了逻辑的核心是排中律原则，即"辩证的矛盾原理的第一性把统一性思想和异质性相对立。随着异质的东西与它的界限相冲突，它便超越了自身。"[2]辩证法也遵循这样的逻辑，阿多诺指出："它预先并不采取一种立场。辩证法不可避免的不充足性、它对我思考的东西犯的过失把我的思想推向了它。如果人们（像黑格尔的亚里士多德批评家一再做的）反对辩证法，说它把碰巧进入它磨坊中的一切都归并为矛盾的纯粹逻辑形式，忽视了（克罗齐是这样论证的）非矛盾的、即简单被区别的东西的丰富多样性，那么，人们就把内容的过错推给了这种方法。"[3]由于内容的形式之丰富多样，作为思想形式的辩证法自然要求消除歧义、达到统一。这样辩证法就存在着矛盾性和同一性，同一性和非同一性在辩证法中同时存在，辩证法就不仅仅是坚持同一性这样一种立场的辩证法。

辩证法不是思维的规律。阿多诺认为，"毫无疑问，服从辩证戒律的人不得不为经验的质的多样性而付出高昂的代价。辩证法造成的经验的贫穷激怒了健康的见解，但在这个被管理的世界里，经验的贫穷却证明是

---

① 阿多诺：《否定的辩证法》，重庆出版社 1993 年版，第 3 页。

② 阿多诺：《否定的辩证法》，重庆出版社 1993 年版，第 3 页。

③ 阿多诺：《否定的辩证法》，重庆出版社 1993 年版，第 4 页。

与其抽象的单调相匹配的。"① 在阿多诺看来，辩证法由于服务于调和的目的——正如康德的疑难和其后继者的体系中所提出的那样——在其自身之上附着了主体的绝对中心地位，在哲学史上无论辩证法以何种样态呈现，都是以主体为中心的用主体自身的内在力量统摄客体的过程。因此阿多诺认为"目前的哲学在对付内容的地方要么陷入一种世界的随意性之中，要么陷入一种形式主义，即黑格尔曾反对的'漠不关心'。"② 阿多诺得出结论，辩证法应该如黑格尔所说的那样是同一性和非同一性之间的同一性。同时阿多诺认为辩证的逻辑比它尊重的实证主义更是实证的，实证主义遵循的"自由"和"因果性"都是一种空洞的同一性理论，因为无论他们如何论证自由与因果必然性首先都是基于一种假设：要么假设主体处于第一性，要么假设客体处于第一性。因此，"自由在历史的任何环节上隐藏在什么地方，是不能一劳永逸的来规定的。作为对压抑的抵制，自由在变化着的压抑中变得具体了。"③ 与之相应，因果性在制度化的过程中达到"每一要素对所有别的要素的普遍依赖性"使谈论因果性成了过时的。阿多诺说："作为思维，辩证的逻辑尊重应被思考的东西，尊重客体，尽管客体并不顺从思维规定的意志。"④ 即辩证的概念与经验的结合的辩证法才能获得形式和内容的相互一致。

这样阿多诺就为辩证法确立一种基本原则：辩证法不是立场，也不仅仅是思维的规律。在《否定辩证法》一书中，阿多诺指出："实际上，在'辩证法'这个词的朴素意义上，辩证法既不是一种纯方法，也不是一种现实。它不是方法，因为未被调和的事物——恰恰缺乏被思想所代替的同一性——是矛盾的，从而抵制任何一致性解释的企图。正是事物、而不是思想的组织动力把人们带向了辩证法。辩证法也不是简单的事实：因为矛盾性是一个反思范畴，是概念和事物在思想上的对立。辩证地演进意味着

---

① 阿多诺：《否定的辩证法》，重庆出版社 1993 年版，第 4 页。

② 阿多诺：《否定的辩证法》，重庆出版社 1993 年版，第 5 页。

③ 阿多诺：《否定的辩证法》，重庆出版社 1993 年版，第 262—263 页。

④ 阿多诺：《否定的辩证法》，重庆出版社 1993 年版，第 138 页。

在矛盾中思维，既支持在事物一度经验到的矛盾，又反对矛盾，现实中的矛盾在于它是一种反对现实的矛盾。"① 即辩证法作为一种贯穿同一性的非同一性意识，应该遵循否定的原则。在这里，阿多诺以黑格尔的否定性作为例证：黑格尔认为肯定之物是从否定之物中产生出来的，也就是说否定是作为肯定的必然环节。在黑格尔那里，"辩证法的最核心之处一种反辩证法的原则占了优势，即那种主要在代数上把负数乘负数当作正数的传统逻辑。"② 这就说明了黑格尔那里的否定仅仅作为一种通达肯定之物的必经途径而已，其结果导致"辩证法——在黑格尔那里，辩证法使自身一体化是以牺牲它的潜能为代价的——便最终也不关心起初被设定的东西。"③ 在这里，阿多诺采取了一种更为激进的态度——否定之否定也是一种同一性的新的幻觉，仍然是主观性原则的投射——真正的否定的辩证法应该是："辩证法是对客观的装饰性关联的自我意识，它并不意味着逃避这种关联。它的客观目标是从内部破除这种关联。这种破除所需要的力量对辩证法来说是从内在性关联中成长起来的。……辩证法吸收了对手的力量并使之转而反对自身；不仅在辩证的个别中如此，而且最终在整体上也如此。"④ 这样辩证法就不再是静止、个别或一个，而是整体、全部或一切。"一切是一，一是一切"的辩证法才是它本身所希望的真正形式。辩证法也就区别于"一切东西和它自身同一"的抽象同一律，而是包含了差别的同一，是具有内在否定性的同一，包含了具有内在差别的同一性所展开的思维运动的逻辑。所以阿多诺在为辩证法确立了非同一性原则的同时，也将同一性囊括其中，因此，辩证法的真正本质是同一性中的非同一性原则。所以，辩证法的真正本质是同一性的非统一性原则。

对于同一性原则，启蒙每一次都令人惊奇的指责它，但是在阿多诺看来，"启蒙实际上没有留下任何形而上学的真理内容，用现代音乐的术语

---

① 阿多诺：《否定的辩证法》，重庆出版社 1993 年版，第 142 页。
② 阿多诺：《否定的辩证法》，重庆出版社 1993 年版，第 156 页。
③ 阿多诺：《否定的辩证法》，重庆出版社 1993 年版，第 157 页。
④ 阿多诺：《否定的辩证法》，重庆出版社 1993 年版，第 407 页。

来说是近乎无声。"①这是因为启蒙理性并没有如它所说的那样彻底的否定同一性原则，事实却是二者之间存在着某些必然的关联，这种关联就在于同一性原则。根据同一性原则的要求主体与客体的二元对立必然要依靠某一原则统摄另一原则，也就是客体应丧失其自身，容纳到主体当中，才能真正实现统一性。而启蒙以来所提倡的首要原则就是主体性原则，启蒙即启主体自身之"蒙"，也正是自启蒙开始，人的主体性获得了至高无上的地位，这是同一性原则的要求。对于这一问题，哲学所采取的方式则是一种倒退的方式，"那种想直接把握杂多的幻想将是一种模仿性的倒退，像同一性思维一样退缩进神话中，退缩进混乱的恐惧中。这是靠压制盲目的自然来模仿盲目的自然，导致神话的统治的相反一极。启蒙的自我反思不是废除启蒙：只是为了取悦于今天的现状启蒙才被破坏了。"②即在阿多诺看来，启蒙仍然是偶像崇拜、神话的奴役，"正如在一个无意识的社会里，神话般的自然的力量扩大再生出自身一样，它再生的意识范畴、包括最启蒙的意识也将在魔法的支配下不可避免地成为幻想。"③

启蒙的同一性原则使得主体与客体之间达到了虚假的同一，这种虚假的同一是通过物化意识来实现的。"只有不倦的物化意识才相信、或者才说服别人相信，它拥有客观性的照片。"④这种物化意识是如何产生的呢？在阿多诺看来，人的自我同一性和自我异化在一开始就相伴而存在，同一性的原则导致了绝对的决定性原则，每个个人作为一种对象化的性格而言，具有独一无二的特性，这样就使他与其他人、其他事物处于相互对立的境遇，因此阿多诺认为个人在这种境遇中成为了某种外部的东西。这种东西具有这样的特性：服从于因果性的物质世界模式。"哲学的主观主义是资产阶级自我解放意识形态的伴随物，它为这种解放提供了根据。它的顽强活力来自对现状的一种方向错误的反对中，来自对现状的物性的反对

① 阿多诺：《否定的辩证法》，重庆出版社1993年版，第408页。
② 阿多诺：《否定的辩证法》，重庆出版社1993年版，第155页。
③ 阿多诺：《否定的辩证法》，重庆出版社1993年版，第348页。
④ 阿多诺：《否定的辩证法》，重庆出版社1993年版，第204页。

中。哲学在把这种相对化或液化时，相信自己要凌驾于商品的优势之上，凌驾于这种优势的主观反思形式即物化意识之上。"① 在哲学看来，虽然物的自然存在具有优先的地位，但是世界的物性仍旧是现象，它使主体自身所具有的生产关系通过物的形式获得了一种新的表达方式，"商品拜物教并不归罪于主观上迷路的意识，而是客观地从社会的先验、即交换过程中演绎出来的。"② 阿多诺认为这是马克思在商品拜物教的阐述中为我们揭示出来的，他引证了马克思对于商品经济的论述，认为商品的特性是对客体的一种扭曲：商品是通过交换来实现的，在交换获得其存在的客观性的同时，它在客观上又是不真实的，在资本主义经济中它违反了自身的平等性原则，这样就使其产生了一种虚假意识。"商品交换的社会的自然增长才是一种自然的规律，经济的先定统治不是不变的。思想家很容易宽慰自己，想象自己在消除物化、消除商品特性时拥有智者的宝石。但物化本身是虚假客观性的反映形式。以物化、意识的一种形式为中心的理论唯心主义的使批判理论成了统治的意识和集体的无意识可接受的东西。"③ 阿多诺也借用西方马克思主义创始人卢卡奇的物化理论，认为卢卡奇对物化批判所产生的一个直接后果，就是使人类受到苦难的真正原因在对物化的现实批判中被掩盖，将灾难的原因归结于一些使人类无能和冷漠的关系，而这些关系是可以被人们的行动所改变的。阿多诺在这里所指称的是卢卡奇通过对物化和物化意识的批判，将问题的根源归结为物化意识，想要通过无产阶级克服物化意识达到消除物化的结果。在这样的看法中，物化就被当作了一种"副现象"，不仅如此，异化和与之相应的主观意识状况也只是一种附属品。事实上，这在阿多诺看来是不可能完成的，"早期卢卡奇渴望重新到来的有意义的时代正如他后来证明它只是资产阶级的时代一样，也是物化、非人制度的产物"④，而只有把异化或者是物化看作是彻底邪恶

---

① 阿多诺：《否定的辩证法》，重庆出版社 1993 年版，第 188 页。
② 阿多诺：《否定的辩证法》，重庆出版社 1993 年版，第 188 页。
③ 阿多诺：《否定的辩证法》，重庆出版社 1993 年版，第 188 页。
④ 阿多诺：《否定的辩证法》，重庆出版社 1993 年版，第 189 页。

的。"如果他想把一切存在的东西推动成纯粹的现实性，那么他就会敌视他者，敌视异化并非徒劳的标志的相异物，就会倾向于非同一性——这种非同一性不但是意识的解放，也是和解的人类的解救。"①

在阿多诺看来，我们不能从现存的辩证法中排除掉这种异己的东西，如何才能排除异己的东西，他认为成熟时期的马克思著作在对物化原因和劳动分工的分析中改变了早期的立场。在这里并不是要直接排除物化，而是将物化当作一种中介物——人们的愿望不是为了获得超额的利润而是为了生活而进行生产，这样既保留了异己的事物，又使得这种异己的事物获得了存在的理由。在这里，阿多诺更为清晰地表明了他的思路，即并非采取否定的方式将同一性原则和其具体表征——物化简单的排除出去，而是借用"中介"的概念，将同一性原则作为通达最终的非同一性所必不可少的中介环节；同时也将物化作为最终扬弃物化的必经道路。这样阿多诺就以批判作为中介环节，通过在辩证法同一性中追求非同一性的过程，构建了自身的否定辩证法。

在阿多诺看来，辩证法就是一个贯穿同一性的非同一性的意识，因此辩证法包含着双重的意识。辩证法绝不是一个直线性的过程；真正的辩证法应该既包含着前进的过程（这是由同一性原则所决定的），也包含着一个逆行的过程（这是由非同一性原则决定的），而圆圈的概念恰好准确地描绘了辩证法的基本特性。辩证法的逆行过程也就是概念的展开过程，"不论在哪一种情况下，概念都被当作一种自给自足的总体，哲学思想没有支配它的权力。实际上，一切概念、甚至哲学的概念都涉及非概念物。因为概念本身是现实的要素，现实首先为了支配自然而需要概念的形态。"②正是因为概念的这种特性，它总是将相反的东西包括进来，这就使辩证法在获得同一性原则的同时获得了对其更为至关重要的否定性原则。但是这种对概念的理解也非概念拜物教，概念性包含着对自己的概念不满

---

① 阿多诺:《否定的辩证法》，重庆出版社1993年版，第189页。

② 阿多诺:《否定的辩证法》，重庆出版社1993年版，第10页。

意的成分，由此，"尽管由于把非概念作为它们的意义包括进来，使非概念性在倾向上成了它们的平等物，因此使它们作茧自缚。概念的实质对概念自身来说是内在的，即精神的，同时又是先验的，即本体的。意识到这一点，就能摆脱概念拜物教。"[①] 否则对概念的理解就会陷入康德所指出的空洞的深渊。

现代社会的问题也是如此，在《否定的辩证法》中阿多诺对这一问题作出了集中的概括：在现代社会中，"哲学的需要发生了一种不知不觉地变化：从对实体和固体的需要变成一种避免社会曾实行的、并且绝对支配其成员的精神物化的需要。避免这种精神物化的手段是一种谴责这种物化的形而上学，这种形而上学求助于一种不能丧失的起源来限制物化。"[②] 现代社会正在于将这种同一性原则作以实质性的夸大：从原有的领域上升为追求精神上的同一性。这样就造成了主观化和物化获得了一种难得的一致性：知识越被机能化为一种认识的产物，它的运动要素就越被完全地当作主体的活动而归于主体，客体就成了在其中凝结劳动成果的死物。因此，现代社会的种种问题正是因为社会丧失了非同一性和否定性所造成的，想要恢复其原有的意味就应该通过注入非同一性原则从而恢复其生机和活力，而非同一性原则的恢复就应该依靠辩证法的力量。

依靠概念的辩证法克服问题就要依靠否定性。否定性并非否定同一性，阿多诺旗帜鲜明地指出："对统一性的抽象否定不适合于思维。那种想直接把握杂多的幻想将是一种模仿性的倒退"[③] 在阿多诺看来，同一性的自我批判的倾向也依赖于概念，依赖于凝固起来的综合，这是因为综合可以通过反思自身对各种杂多的统摄倒转过头来，因此只有同一性自身才能克服同一性。"绝对——正如它浮现在形而上学面前那样——将是非同一物，这种非同一物直到同一性的强制性消失之后才会出现。没有同一

---

① 阿多诺：《否定的辩证法》，重庆出版社 1993 年版，第 10 页。

② 阿多诺：《否定的辩证法》，重庆出版社 1993 年版，第 87 页。

③ 阿多诺：《否定的辩证法》，重庆出版社 1993 年版，第 155 页。

性，辩证法就不是整体，"①在这里阿多诺用非同一性或否定性并非指通过对一物的倡扬而反对另一物，而是一物（同一性）自身的批判性的自我否定，这样的否定才能符合辩证法的基本精神。"非同一物不像某种自身是肯定的东西那样可直接获得，也不是靠对否定之物的否定来获得。"②这种否定不像黑格尔的否定一样是对肯定物否定的一种确证，仅仅作为一种形式原则而存在。否定不是肯定原则的一个附属物，而是与肯定力量的崇拜恰恰相反，阿多诺认为，"否定之否定并不会使否定走向它的反面，而是证明这种否定不是充分的否定。否则，辩证法——在黑格尔那里，辩证法使自身一体化是以牺牲它的潜能为代价的——便最终也不关心起最初被设定的东西。"③而真正的否定是在否定的东西消失之前都一直是否定的，因此，用同一性来平息辩证矛盾、平息不能解决的非同一性物的矛盾就是忽视辩证法所指的东西。在这里，阿多诺提出了否定辩证法的一个原则，即"使真理具有否定地把握那种渗透客体——并抹去客体直接的、如此这般的外观——的知识的资格听起来就像是作为'与客体相符合'的知识的否定辩证法的一个纲领"。④这样否定的辩证法就真正颠覆了黑格尔对统一性的追求，也使得黑格尔的体系哲学被彻底颠覆，辩证法的力量源泉不再是对肯定性的追求，而体现为他者对同一性的抵制，这才是辩证法的力量所在，这样的辩证法也才是否定的辩证法。

否定的辩证法是克服现代社会问题的力量源泉，现代社会问题的核心在阿多诺看来是同一性所导致的批判力量丧失的问题，这使其失去了其内在的向上的动力。这种向上的动力应该生发于现代社会自身的，而如今却变为了一种丧失殆尽了的、或者依靠外界推动的力量，"革命后的资产阶级开始倒退：他们把强制性本身实在化为绝对。"⑤阿多诺指出："社会的自

---

① 阿多诺：《否定的辩证法》，重庆出版社1993年版，第347页。
② 阿多诺：《否定的辩证法》，重庆出版社1993年版，第156页。
③ 阿多诺：《否定的辩证法》，重庆出版社1993年版，第15页。
④ 阿多诺：《否定的辩证法》，重庆出版社1993年版，第158页。
⑤ 阿多诺：《否定的辩证法》，重庆出版社1993年版，第407页。

然规律被实在化为不变的自然既定性，那么它也就成了意识形态。但这种自然规律性作为无意识社会的运动规律是现实的，《资本论》在反精神的现象中从商品形式的分析到崩溃理论都探索了这一点。"① 这一问题体现在哲学上就是，"生活哺育了一种预感的恐怖：应该被认识的东西也许类似于脚踏实地的东西，而不是类似于崇高的东西；也许这种预感甚至将在平淡的领域之外得到证实，尽管思想的幸福、它的真理性的全体唯一存在于崇高之中。"② 这样一来，否定性的丧失也导致了其中应呈现的人类形而上精神追求也随之丧失，"人类精神的内在性所抓住的超验性既成了精神的总体性，同时又被废除了。因此，超验性越是被启蒙分解为世界和精神，它就越成为秘密的。仿佛它在一个最高点上专注于一切中介似的。"③ 否定的辩证法才能真正恢复其内在的力量。在否定的辩证法中，现代社会的未来发展不能听命于一种与它不同的东西的模式，它必须获得两种力量：一是一种愿望，它将生活的需要包含于自身；二是获得一种在思想中否定自己需要之物的力量，在这种否定性中幸存下来。这就是否定性的力量与人类形而上精神的结合，这才是未来发展真正力量之所在。这样的观点"砸开了那种按概括性的总括概念来衡量无望的孤立的东西的外壳，破除了它的同一性、即那种认为它只是一种样品的幻觉。在同一性衰落之时，这种思维便和形而上学团结一致了。"④

可见，阿多诺《否定的辩证法》的理性旨要就表现为，它是"始终如一的对非同一性的意识"。当然，阿多诺清醒地意识到这种否定的辩证法立场极有可能从批判普遍性、概念和同一性的一极倒向个别性、非概念和非同一性的另一极的潜在危险，重蹈传统形而上学的覆辙（正如他批判海德格尔那样）。于是，他在批判传统形而上学的同时，也在重建批判的非同一性形而上学。这一辩证法在一定意义上与马克思的革命的批判的辩

① 阿多诺：《否定的辩证法》，重庆出版社 1993 年版，第 356 页。
② 阿多诺：《否定的辩证法》，重庆出版社 1993 年版，第 365 页。
③ 阿多诺：《否定的辩证法》，重庆出版社 1993 年版，第 403 页。
④ 阿多诺：《否定的辩证法》，重庆出版社 1993 年版，第 149 页。

证法具有"异曲同工"之妙。马克思在《资本论》第一卷中，强调他的批判的革命的辩证法与黑格尔的辩证法有着本质的区别，"我的辩证法，从根本上来说，不仅和黑格尔的辩证方法不同，而且和它截然相反……辩证法，在其合理形态上，引起资产阶级及其空论主义的代言人的恼怒和恐怖，因为辩证法在对现存事物的必然灭亡的理解；辩证法对每一种既成的形式都是从不断地运动中，因而也是从它的暂时性方面去理解；辩证法不崇拜任何东西，按其本质来说，它是批判的和革命的。"阿多诺基于马克思的批判的革命的辩证法对事物之"否定"、"必然否定"和"暂时性"方面的理解，认为传统形而上学都对否定做了肯定的对立统一的泛化理解，即否定之否定等于肯定；但是，否定之否定绝不会导致肯定，因为概念不能穷尽所认识的事物，人们对事物形成同一性的认识实际上只是事物的幻想而已。在阿多诺看来，辩证法只能是持续的否定状态，并对任何稳定性的和确定性的状态持怀疑、批判的态度，对于否定的辩证法而言，否定就是不包含任何肯定因素的绝对否定，否定就是目的，否定就是一切。当阿多诺把"持续不断的否定"作为否定辩证法的核心时，《否定的辩证法》在批判概念的同一性逻辑基础上重建非同一性形而上学的全部努力，最后不得不跌入黑格尔绝对理性主义的怀抱，因为这一"持续不断的否定"真正说来除了"否定"之外不可能再有任何确定性的内容（这正是阿多诺始终坚持的辩证法"崩溃的逻辑"之真正的逻辑必然），因此，阿多诺所要重建的非同一性形而上学仅仅还是一种对未来理想社会之"乌托邦"幻想。

　　这样阿多诺通过《否定的辩证法》深化了《启蒙辩证法》的主题：《启蒙辩证法》通过对启蒙的悖论——启蒙为人类设计了美好的前景却事实上造成了人类生存的困境——这一问题的根源进行直截了当的批判；《否定的辩证法》则在《启蒙辩证法》指出的种种问题、重重困境的基础上，指出了解决问题的出路，即克服单纯的同一性原则，将辩证法真正还原为否定的辩证法——同一性原则基础上的非同一性原则，将现代社会的问题重重作为通达自身目的的中介环节，最终向着人类精神形而上追求的终极之境迈进。从《启蒙辩证法》到《否定的辩证法》这一思想逻辑的推演，体现出理想性与现实性的统一：理想是推动人类社会不断前行的精神动力，是人类的价值理想和终极关怀指向的完满的生活境遇和精神境界。它为人类提供一种关于人的生存意义的关怀，提供一个超越性的、精神性的境界，人们正是在无限追求理想的过程中不断充实自己、完善自己、发展自己。任何理想性问题的实现都不是简单的"线性"过程，而是一个面对现实问题、解决现实问题与升华为理论问题和探讨理论问题的"螺旋式"上升的过程。辩证法的理想性在与现代社会重重问题相互作用的路途中又获得了现实性的力量：对自身所处的社会历史状况、自身所感受的现实生活境遇、自身所面对的社会政治结构和制度自觉地进行反省，从而向自身向往的应然状态迈进。因此，辩证法不应仅仅被理解为一种方法，而是人存在于某种境遇中的生活方式，这可能是对辩证法更为本真的理解。

阿多诺对辩证法的理解也对当代中国青年人对马克思辩证法的理解产生了一定程度上的影响，有助于从辩证法所具有的否定性和批判性层面审视马克思辩证法所具有的思想力量，也有助于我们破除在一定历史时期对辩证法作出的简单化理解，而真正关注辩证法的理论精髓和思想实质。但与此同时，我们也应帮助青年人看到，阿多诺对马克思辩证法的理解仍然将其还原为理论逻辑的否定性，而没有看到马克思辩证法的真正力量是将批判的武器变成了武器的批判，即通过实践方式将内在否定性以现实的力量呈现出来，并将其看作是整个人类社会历史发展的内在力量。这一点是马克思实践辩证法所独有的特点，在阿多诺那里我们却看不到这样的痕迹。与此同时，我们更应该看到，现代社会的种种问题不仅仅是辩证法的问题，更是经济基础和制度的问题：在资本主义的社会条件下，社会制度本身已经为危机埋下伏笔，辩证法自身的否定性和自反性也无法真正实现和达到，齐一性的文化形态和同一化的意识形态已经决定辩证法自身的非同一性已经成为梦想。因此，现代社会的危机是制度的危机和社会的危机，其不能仅仅依靠去除理性和改变辩证法来达到，而应该在马克思的意义上实现制度的改变，这一点是这位思想家所没有看到的。

十二　马尔库塞：拒斥单向度的人与追求丰富的生活

西方马克思主义思潮之所以能够在当代青年人当中引起广泛的反响，原因在于其中所蕴含的对现代社会危机的审视在一定程度上能够引起当代青年人的思想共鸣。对工具理性、生态异化、消费异化、大众文化异化和日常生活异化等问题的揭示，能够让沉醉于其中的人们产生一定程度上的警醒。因此，现实性的气质就构成了当代青年人接受并赞同西方马克思主义思潮一些观念的重要原因。马尔库塞就是这样一位具有现实性批判气质的哲学家。他著作尽管深奥难懂，但在其深奥难懂的语言中却负载着大量关于急剧变化的当代世界的信息，跳动着这个特定时代的脉搏，也倾注了其对人类命运的关切。在他看来，现代西方工业文明社会虽然在物质上富裕了，但在精神上却是压抑人的病态社会，对人的社会生活和异化状况的关注，倾注其哲学的整个发展历程之中。

似乎在谈论任何关于异化问题之时，都会出现这样的疑问：如果人是具有理性的，为何意识不到自由的丧失？人类理性总是在不断自觉中促使人类反思，为何随着科学技术的发展，理性的功能在减弱？是人之错还是人类社会之错？基于这些疑问，马尔库塞给出了自己的答案。人类不是一开始便受制于任何外在统治形式的，而是出于人类需要的本质日益与个体发展相分离的原因。人类渴望自我需求的满足，但人同时又不是绝对独立的个体，当人们误把社会的需要当作自己的需要时，个人的理性、自由便容易被社会或社会中的某人、某团体所"利用"，"思想的独立、自主和政

133

治反对权，在一个日渐能通过的组织，需要的满足方式来满足个人需求的社会里，正被剥夺它们基本的批判功能。"[1]个人在日益把自我意识与自我自由消融在社会之中的同时，也正在为社会理性的合理性构筑基石。个人在"无意识"中成全了社会的整体性，理性只能自觉到理性认为合理范围内的自由，而不幸的是，这种合理范围正是社会强加给人的。所以，理性理所当然地失去了应有的批判功能，而只对个体自身是否实现了现实的自我感兴趣。更加不幸的是，在现代社会，现实的自我与社会化的自我是同一的。人类在自由、需要各个层面对社会全面地妥协，因此，这种局面下的人类的自由、需要也是虚假的，"'虚假的'需求是指那些在个人的压抑中由特殊的社会利益强加给个人的需求：这些需求使艰辛、侵略、不幸和不公平长期存在下去。这些需求的满足也许对个人是最满意的，但如果这种幸福被用来阻止发展那种鉴别整体的疾病并把握治愈这种疾病的机会的能力（他的和别人的）的话，就不是一种应维持和保护的事情。"[2]从另一种角度分析需要的前提，普罗泰戈拉说过："人是万物的尺度"，也就是个人的需要总与个人的判定相关，这种无论是作为需要的还是自由的判定标准实际上都有一定的先验性，也有一定的多样性，虽然这些标准在人类性的意义上可能存在合法性的根据而作为认识的基础，但归根结底，它不是由任何外在力量强制执行的。所以，马尔库塞试图在这种压抑性现实中，用否定的方式（新方式）去揭示真正的自由。"经济自由将意味着摆脱经济——摆脱经济力量和关系的控制，摆脱日常的生存斗争，摆脱谋生状况。政治自由将意味着个人从他们无力控制的政治中解放出来。同样，思想自由将意味着恢复现在被大众传播和灌输手段所同化的个人思想，消除'舆论'，连同它的制造者。"[3]新的方式意味着否定，意味着批判，而批判又来自认识到了一种与新方式对立的新统治形式的出现。

这种新统治方式区分作为个人的发展与社会的发展，更具体而言，是

---

① 马尔库塞：《单向度的人》，重庆出版社 1988 年版，第 4 页。

② 马尔库塞：《单向度的人》，重庆出版社 1988 年版，第 6 页。

③ 马尔库塞：《单向度的人》，重庆出版社 1988 年版，第 5 页。

通过社会发展压抑个人发展以体现一种异化的社会核心——科学技术。技术成为了社会发展的目的，个人不再为了自身发展创造价值，而是在社会发展的大洪流中消磨自己。"尽管人们可以非难一个在嘲笑这种观念的同时又使其人民成为全面管理对象的社会的正当性。一切自由都取决于对奴役状态的意识，而这种意识的产生总是受占统治地位的需求和满足所阻碍，而且这些占统治地位的需求和满足在很大程度上已成为个人自身的需求和满足。"[①] 人们不仅在社会压制性总体的统治下失去了个人自由，而且更在这种总体性下逐渐承认了社会不合理性的正当性。也就是说这种不合理性的社会形态已经"投入"自我意识的内在，成为我不假思索便认可的东西。而人们却并没有意识到自身的同化正在发生，一切社会内部的变化虽然不能给予人们应有的自由，但在制度范围内提供的合理性仍然可以迷惑人们的理智，所以马尔库塞说："如果个人在那些塑造他们生活的事物中寻找自身，那么他们这样做不是因为提出了事物的法则，而是因为接受了事物的法则——不是物理的法则，而是他们社会的法则。"[②] 人类如果不能理解并遵循真正的自由，就不能真正认识自身，塑造自我，"异化了的主体被他的异化了的存在所吞没"[③] 是必然的结果，一切非异化的现象只是异化了的存在的假象，人们乐于在这种假象中生活，是由于一种"虚假意识"[④]。已经由一种能被清晰认识到的意识转化一种普遍的生活方式，这种危害已经远远超过科学技术本身所造成的负面影响，这种危害的深化成就是人类真实意识的瘫痪，无法认识到生活的真相也就是无法矫正人性的异化，也就是承认了人类单向度的生活方式的合理性。

正是这样的危机使我们不得不意识到一种新的统治形式正在盛行，并在政治、经济、文化领域一一展开。在政治领域，对立双方在外在利益的驱使下有了取消敌对、斗争的可能，人们不知不觉地形成了一种凝聚力，

① 马尔库塞：《单向度的人》，重庆出版社 1988 年版，第 8 页。
② 马尔库塞：《单向度的人》，重庆出版社 1988 年版，第 11 页。
③ 马尔库塞：《单向度的人》，重庆出版社 1988 年版，第 11 页。
④ 马尔库塞：《单向度的人》，重庆出版社 1988 年版，第 12 页。

但却是建立在对技术价值的臣服之下。不得已出现的斗争也是受潜在的技术、科学支配下的生产力发展水平相互抗衡的结果。它们扭曲了各自社会发展的本质，把部分当作全面，最终仍然在受制于技术理性的局面下浑浑噩噩。"当资本主义遇到共产主义的挑战时，它就遇到了它自身的能力的挑战：在削弱了阻碍生产力发展的私人谋取利润之后，使全部生产力取得惊人的发展。当共产主义遇到资本主义挑战时，它也就遇到了它自身能力的挑战：提供惊人的舒适、自由，并减轻生活负担。两种制度都有这些未被认识到而被歪曲的能力，而且在这两种制度中，归根到底理由都是一样的，即反对那种会使统治的基础解体的生活方式。"① 不仅这种"新的统治形式"在政治上体现为压抑性的妥协，且在文化中更为突出，表现为对高级文化的敌对，对艺术本质的曲解，导致了低价价值观的盛行。而对这些文化因素的抵制正是由于技术理性自身的要求，技术理性讲求可操作性与一致的秩序，而当这种原则扩充到了人类生产以外的领域，技术理性转化为价值观，左右人们对于人类精神生产与产物的判断。"今天的新特点是通过消除高级文化中敌对的，异己的和越轨的因素（高级文化借此构成现实的另一向度），来克服文化同社会现实之间的对抗。这种对双向度文化的清洗，不是通过对'文化价值'的否定和拒绝来进行的，而是通过把它们全盘并入既定秩序，在大众规模上再生和展现它们。"② 面对"新统治形式"向社会全面展开的异化形势，除了要在人类的心理前提给出合理的解释，还需要理解这种统治得以现实化的逻辑——也就是从否定性思维到实证性思维的逻辑。

从否定性思维到实证性思维的路径的给出，就是要对纯科学形式与实证科学的本质作出区分，以便更好地理解技术统治的逻辑内涵。在马尔库塞看来"自然的定量化"③ 是纯科学的内在属性，它不同于人们生活的价值世界，科学与形而上学内在的分离，这是马尔库塞理解科学的前提。"自

---

① 马尔库塞：《单向度的人》，重庆出版社 1988 年版，第 47 页。

② 马尔库塞：《单向度的人》，重庆出版社 1988 年版，第 49 页。

③ 马尔库塞：《单向度的人》，重庆出版社 1988 年版，第 124 页。

然的定量化，导致根据数学结构来阐释自然，把现实同一切内在的目的分割开来，从而把真与善、科学与伦理学分割开来。"①科学自然地站在了客观世界这一边，人的主观的非现实化因素从一开始便不从属于科学。但实际上，客观与主观无论在理论或是实践上都不能截然分开。客观依赖于主观，依赖于使自身客体化的主体。这样一来，纯科学领域与人类的生活世界复杂地交织在一起。马尔库塞认为这种交织造就的正是现代技术。"纯科学不是被应用的科学；它撇开了它的功利性，保持自身的身份和有效性。而且，这种关于科学根本中立性的观念还被扩展到技术上。即使机器的社会用途仍属于机器的技术能力范围之内，机器对这些用途也是漠不关心的。"②纯科学被代入人类的现实生活、被"灌以"技术之美名，但谁又能料想到技术正是带来新型统治形式的原因，正是由于科学的纯形式被打破，科学的工具理性性质被诱发，人类日益习惯于把科学等同于技术，模糊了彼此的界限，而在社会的总体性中这种技术取代纯科学的趋势越来越明显。不能否认，人对自然改造是人类进步的合理要求，但是当进步的形式取代了进步的实质而且有绝对重要性时，技术的统治便指日可待。"今天，统治不仅通过技术而是作为技术而使自身永久化并不断扩大，技术为不断扩大的同化所有文化领域的政治权力提供了很大的合法性。"③技术，从它的产生初衷来看是为人服务的，也就是最大限度地满足人类生活的需要。但技术在今天通过政治手段的扩大保全了自身的永久性地位，却把人的合理性发展搁浅了。这是一种技术目的论的曲解，也是对于技术本体论的误解。技术以如此方式与实践越加紧密地结合，我们愈加看到的是人性危机的诞生与蔓延。

　　马尔库塞在《单向度的人》中极力说明人类异化的现象，提出一种新的统治形式正在蔓延，为人性的异化敲响了警钟。从根本上，这种异化在社会中的种种表现，在人类生产中的种种形式，在科学技术的演变方式上

---

① 马尔库塞：《单向度的人》，重庆出版社 1988 年版，第 124 页。

② 马尔库塞：《单向度的人》，重庆出版社 1988 年版，第 13 页。

③ 马尔库塞：《单向度的人》，重庆出版社 1988 年版，第 135 页。

都是由于人性在一种扭曲的文化中失去了面向解放、面向自由的合理维度。为了揭示人性的真正内涵，马尔库塞的《爱欲与文明》成为我们反观人性历史与透视人性前景的力据。在对这一点的认识上，马尔库塞与弗洛姆是一致的，即都认为必须以解放人性、克服人性压抑的方式，真正超越社会的异化、人的异化。只是关于实现的方式，二者有所差异。弗洛姆强调在对人性、人格结构的全面认识上展开人性本身以达到对健全的人、健全的社会的合理建构；马尔库塞认为可以通过对艺术本质的发挥，对审美的理解，把美的理念放置于人性合理化进程之中，用美的憧憬唤醒自由的力量，唤醒人类对理性与感性的应然尺度的认知。

在马尔库塞看来，压抑性是造成现代文化非人性的根源。他引用弗洛伊德对人原始压抑性的分析指出，从父权压抑到现代的工作压抑都由于人类原始的"负罪"心理，也就是"俄狄浦斯情结"，这种情结根源于"本我"，也就是由于人类的先天与母亲相连又不得不分开的事实，造成了这种本能成为了对人性的普遍共识。而当"本我"的这种情结在"超我"中起了作用，人类既面对着本能的依赖，又面临着对本能的杀戮，对本能的强烈扼制在人类的心理上造就了强烈的"负罪感"。但从文明的角度来看，这种负罪感的增强正是对文明进步的促进，负罪感作为一种人性本能与人类文明相联系的直接动力，在弗洛伊德看来是一种"升华"作用，即人类在由本能转向文明的维度时，压抑性导致了性欲向非性欲化的升华，本能负罪感向对社会文明的依赖感升华。从根本上说，就是越是对人性本能加以压制，人类文明表现得越为突出，但这种关系时刻潜藏着危机。"文化要求不断升华，从而削弱了爱欲这个文化的建设者。由于爱欲的削弱而导致的非性欲化解放了破坏性冲动。因此文明又受到本能分化的威胁。在本能分化中，死亡本能力图压倒生命本能。克制产生了文明，克制的加强又发展了文明。这样的文明势将导致自我毁灭。"①文化的缔造者说，文明的缔造如果是建立在以人性压抑的形式展现文化整体性的基础上，那么人性势必

---

① 马尔库塞：《爱欲与文明》，上海译文出版社 1987 年版，第 59 页。

赢来不合理的分裂，由于非性欲化增加，人类试图通过其他本能方式释放自我的"力比多"，死亡成为一种可靠的选择。在这样一种恶性循环似的人性与压抑性的斗争中，不仅人性最终得不到解放，文明的进步也仅意味着一种异己的力量的增强，文明与人性的关系变得紧张起来。"文明的进步将会使这种合理性变得荒谬了。现存的自由与满足同统治的要求紧密联系，它们本身成了压抑的工具。缺乏一开始就成了机构化的压抑辩护的借口，但在人类知识和对自然的控制使人能进一步以最少的劳动来满足人类的需求时，这种借口就越来越不管用了。"[①]在压抑性中产生的文明不可能以满足人类真正需求为根本目的，制度的谎言在于让人们沉浸在自我保护的假象之中，忘记自由的含义，忘记可以解放自身压抑性的一切可能。

压抑性特点是人性与文化不和谐造成的后果，弗洛伊德指出了人性的一切本能特征，实际上表达了他欲求回归真实本能的愿望。但马尔库塞把着眼点侧重放在不仅是对压抑性的消除，而且也指出被压抑的人性也需要消解，对本能的完整彰显也同样不利于建立良好的文明形态。"本能的解放（及随之而得到的完整的解放）将破坏文明本身，因为只有通过克制和工作（劳动），换言之，通过对本能能量的压抑性利用，文明才能得以维持。一旦摆脱了这些压制，人就不能工作、无秩序的生存，就将回到破坏文化的自然的怀抱。"[②]这是保存本能的直接后果，本能的解放并不意味着人性的合理性复归，而是极端地释放了过多的"力比多"，偏袒本能的后果是回到没有文明的原始社会，破坏力的凸显正是本能最自然的彰显。在马尔库塞看来，这是依循弗洛伊德的路径，但要合理解放人性，需要对人性进行"创造性的接受。"如何实现创造性，马尔库塞把重点放在了对"审美"活动的分析上。他认为，"艺术工作是真正的工作，它似乎产生了一种非压抑性本能，并且有一种非压抑性的目标。"[③]在艺术领域，人类可以找到人性的应然目标，不是片面地回归本能活动，也不是在外力的强制下

---

① 　马尔库塞：《爱欲与文明》，上海译文出版社1987年版，第65页。
② 　马尔库塞：《爱欲与文明》，上海译文出版社1987年版，第128页。
③ 　马尔库塞：《爱欲与文明》，上海译文出版社1987年版，第59页。

实现工作的任务，而只是在一种纯形式下完成感性与知性相结合的活动，借用康德的话语方式就是"审美"。"审美知觉既是感性的，又不只是感性的（'第三种'基本机能），因为它提供快乐，因而本质上是主观的；但就这种快乐是由对象本身的纯形式构成的而言，它也伴随着对任何知觉主体来说普遍必然的审美知觉。"[1]康德对审美的认识也体现着他对对象性思维方式的根本改造。人类必须自知自身的先天能力，对象的被给予条件才可成立、富足。人的这种先天能力被康德叫做先天综合判断，先天能力与对象形式在一定程度的结合有赖于人的主观能动性。在审美活动中就是"审"的过程，也就是知性统觉的过程。因此，"审美"在一定意义上是最直接面对对象的活动，最能体现人性的创造能力。实际上就此可以看出，创造能力并不是真的"从无到有"的原生过程，而是人类在理解真实自身以后的发挥过程。所以马尔库塞总结出有关审美活动的两个范畴："无目的的合目的性"和"无规律的合规律性"，[2]并认为这是一种真正的非压抑性秩序的本质。"无目的的合目的性"在审美维度体现的是对对象的真正解放，不用目的性去局限活动本身，不带有功用性去理解、完成活动，而只体现为主体与客体的纯粹联系，这样，便解放了对象，活动本身成了消遣的产物。"无规律的合规律性"表达了对自由的本质的认识，不在自由之中预设任何一种自由的理念，自由的规律便是无规律，正如不能把人性看作是固定的本能的相互结合，人性也同样需要一种内在的张力，去理解人类的生存状况。"美的秩序产生于支配着想象的消遣的秩序。这个双重秩序是符合规律的，但这些规律本身是自由的，因为他们不是被强加的，也不要获得某些特定的目标和目的；它们是生存本身的纯形式。这种审美的'合规律性'把自然与自由、快乐与道德结合起来。"[3]在美的秩序中才可能发掘合乎人性与社会性相契合的关节点。马尔库塞认为，康德的审美认知在一定程度上为压抑性的人格找到出路，他

---

[1] 马尔库塞：《爱欲与文明》，上海译文出版社1987年版，第129页。

[2] 马尔库塞：《爱欲与文明》，上海译文出版社1987年版，第129页。

[3] 马尔库塞：《爱欲与文明》，上海译文出版社1987年版，第131页。

在此路径上以审美活动的内在结构重塑人性的内在结构，呈现出的便是具有创造性的人性，这种创造性一定是基于人性潜能的发挥，人性本能的合理重组，而不是臆造。

马尔库塞还十分重视对席勒美学思想的深度挖掘。"'享受与劳动相分离，手段与目的相分离，工作与报偿相分离。由于人自始至终被束缚在构成整体的某个很小的部件上，所以也只能把自己塑造成为一个部件。由于他所听到的一直是机器的单调的轰鸣声，所以永远不能发出自己存在的和声。他不是去塑造存在与其本性中的人性，而是成了他的职业、他的科学的纯粹印记'。正是文明本身'给现代人造成这种创伤'，因而只有一种新的文明才能治愈这种创伤。这种创伤是由人类生存的两极之间的对抗关系造成的。"①这里，马尔库塞认识到席勒发现当人类将生活的尺度、工作的尺度与美的尺度相分离时，人性便开始瓦解了，当美的尺度不再是作为一项重要参考时，人性在人类社会中的价值也在逐渐消失。解决这种状况的办法就是用消遣解放苦役，提倡"消遣冲动"。"这种冲动的目的不是'借助'某物来消遣；而是生命本身的消遣，它超越了欲望和外部强制，是无忧无虑的生存表现，因而是自由本身的表现。人只是在摆脱了内外、身心的一切压制时，只是在不受任何规律和需要压制时，才是自由的。"②人类的自由注定不是压制的产物，要积极转变生活的方式，才有可能获得真正自由。

从一种文化的角度来看，人类得以实现自身独立性，自由的途径是将工作转变为消遣的观念；将性欲升华到爱欲的观念。马尔库塞认为，做到这两点的转变，才是对现实的人有着革命力量的方式。"消遣和表演作为文明的原则，并不表示劳动的转变，而表示劳动完全服从于人和自然的自由发展的潜能。"③"爱欲具有的文化建设力量是非压抑性的升华，因为性欲的目标既没有被偏移，也没有受阻碍。相反，在获得这个目标时，它并

---

①　马尔库塞：《爱欲与文明》，上海译文出版社 1987 年版，第 136 页。

②　马尔库塞：《爱欲与文明》，上海译文出版社 1987 年版，第 137 页。

③　马尔库塞：《爱欲与文明》，上海译文出版社 1987 年版，第 143 页。

不就此罢休，还想追求其他目标，追求更充分的满足。"① 消遣与爱欲都是对压抑性解放的升华，它们都有一个共同的指向，即追求人的自由自觉的主体性之生成。也就是在马尔库塞看来，无论是以何种方式去解放人性，他的目的首先是面向人自身生成的，并且永远与文化发生必要的联系。

马尔库塞的人性乌托邦理论，包含有怎样摆脱发达资本主义社会压抑的探索，特别是他关于社会主义不仅要增加生产，消灭贫困，而且也要改变人的需要及其满足，要改变人在各方面的生存条件和性质的设想，是具有积极意义的。但是，马尔库塞夸大了意识革命的作用并把它同政治、经济的革命割裂开来。同时，对历史的解释是以弗洛伊德主义为理论基础的。它把抽象的人的本能欲望的冲突当作支配社会历史的力量，把本能欲望的解放当做意识革命的目标。特别是他认为在发达工业社会中，人们的劳动越来越成为一种痛苦的异化劳动，人们是在"异化中工作"。随着科技的发展和劳动分工的精细，人们在劳动中从事的是一些单调无聊的、翻来覆去的动作，这种劳动把人变成一种工具；劳动越来越成为追求物质享受的手段而不是目的，劳动根本不是自由自觉的活动。要摆脱异化劳动的痛苦，必须解放劳动，使爱欲进入劳动领域，才能体验到劳动是人们的本能得以发泄的自由消遣的欢乐。这种学说是用改造了的弗洛伊德的理论来修改马克思的学说，并非是发展马克思学说。

马尔库塞所揭示的当代西方发达工业社会的一些新情况以及他在理论上所做的研究和探索，对于我们如何运用马克思主义的基本原理和观点去重新认识资本主义、如何坚持和发展马克思主义，在客观上有一定的启迪作用。同时，马尔库塞的理论对于当代中国也有极大的借鉴意义。他的"单向度"的理论不仅揭示了市场经济与后工业社会文化导致的异化状况，而且对于整个技术进步进行了分析批判，对我们认识技术进步的真正目的和动力，避免使其成为凌驾于人的思想和行为之上的统治工具，更好地进行社会主义现代化建设都具有一定的借鉴意义。

---

① 马尔库塞：《爱欲与文明》，上海译文出版社 1987 年版，第 155 页。

　　这些思想也对青年人产生了一定程度的影响，从20世纪90年代以来，马尔库塞的思想就开始活跃在青年人的视野中，特别是其对"单向度的人"和"单向度的生活"的批判。在市场经济已经取得了一定程度上的发展，自由主义所提倡的权利、自由等话语已经在一定程度上深入人心，人们将经济利益和物质条件放在了相当重要的位置。一时间，青年人在追寻经济利益的同时产生了思想的困惑：仅仅凭借物质主义和技术主义能否真正给予人们理想的生活。而这一时期青年人在马尔库塞对资本主义单向度的生活的批判中看到了其对现代理性统治的批判、对物质和技术的批判，以及对人类社会未来前进方向的设想，这些思想都在一定程度上迎合了青年人的要求。但马尔库塞对单向度人的批判的前提，是资本主义制度，而单向度的生活也是在资本主义条件下人们生活的异化状况，他希望通过一种新的文明状况克服资本主义的危机。当代青年人没有看清这一前提，盲目地将其对资本主义的批判移植到当今的社会生活当中，容易产生一种负面的社会心理和社会意识。这就要求我们在青年教育的过程当中帮助青年人规避这些思想误区，帮助其在认识资本主义与社会主义本质区别的前提下，审视资本主义的危机和困境，从而坚定对社会主义制度的信心。

十三　弗洛姆：批判不健全的社会与重建人道主义的社会主义

　　埃里希·弗洛姆对当代青年人的影响集中体现在其对自由、人性等问题的探讨上。在物质生活的丰富性和经济理性的一维性下，如何获得全面而丰富的人性，从而更好地实现人的自由而全面的发展，这是富有激情和浪漫主义色彩的青年人所普遍关注的问题。对于这样一个问题，弗洛姆作出了系统的诠释。"人"作为弗洛姆研究的主题，他不是从人类理智出发分析人类主体与世界客体有怎样的对应关系，不是把知识的真理性认识作为其研究的方向，而是基于普遍心理学，基于对人的心理机制、性格结构和生存方式的认知，而努力展陈自己对人性的完整蓝图。

　　弗洛姆认为，在人类长期发展的漫长历史中，"自由"问题一直是每个时代都无法逃避的问题，在自由中永远渗透着人性与非人性的斗争。"自由"何以在人性的历史中处于重要的地位？中世纪与现代社会的对比给予我们启示。弗洛姆认为，"把中世纪与现代社会相比，其主要特点就是缺乏个人自由。在其早期，每一个人在社会秩序中的地位是被固定死的。从社会地位看，一个人很少有机会可以从这一阶级转到另外一个阶级之中；从地理位置看，他也很少有机会可以从这一城市或国家迁移到另外别的什么地方去。尽管人们没有自由（现代意义的自由），可并不感到孤独。由于人一呱呱落地，在社会中便有了一个明确的，不可改变的和无可怀疑的位置，所以他生根于一个有机的整体之中，他的生活也确有保障。一个人与他在社会中所充当的角色是一致的。"① 中世纪的自由缺乏，在实际上并没有被人们所清晰地意识到，也正是由于这种意识不清才使得人们获得了一定的归属感、安全感。在这样的社会中不用费力去设计自我人生，不用担心社会层面的不被认可。虽然其中体现出一定的盲目性和虚无性，但也使人性在一定层面上得到了安抚。文艺复兴打破了这种"宁静"，个体在社会中凸显。人们意识到了自由就是个性的发展，就是冲破宗教束缚的牢笼。随着束缚的不断破除，人们获得了所谓的"自由"，但这种"自由"并没有使人获得更多的安全感，"人们产生传统的束缚解除越多，自由也就越多，这样的社会是自然的。人们往往不能清醒地认识到，尽管我们已摆脱了自由的传统敌人，各种新的敌人还会接踵而来；自由的敌人，不仅有哪些引起外在的枷锁，而且还有那些阻碍我们充分实现人格自由的内在因素。"② 现代社会的自由正是如此，这种自由的状态并不能使人获得个人内在的满足感，而是在自由的假相中，依旧臣服于新造的权威。当然这种新束缚不像中世纪那样显而易见，而是隐藏在人们都不愿正视的自我意识之中。对此，中世纪与现代社会相比较，不难发现自由与人性并不是简单的等同关系，并不是自由得到的越多，人性便彰显得越充分，关键在于"自由"作为何种程度、何种性质的自由而被人们所接受，即弗洛姆所说的："自由问题不仅仅是一个如何'量'的问题，而是一个如何改变'质'的问题，我们不仅要维护和增加传统的自由，而是还要设法去获得这样一种新的自由：这种自由能使人们实现自己的自我，能使我们对自我、对人生充满信心。"③ 即自由具有量与质两个方面，而质是更重要的方面。因为自由总是人的自由，"自由的质"也就是人性之中所散发的真正品质，也就是人性的真正需求。弗洛姆分别从以下三方面分析了人性的特点，试图从中找到解决人性诸多问题的良方，解决人性的现代性问题。

弗洛姆首先从心理学角度加以分析，认为现代社会问题的首要表现便

---

① 弗洛姆：《逃避自由》，工人出版社1987年版，第61—62页。

② 弗洛姆：《逃避自由》，工人出版社1987年版，第142页。

③ 弗洛姆：《逃避自由》，工人出版社1987年版，第144页。

是"逃避自由"的心理机制。在弗洛姆看来，人或说人性必须是面对着社会这一对象才是有意义的。弗洛姆承认在原始的人与自然的关系中，人在自然的强制力下表现出的依赖性恰好满足了人性中对于归属感、安全感等心理机制上的需要，但是这样的人性是建立在无自由、毫无创发力的人性基础上的，所以必须被打破。人一旦只面向自然就体现为人的丧失，体现为人的被动接纳而不是主动创发。人只有在属人，同时属自然的双重条件下，也就是面对自然界中的社会与社会中的自然界，人才有可能实现真正的自由。而不仅是原始社会，现代社会也没有做好二者的有机融合。弗洛姆指出："人一出世，舞台已在等待着他。他必须饮食，从而也必须劳动；而这就意味着他必须在特定的环境下，按照他所出生于其中的某一种社会已为他决定性了的那种方式劳动。"[1] 无论人在社会中以何种方式存在着，都无法逃避这两方面，即人性的本能需求与人性的再生需求。"再生"也就是与人的对象以关系性的形式体现人本身的方式。第一种需求无论是何种社会形态都可使之得以满足，第二种关系性的需求是出现社会的多种形态的原因之一。"由生理条件所决定的需求并不是人性中唯一具有强制性的需求，它并不深植于肉体的过程中，但却也深植于人的生存方式的本质和生活实践中。这就是想与自身之外的世界发生关系，逃避孤独的需求。"[2] 在弗洛姆看来，逃避孤独与人的本性需求同样重要，因为他首先认定人只有在社会中存在才可称为人类。"人生的存在与自由从一开始就是不可分的。"[3] 这种自由是指一种"摆脱由本能决定其行为这种状况的自由。"[4] 人类在本质意义上就包含了社会属性，或面向社会的倾向，这一点是与马克思一致的。也正是由于人类的这种双重性质，注定了人类逐步走向个体化进程的脚步。弗洛姆对个人生命史进化过程，进行心理分析，挖掘现代社会逃避自由产生的原因及表现。认为，个人的生命与他人天然地

---

[1]　弗洛姆：《逃避自由》，工人出版社 1987 年版，第 32 页。
[2]　弗洛姆：《逃避自由》，工人出版社 1987 年版，第 33 页。
[3]　弗洛姆：《逃避自由》，工人出版社 1987 年版，第 50 页。
[4]　弗洛姆：《逃避自由》，工人出版社 1987 年版，第 51 页。

有着"原始关联"（primary ties）[1]，因此人一出生便不自由，但这种不自由不是指更内在的、深层的含义，而是说出了一种原初的事实，这种事实造就的是人类原始的安全感、从属感和踏实感，也就是"爱"的满足，这是人类从出生就蕴含的心理需求。而当胎儿与母体脱离的那一刻起，个体的独立历程便开始了，而肉体的脱体并不能代表精神独立性的一蹴而就。因此，原始的心理需要在个体化不断演进的过程中愈加鲜明，"日益发展的个体化过程的一个方面，就是自我力量的增长。……个体上过程的另一方面就是日益增加的孤独。"[2] 孤独感的产生正是原始关联的"后果"。随着个体化越来越突出，当人意识到个人行为与自身在社会中应当承担的责任时，一种逃避的冲动便产生了，而这种逃避并不是指逃避他作为人的事实而是指逃避作为人个体化的事实，也就是逃避他即将自由的事实。个体化越明显实际上人类脱离原始关联越彻底，也就意味着自由的可能，逃避个体化就是逃避自由。"放弃个人独立的冲动，使自己隐没在外界中，以克服孤独感和无权力感的冲动产生出来了。"[3] 冲动产生的后果便造成了现代社会，尤其是资本主义社会人异化的潜在推动力。人类在与外界失去天然关联的同时又在寻找替代品，资本主义制度给人以这种假象，即权威的力量可以代替原始关联给予人类的心理满足，人们在这种假象中迷失了自己，自由的维度也丧失了。毕竟，原始关联与资本主义权威不同，前者内在于人的全部历程之中，是人的固有内容之一，它对于人类性格、潜力的发挥无抵制作用；而后者，即资本主义的权威是企图利用人性的弱点（对权利的欲望），告诉人们人以外的任何利益，不以人为前提，而以统治为依据，所以是人性异化的开端。

　　逃避自由的心理机制的剖析提供了关于人性发展、自由尺度的部分图景，弗洛姆在《为自己的人》一书中，又进一步探讨了人的性格结构，以期努力帮助人类认识自己人性的特点，特别是人性中的弱点而努力克服。

---

[1]　弗洛姆：《逃避自由》，工人出版社 1987 年版，第 40 页。

[2]　弗洛姆：《逃避自由》，工人出版社 1987 年版，第 46 页。

[3]　弗洛姆：《逃避自由》，工人出版社 1987 年版，第 47 页。

弗洛姆同精神分析学法创始人弗洛伊德一样重视对人的性格的分析。弗洛伊德认为人的行为由他潜在的"力比多"所推动，行为特点与性格特点正因为一种意动性而存在着区别。行为特点是针对着非行为者的第三方而确定的，而性格特点往往是潜在的、深层的原因。同一种行为可能蕴含着不同的性格特点，对于这些特点的主因，弗洛伊德把它归结为人类本能的"性冲动。"弗洛姆一方面赞成弗洛伊德的性格特征是行为的基础，另一方面他又指出："性格的根本基础并不在各种类型的'力比多'中，而是在特殊的人与世界的关系中。在生活过程中，人凭借（a）获得并同化事物；（b）使自己与他人（及自己）有关而使自己与世界发生着联系。"① 弗洛姆更加强调人的性格是在人不断与外界发生关系的过程中确定的，而不是纯本能的条件反射。如果性格只依靠本能的力量从而形成行为，那么这样的行为也许是适用于个人的而不适用于人类整体的。所以，"性格可以被定义为：把人之能量引向同化和社会化过程的（相对固定的）形式。"② 人只有在这样的相对固定的性格模式中才能完成个人行为与社会行为的一致，个体价值取向与社会价值取向的协调一致。弗洛伊德打开了人性中内在深层的思考空间，弗洛姆更进一步发现了人性与社会性协调一致的可能。"性格不仅使人的行动前后一致，并'合乎理性'，它也是人适应社会的基础。"③ 正是由于看到了性格与社会的不可分割的关系，才能说性格有个体自身表现为个性的一面，也有在社会的普遍性上造成社会性格的可能，这是弗洛姆的一大贡献，他使人们开始从人性出发思考个体性格对于人的社会性格的影响，思考人的性格对社会普遍合理性的建构力量。

弗洛姆基于这种性格分析理论，提出了现代社会的性格类型，即非生产性取向。非生产性取向可以看作是现代社会性格结构的一般形态，主要阐释性格的缺陷性，其主要表现为接受取向，剥削取向，囤积取向，市场取向。"具有接受取向的人感到，'一切好的都源于外界'，同时他相信，

---

① 弗洛姆：《为自己的人》，三联书店 1988 年版，第 70 页。
② 弗洛姆：《为自己的人》，三联书店 1988 年版，第 71 页。
③ 弗洛姆：《为自己的人》，三联书店 1988 年版，第 72 页。

要获得他所需要的东西——物质、慈爱、爱情、知识、快乐——唯一的途径是接受外界来源。"[1]具有接受取向的人，他的判定标准就是他人的标准，同时他的这种性格特点决定了他的行为是一种推卸性的，不以承担为乐，因为他们从根本上已丧失了这种承担的能力。另一种非生产型性格特征表现为剥削取向，这种性格类型的人认为"一切好的都源于外界，人不管想要什么，都得到外界去寻求，人自己是不能创造任何东西的。然而，二者的区别是，属剥削取向的人并不期望从他人那里接受礼物，而是通过强力或狡诈，从别人手里拿走东西。"[2]虽然剥削取向的人不同于接受取向的人，但实质上二者都是缺乏创造力的表现，一种是宁愿被动接受一切安排而不愿思考去创造；另一种是认为别人的才是最好的，有种"盗窃"的心态，宁愿相信别人也不相信自己，只有强夺的能力，没有创造的能力。同样，对创造性的缺乏造成了第三种非生产型性格取向——囤积取向。"具有这种取向的人不相信他们有可能从外界获得任何新东西；我们的安全感建立在囤积和节约的基础上，而消费则是一种威胁。"[3]这种性格类型的人固执自封，不相信除自己已有能力以外的东西，也就是不相信社会整体性与个体性相适应的现实，易造成个体与社会整体价值的不相协调，社会的发展不会因个人而停滞，而个人却可能在保守中成为社会的底层人士。"他们不明白，一切有生命的实体都具有自我补充的能力，活动和运用人的力量会使它得到增长，这种力量不用，反而会削弱它；对于这种人来说，死亡和毁灭比生命和生长更现实。创造性的行动是他们听而不信的奇迹。"[4]除了以上三种性格取向之外，在现代社会还存在着另外一种取向，这种取向也同时是作为现代社会的主要性格特征而存在的，即市场取向。"市场的价值概念所强调的是交换价值，而不是使用价值。这一点，又导致了人们、尤其是人自己同样的价值概念。我把那些根源于人把自己当作一种商

---

① 弗洛姆：《为自己的人》，三联书店 1988 年版，第 73 页。
② 弗洛姆：《为自己的人》，三联书店 1988 年版，第 75 页。
③ 弗洛姆：《为自己的人》，三联书店 1988 年版，第 76 页。
④ 弗洛姆：《为自己的人》，三联书店 1988 年版，第 78 页。

品，并把个人的价值当作交换价值的取向性格，称为市场取向。"[①]市场价值取向在人性上的占领导致了"人格市场"的发展。以市场为尺度度量人格的结果是人被当作商品去卖，同时为了迎合交换和价值规律，人必须掩藏自身的力量而去增强自己作为他者对象的力量。为了更好地实现自己的交换价值，现代人不得不在出卖自我肉体的同时，出卖自我的情感尊严，一切只因为市场的价值规律。"一个人被无情地驱使着为成功而努力，任何挫折对他的自尊都是一种严重的威胁，结果就产生了孤立无援感，不安感及自卑感。"[②]这不仅是市场取向性格给人性带来的后果，同时其他三种性格取向也同样导致的是人性的内在异化。弗洛姆对于性格结构特征的分析是全面而深刻的，也是对"逃避自由"的心理机制的进一步深入分析，因为有了逃避自由的心理成因，才造就人在社会生活中的性格特征。这些特征实际上都指向了为了逃避自由的内在目的。如此的心理机构、性格特点也造成了现代社会异化的生存方式，即弗洛姆所说的"重占有的生存方式。"

基于现代社会的现实，弗洛姆在逃避自由与多种性格取向的基础上提出了现代社会"独特"的生存方式——重占有的生存方式。这种生存方式，用心理学角度来分析依旧是源于对于已破坏的原始关联而产生的不安全感。在无创造性的性格特征的演变下达不到对于事物之间关系的合理认知，因此人性中的种种偏差在人类的生存方式中越加凸显，与其一味地保守，一味封闭自己，不如把世界变成我的，我占有的越多，我所获得的关联越多。而恰恰是这样，以如此方式占有的关系才是片面的关系，是物化了的关系，是人异化意识下自我认定的、虚假的物物关系。弗洛姆果断地指出："我们的社会是建立私有财产、利润和强权这三大支柱之上的，生活在这样的社会里，我们的判断带有极大的偏见。捞取、占有和获利是生活在工业社会中的不可转让的、天经地义的权利。"[③]人类创造的社会在一

---

① 弗洛姆：《为自己的人》，三联书店 1988 年版，第 79 页。
② 弗洛姆：《为自己的人》，三联书店 1988 年版，第 82 页。
③ 弗洛姆：《占有还是生存》，三联书店 1988 年版，第 75 页。

种普遍的宣扬下成为了人的另一个上帝。为了适应社会（而不是为了真正的生存），人类只有在不断地自我扩充中找寻人与社会的平衡点，人们期望通过占有给予人们以安全感，但这恰恰是现代资本主义社会为人类设下的陷阱。占有的多少是可以在"量"上超载社会底线的，而心理的需求和社会的认同却无法在物的"数量"上达到与人类信心的永恒一致，量与质不匹配，物与人不协调。占有的越多只能使人的心态从消除不安全感转变成消费的快感，而不是作为人性基本需求的满足因素。消费快感逐渐模糊了物与物的差别的同时，也是消解物与我的差别之时。"人们把占有的范围扩大了，对朋友、情人、健康、旅行、艺术品都可以占有，就连上帝和自我也不例外。"[①]这种生存方式使人在物性中逐渐渺小，人类社会在占有中无生命力地前行。

在诊断出现代社会中人性存在的各种弊端之后，弗洛姆并没有停止探索的脚步，而是将视角转入针对人性弊端的解决方案上来。他意识到诊断出人性的弱点并不是他人性分析的目的，真正的目的是如何矫正这些弱点，还人性一个应然的或更为理想的样貌。

针对"逃避自由"的心理机制，弗洛姆指出，虽然人们所要逃避的这种自由是人的生命历程中不可避免的境遇，但是我们仍然可以转换应对它的态度，以达到对这种逃避自由的心理机制的超越。即用"积极的自由"取代自我逃避、自我沉沦。"摆脱这种状态的道路有两条：一是向'积极的自由'方向发展，通过爱和工作使自己自发地与世界联系起来，借此表现自己的情感、感性和理性等方面的能力，在不放弃自我尊严和独立性的前提下实现自己、自然、他人三者之间的融洽；二是向后倒退，放弃自由，通过自我与世界之间已形成的鸿沟来克服孤独感。"[②]其中第二条道路注定会失败。因为，一方面人无法真正回复当初人与人之间的原始关联，也没有充足的力量使整个社会再度具有普遍认可的权威力量，因此这

---

① 弗洛姆：《占有还是生存》，三联书店1988年版，第77页。
② 弗洛姆：《逃避自由》，工人出版社1987年版，第187页。

种想法可看作是妄想或是逃避现实的意想。另一方面，这种倒退如果可能出现，也是建立在人的尊严的全面丧失基础之上的。只有人把自己无条件的割舍为与外部世界相一致的存在物，人与人、人与物之间的鸿沟才可能填平，但人却变得"一切活动都是机械的和强制性的。"[①] 由此看来，只有积极地面对自由，积极地把自我与他人、与外部世界联系起来，才能使个体的孤独感转化为独立、自我实现的潜能，也只有这种对于自由的积极认可，才能使个人的个体性凸显，并转化为在社会中责任意识的动力，个体化并非与责任对立。在消极的自由观看来，个体化程度越高意味着脱离社会的程度越大，而用积极的自由观来看待，实际上恰恰相反。由于个体化程度的加强，人们越加意识到自己的自觉性是维系人与人，人与社会关系的重要纽带，人们越是把个体表现为对社会的责任感，在社会中得到的认可也就越丰富，内心得到的安全感也越充实，越知觉社会与人关系的重要性。在这样的一种良性循环中，人们总是积极地寻找个体自由与社会责任之间的应然尺度，思考什么样的性格、态度才能使人们在社会中获得更多的归属感。这种惯性的思考造成的结果是人对于自我工作、社会地位的热爱。因为工作、情感等因素不再是外在于人性的包装，而是人性的应有内容，是人性自我实现的现实表现，人性异化只有在多种积极的自由维度上才可能被破除。弗洛姆试图纠正人性中"逃避自由"的心理机制，必要的是要在人与社会的联系中建立一种使人乐于积极配合的环境，让人意识到自我自由的认定也就是为自己的心灵寻找一处避风的港湾。

在弗洛姆这里，"逃避自由"如果是对人类心理机制的超越和对人类性格缺陷的纠正，那么也是弗洛姆从"非生产性"取向转向"生产性"取向的开始。在"非生产性"取向性格结构的阐述中，弗洛姆把人性结构缺陷扩大化，导致把人性异化的后果归结为一种非创造性的态度，正是由于这种非创造性的态度使人的个体化完全割裂于与外界的联系或个体融解于外界强制力之下而变得孱弱无力。弗洛姆试图打破这种魔咒——提出"生

---

① 弗洛姆：《逃避自由》，工人出版社 1987 年版，第 187 页。

产性取向"的性格模式。"人格的'生产性取向'是一种基本态度，是人类在一切领域中的体验之关系的模式。它包括人对他人、对自己、对事物的精神、情感及感觉反应。生产性是人运用他之力量的能力，是实现内在于他之潜力的能力。如果我们说，他必须运用他的力量，那么，这就意味着他必须是自由的，他不能依靠那些控制他力量的人。"①"生产性"的主旨在于运用人自身的潜能实现人与他人关系中的自由化。值得注意的是，弗洛姆特别强调了"生产性"与"能动性"的区别，认为"能动性"在现代运用中往往导致与生产性相反的含义。现代社会下的能动性，重视行为的结果，忽略能动性的心理成因，而这种忽略也正是能动性的行为伴随着自发性的丧失，使人们往往是在他物的影响支配下被动的发起了的能动性。因此，在没有深层分析人类的心理状况下断定的能动性只能是"运动性"的一种，不是真正蕴含自身创发性的合理人性。"这种能动性并不起源于他自己的精神或情感体验，而是起源于外在之因，在这个意义上，我们说这种能动性缺乏自发性。"②而生产却是"每个人都具有的一种态度，除非他是精神上和情感上的残废人。"③生产性归根结底是出于自我的心理状态的外部表现，跟行为的结果无直接关系，只关注原初的人性特征，因此生产性才是真正出于理性的应然性的心理特征，而能动性可以是权威人士的合理说词，可以是非生产性性格取向人士的行为表现，但却不是人的人性的真相。能动性是有前提的不自由，而生产性是基于理性前提的自然的自由。"在生产性概念里，我们并不牵涉必然导致实践结果的能动性，而是要涉及一种态度，一种在生活过程中对世界和自己的反应模式和取向模式。"④弗洛姆关注"生产性"与"能动性"的区别，意在表达自己对一种应然关系性的重视，即人与世界、人与自身关系的认识。人只有是生产性取向的人才有可能从自我人性的角度出发去构建人与世界、与自身的合

---

① 弗洛姆：《为自己的人》，三联书店 1988 年版，第 91 页。
② 弗洛姆：《为自己的人》，三联书店 1988 年版，第 93 页。
③ 弗洛姆：《为自己的人》，三联书店 1988 年版，第 92 页。
④ 弗洛姆：《为自己的人》，三联书店 1988 年版，第 94 页。

理关系。因为生产性主要是指人有成就、自身活动的潜能，人意识到了这种潜能，才有可能实现潜能，变潜能为现实，潜能变现实的过程，是着眼于由内向外的发展，而不是统治。统治的心理学特点就是缺乏潜能，人在自身中不能完成由内向外的发展及其发展的成功，自身的安全感便会把这种欲望转嫁于他者的支配上。从根本上说，就是生产性的缺乏导致了能动性的扭曲与安全感的丧失，也就是奠定了人性异化的基调。

从这样的人性应然的性格取向反观人类面对社会的态度，存在两种不同类型的方式，即再生的方式与原生的方式。"再生的方式"的典型代表是"现实主义者"。"他看到了现象的全部表面特征，但他没有能力透过这些表面现象而深入事物的本质，也没有能力想象那些还未出现的事物。"[①]以再生的方式限制现实，实质上是受制于社会的强制力量，并没有表现出真正的关系性，人类以这样的方式生存只能是对观念、价值等的刻板印刷、复制，从根本上扼杀了生产性能力发挥的空间。现实主义者只因安于现实而命名，而不在于他真正看到了现实的真理。另外一种方式的代表人群，被弗洛姆称作"精神病患者。""精神病患者建立了一个内在的现实世界。在这个世界里，他似乎是完全有信心的，他生活在自己的世界里。而为所有人都理解的现实的普遍因素，对他却是不现实的。"[②]精神病患者没有受任何现成的现实因素摆布，却始终受自己的想象与幻想摆布。虽然表面看来这类人似乎具备了生产性的一些潜质，但并没有在他们身上体现出生产性的全面性。因为生产性不仅要求理解自身潜能，还需把这种潜能与现实社会有机地结合起来，即在关注自身成就时也需关注作为人的关系性的成就。综观再生的方式与原生的方式都不尽如人意，但两种方式都以较为极端的形式告诫我们："人之情境的悲剧性在于自我的发展永远不会完成，即使在最好的条件下，人的潜能也只能得到部分的实现。人总是在他还未充分诞生之前就死亡了。"[③]人性不是非此即彼的武断，人性有自己应

---

① 弗洛姆：《为自己的人》，三联书店 1988 年版，第 95 页。
② 弗洛姆：《为自己的人》，三联书店 1988 年版，第 96 页。
③ 弗洛姆：《为自己的人》，三联书店 1988 年版，第 97 页。

然的尺度。在人的生产性取向的性格结构面前，对于人性的潜能与人性的社会现实层面的把握同样重要。人只有在理解自身能力与外界现实的基础上，只有把自身能力有效地运用到外部世界的过程中，人性才可能真实地彰显。

弗洛姆强调，人性总是在人与社会的关系中不断体现为全面发展的趋势。人性不能仅从个人生命历程这一单一层面进行理解，因为人一出生便与他人密不可分。因此，在人的生存方式上，弗洛姆也认为只有真正能协调人与整个世界、现实社会之间关系的生存方式才是人类应该持有的、向往的。"真正的事实是：重占有和重生存这两种生存方式都存在于人的本性之中，是两种可能性，我们维持自身生存的生物本能强化了重占有的生存方式，但是，自私和懒惰不是人的本性所固有的唯一倾向。我们人生来就有一种需求真正地生存的深刻愿望：去表现我们的能力、有所作为、与别人联系在一起以及摆脱利己欲的束缚。"[1]在人性中有两种不同的表现可能，但重占有的生存方式仍然不是人类最本然的方式，它带有一定的虚假性。"占有"仍然是受人性弱点所支配的，仍然是要在人性之前筑一堵围墙，人性不敢勇敢地站出来表达自己的真实意愿，而"重生存"的生存方式，侧重于对人"生存"的理解，"我的性格结构，我的行为的真正动机才是我的真正的生存"[2]。"生存"在这里不作为动词运用，不像海德格尔的"在世"体现为人的一种纯粹生存状态，而是把"生存"看作是人性中的潜在倾向，基于心理学的分析，生存就是抛开一切虚伪的假饰而使人性展开的内在力量。只有掌握了这种力量，人们才会在日常生活中赋有一贯性的特质，生存告诉我们，在现实生活中的行为结果与生存本身往往相悖。所以，只有牢牢守住生存的真相，才会不致被生活的表象所迷惑。"生存注重的是真实，反对虚幻的假象。从这种意义上说，任何扩大生存领域的努力都意味着我们对周围世界、他人以及我们自我的真实存在有了更多的了

---

① 弗洛姆：《占有还是生存》，三联书店 1988 年版，第 107 页。
② 弗洛姆：《占有还是生存》，三联书店 1988 年版，第 104 页。

解。"①领悟生存才是真相，才是人生命活动的真实意义，要努力地实现生存的意义，就要"积极生动地生存。"

把生存看作是人性中的必要内容，积极主动地去实现从潜能到现实的转化，才能使人在自我生存的意义上找到归属感和爱的满足。更为重要的不在于占有，而是生存的方式：占有的永远是外物，而不能真正转化为已所有之物，间接性的持有永远有着失去的威胁；而生存在根本上是从自我内心出发，追求现实与精神上的共同认同。"重生存的生存方式的先决条件是：独立、自由和具有批判的理性。其主要特征就是积极主动地生存。这种主动性说的不是那种外在的、身体的活动，不是忙忙碌碌，而是内心的活动，是创造性地运用人的力量。"②重生存的生活方式给予人一种底蕴，即人有让自己的人性更加完善的能力，这一点与弗洛姆提出的生产性性格取向相呼应。所以，在弗洛姆看来，真正的人、健全的人应是基于自己的生产性（创造性）优势在以生存为主的生活方式中积极地享受自由，而不是异化自己的个人能力，异化自我与社会关系。健全的社会也应该由这些健全的人成就，所以，弗洛姆基于心理学的人性方面的批判最终可看作是他对一种人、一种社会的祈盼。

弗洛姆认为，应该认识到个人与社会病症的区别与联系。"如果一个人没有获得自由，自主性，以及真实的自我表达，他可能会被认为是有严重的缺陷，只要我们认定自由和自主性是任何人都在追求达到的目标的话，如果任何一个社会中的大多数人没有达到这个目标，我们便在这里遇到了社会形成的缺陷的现象。个人与其他很多人具有共同的缺陷，他并没有意识这是一种缺陷，他的安全没有由于行为的与众不同和被人抛弃而感受到威胁。他可能失去的充实和真正的幸福感，会由于与其他人协调一致的安全感而得到补偿，这些他十分清楚。事实上，正是他的这种缺陷可能会被他所在的文化奉为美德，因而可能会给他一种更加强烈的成就感。"③

---

① 弗洛姆：《占有还是生存》，三联书店 1988 年版，第 106 页。
② 弗洛姆：《占有还是生存》，三联书店 1988 年版，第 94 页。
③ 弗洛姆：《健全的社会》，国际文化出版公司 2007 年版，第 21 页。

个人的缺陷与社会的缺陷表面不一定成正比，因为个人的缺陷如果在社会群体中被凸显为共同的缺陷，那么这种缺陷被一致认定为是社会形式合理性的丧失。事实上，个人在体验到缺陷的那点人性上有群体共同性的认同点被最终掩盖了，个人可能会因此不为自身自由、自主性的丧失感到不安，反而有了新的依赖，这样一来，人性的弱点取代了个人在社会角色上的弱势，个人的缺陷被淡化，社会在个人缺陷淡化中钻了空子。用一种假意的文化掩盖了社会形式缺陷的事实。个人的缺陷再次正比于社会缺陷，但应该看到的是这种"正比"同时也是虚假的。因此，如何回收真正的"正比"成为弗洛姆深入探讨的主题。

首先，弗洛姆认为，对人与社会的相协调问题仍然需要在人性上面下工夫，应考虑人性与社会性相适应的可行因素，以达到人性的健全。"相关性"是人类最为基础的需要，当人类开始区别于动物而作为一种存在时，相关性就天然地成为了人性中的一种基本需求。但由于人类理性总指向个体的独立自主，相关性在人的发展历程中逐渐淡去，而人对于这种相关性的需要却没有改变。即在相关性的寻求中多表现为对个人、团体或某种神的臣服，抑或是变化为统治的能力以增强日益淡化的相关性。"这种需要使人们产生了各种亲密的关系和情感，在最广泛的意义上我们称之为爱。"[1] 人们在爱中体验到了相关性与自我的满足，"只有一种情感既能满足于人们与世界结合的需要，而且同时又能使人获得整体性与个性的统一，这种情感就是爱。爱就是在保持自身完整性与独立性的前提下，与外在的某人某物的结合。"[2] 爱不仅增加了人性的本质力量，更重要的在于爱是一种互动的过程，在爱的体验中也成就了社会的一致性。失去了使社会和谐的功能的爱叫做"自恋"，自恋是人与社会联系的心理状态，这种状态表达着人性的不健全，人类无法在任何意义上与世界脱离关系。"无法与世界建立联系就是疯狂的事实为我们导出了另一个事实：某种形式的联

---

[1]　弗洛姆：《健全的社会》，国际文化出版公司 2007 年版，第 33 页。

[2]　弗洛姆：《健全的社会》，国际文化出版公司 2007 年版，第 34 页。

系是任何形式的健全的生活的前提。但在多种形式的联系中，只有创造性的联系，即爱，能够让人在保持自由与完整的同时与他人融合起来。"[①] 正是由于爱在人与世界关系中的重要作用，人类才在爱中超越自身的维度，超越自身的一种方式是"创造力"的凸显，创造力需要对象，这种对象可以是他物也可以是自身，如何使自身的创造能力与对象物结合是创造力得以发挥的关键。"爱"就在此起到了中介作用，只有对某人、某物抱以关注、关爱的态度，才可能对他有所作为。另一种方式便是"破坏"。"破坏"的根源与基础是恨，这是与创造力极端相反的一种人性实现的方式。"破坏性"与"创造性"同样是人性自我超越要求下的产物，但却在人性后果上截然不同。"创造与破坏、爱和恨，从来都不是两种独立存在的本能，他们都是人类超越的需要的答案，当创造的愿望不能得到满足时，破坏的欲望就不会开起。然而，创造性需要的满足产生快乐，破坏性需要的满足则会导致苦难，最重要的是导致破坏者自身的痛苦。"[②] 此外，人类对于根源性与方向感，献身的需求也应受到重视。在弗洛姆看来，人类无论如何都是自然家园的一分子。作为这一分子，其对人类最初根源的心理诉求与生理诉求从未停止过，借用弗洛伊德对母亲固恋（恋母情结）的分析可以看出，一切畸形形态对于心理或生理稳定感的追求都源于人类先天的对于自我根源的自省与探求，人类试图回到原始的心理状态以达到自我满足感的平衡。对于方向感、献身的需求也同样是人类为满足人性之需作出的客观化的预设，其根本上仍是人性由于它的缺陷，欲求补充之的一种内在需要。

其次，如果说思考人性的需要为我们理解人的健全提供了可能，那么社会的健全从何入手，弗洛姆试图从对资本主义社会的批判中解答。人们很容易理解社会结构对人的性格的影响，却容易忽视人性对于社会状况的塑造作用。"只有当我们考察人性和外在的条件的性质之间的相互作用

---

① 弗洛姆：《健全的社会》，国际文化出版公司 2007 年版，第 38 页。
② 弗洛姆：《健全的社会》，国际文化出版公司 2007 年版，第 39 页。

时，他正是生活在这些条件下，而且他要继续生存的话就必须掌握这些条件，只有做到了这些，社会的进程才能够被真正地理解。"①人性与社会状况的关系必须从两方面进行全面的认识。弗洛姆认为资本主义时期可划分为三个阶段：十七八世纪的资本主义、19世纪的资本主义、20世纪的社会主义。十七八世纪的资本主义是一切工业文明、科学技术发展的起步时期，人类刚刚从中世纪过渡而来，人性的束缚从宗教神话中逐渐脱离，却还未意识到新的束缚的到来。"那一时期人们对新机器的出现抱有一种多么怀疑的态度，因为机器正在夺走人的工作。"②人性的异化蓄势待发，而这种人性与社会结构的真正不和谐在19世纪资本主义社会中得到了充分表现。"有着欲望和悲哀的活生生的人，开始在这种制度中越来越失去其中的地位，这个位置被生产和商业所占据，19世纪资本主义的最显著的特征首先是对工人的无情剥削。"③19世纪正是在剥削方式的逐步扩大化中消磨人性的真实内容。在这一时期，人性与社会状况的互动中，在既得利益面前变得不堪一击，人们在庆幸找到了一种规律性生产方式的同时没有看到这种方式的危害，人类在自我理性意识下的发挥没有关照非理性的现实，理性在自持中变成了非理性的工具。"当每个人都相信他是在为了自身的利益而行动的时候，实际上他已经被经济机器的无形律法所主宰了。"④而这一点违反了弗洛姆对于人性在社会关系的合理化原则，即当人性与社会任何一方居高不下之时，便是社会的异化或是人性异化的开始。在19世纪的资本主义社会中，很明显，社会力量高于个人力量。社会的共同价值标准被曲解为建立在社会更快发展、资本金更多积累的基调上，以至于任何资本积累的形式，尤其是剥削也是合乎道德的，而真正人性的彰显不再重要，甚至被看作是一种阻碍，人性在人性与社会双方的制衡中失调了。"进入20世纪，这种在19世纪习以为常的资本主义剥削已经消

---

① 弗洛姆：《健全的社会》，国际文化出版公司2007年版，第74页。
② 弗洛姆：《健全的社会》，国际文化出版公司2007年版，第78页。
③ 弗洛姆：《健全的社会》，国际文化出版公司2007年版，第78页。
④ 弗洛姆：《健全的社会》，国际文化出版公司2007年版，第79页。

失了。然而，这并不能掩盖我们对以下事实的洞见，那就是20世纪与19世纪的资本主义一样，都是建立在这一原则基础上的，即人使用人这个原则适用于所有的阶级社会。"[1]20世纪，异化模式才在其虚假的外衣下真正的全面展开。"人使用人"在这一时期已不仅含有剥削意义上的人对于人的压迫，且又增长了新的含义，即人同时也把自己当作工具、手段，为了经济利益而服务，这是异化最深层的危害。人不把自己作为生活的目的，不把自我实现作为价值追求，导致了人性所有应然需求的丧失，也就是人类不仅是无人身的人类，而且是无人性的人类。一切本然欲望的否定都是对社会进步的否定，这样的社会也是非人的社会。其次，在人性丧失的基础上，"科学、商业、政治，都失去了所有根基和比例，从而失去了人的意义。由于没有什么东西是具体的，也就没有什么是真实的，一切都是可能的，实际的和道德的。科学幻想和科学事实之间没什么区别，梦魇和空想似乎明年就会成为事实。人被从任何确切的空间抛了出来，只有在那个空间中人才能把握和控制他自己社会的生活。他被最初他自己制造的动力越来越快地推动着。在这种疯狂的状态中，他思考、计算、抽象地忙碌，离具体的生活越来越远。"[2]人性的异化，必然导致社会其他层面的全面异化，人的需要与社会结构表现出了鲜明的冲突状态。理解这种冲突是严谨的研究方式的前提，对如何走出这种冲突的探讨对于未来人性、社会构建、人性社会异化的化解等具有理论与实践的必要性，起码是对现代社会的现代性有重大价值的指标之一。

所以，弗洛姆在《健全的社会》的一书中清晰地给出了关于健全的人和健全的社会的内涵："精神健康的人，是富有创造力而未被异化了的人；他与世界建立友爱的联系，他利用自己的理性去客观地把握现实；他觉得自己不但是独一无二的单一的个体，同时又感到自己和他人是同一的；他不屈从于从非理性的权威的摆布，而愿意接受良心和理性的、理智的权威

---

① 弗洛姆：《健全的社会》，国际文化出版公司2007年版，第84页。
② 弗洛姆：《健全的社会》，国际文化出版公司2007年版，第106页。

控制；只要他活着，他就会不断地再生，他把生命的赋予看作是他所得到的最宝贵的机会。……在一个健全的社会中，任何一个人都不是另一个人实现其目的的手段，而永远是他自己的目的，因此在这样的社会中，如果不是为了展示自己人性的力量的话，不把别人当作手段，也不把自己当作手段；在这样的社会中，人是中心，而所有的政治经济活动都服从于人的发展这一目的。在健全的社会中，像贪婪、剥削、占有、自恋这样的品质，就不可能用来获得更大的物质财富，或来提高自己的名望，在这样的社会中，按着良心去行事，被看作是根本且必要的品质，而且在这样的社会中，机会主义和缺乏原则，被看作是自私的，在这样的社会中，每个人都关心社会的事务，使之成为个人的事情，在这样的社会中，人与他人的关系以及他的私人关系是不可分割的。"①

在弗洛姆的哲学中，我们看到了社会与人的统一性，健全的社会才能真正实现对健全人的培育，而健全的人才能构成健全的社会，这是弗洛姆哲学给予我们的有益启示。但当弗洛姆以人性为主题之时，所忽视的问题是是否存在抽象的人性。正如马克思所说："人的本质究其现实性上来说是一切社会关系的总和"。当我们抽象谈论人性的同时，也就将具体的人的存在和生活淹没于人性抽象的汪洋大海当中。这样所解放出来的人性，不是真正的人性，而只是先在于和决定于个体人的生存和生活的普遍性要求，无法达到对健全的人和健全的社会的建构。

弗洛姆思想对当代青年人的影响体现为多个维度。首先其对人性的多个属性在社会生活中的呈现，以及与之相关的现实生活状况之间的联系进行了较为深入的分析，将人性与社会性紧密联系起来。这一方式有助于青年人在社会的层面上思考人性的生成；其次弗洛姆对资本主义社会下人性状况和人性危机的揭示，表达了现代西方工业文明社会的病态状况，以及社会控制之下人性的不自由状态，力图建立一种健全的社会形态。这一思想有助于青年人更深切了理解现代西方工业文明社会的现实。最后弗洛姆

---

① 弗洛姆：《健全的社会》，国际文化出版公司2007年版，第221—222页。

对健全社会的思考，是在人性层面上对未来社会制度的设想，也为当代青年人在比较中认识社会主义制度的优越性提供了思想资源。与此同时，我们也应看到在弗洛姆对健全社会的考量当中，充满着理想性和合理性，而这一理想性和合理性是一种终极的状态。对照这样的终极状态，处于发展中的社会主义制度本身或许无法完全达到这一理想的状况，这就会使青年人对社会主义制度的优越性和合理性产生动摇。但事实上，作为教育者应该看到，社会主义制度优越性的最大程度的实现需要一个过程：从理想性的角度来说，社会主义必然能够实现对人性最大程度上的解放；但就现实性上来说，基于社会主义发展的水平和状态，也需要一个阶段和过程才能达到最终的理想性——最大限度的实现人与社会的统一；在此基础上，才能最终实现人性的自由而全面的发展，达到弗洛姆所说的人性的理想状态。

十四　哈贝马斯：交往理性的倡扬与
未竟事业的重构

　　哈贝马斯可以说是 20 世纪哲学舞台上的风云人物，著名哲学家霍耐特在一篇祝贺哈贝马斯七十岁生日的文章中写道："他无疑是当今世界最重要、最有影响的哲学家和社会理论家……没有他，德国的艺术文化将黯然失色，这个国家的哲学在国际上将缺少一位极具优秀传统的杰出代表。"这是一位多产且思想深刻的哲学家——获得了诸多学术奖项，这也是理论界对哈贝马斯学术研究的肯定；他更是一位积极的、重实践的哲学家——不吝与各国的理论家探讨自己的哲学。哈贝马斯对当代青年人思想的冲击是广泛的：在政治哲学层面，商谈民主的提出引起了青年人对民主问题的再次关注；在教育哲学当中，主体间性理论的阐释呼唤青年人对教育主体性的再思考；在马克思主义哲学中，重建历史唯物主义的主张唤醒了青年人对历史唯物主义的重新审视；在语言哲学中，规范语用学的倡扬吸引了青年人对话语和商谈作用的重视。可见，哈贝马斯对当代中国社会和中国青年人的影响不仅体现在思想理论层面，更体现在引导青年人关注现实生活的重大问题上。

　　哈贝马斯的哲学是从探讨理性合理性出发的，它特指具有语言能力和行动能力的主体如何获得知识的可能，所以理性合理性在哈贝马斯看来就在于对认识、语言和行动之反思，这一反思是哲学称之为哲学、理性称之为理性之根本，但在当代哲学的发展过程中，理性已经丧失了对总体性之反思，而成为一种理论论证的合理性，特别是一种经验分析的合理性，

"能够结合经验分析，系统地解释所描述的真实的社会发展联系中的科学史，才能最终找到论据；适合于认识合理性和近代科学复合观念的这些情况，也适合于客观精神的其他形式，就是说，适合于认识和工具合理性，道德实践合理性，甚至美学实践合理性等体现。"① 合理性就是与实践分析相互结合的可批判性和可论证性。在现代社会中理性对自身批判性和反思性已经在远离实践的过程中丧失相互对应的根本性，原因在于生活世界本身的合理性的丧失，正是生活世界本身的非批判性和殖民化才导致理性合理性本身出现种种问题。

哈贝马斯在《交往行动理论》中对生活世界展开了集中探讨。他在认同胡塞尔"生活世界理论"积极作用的同时，也指出了对理性和生活世界的关系的理解还存在一定的问题。"在日常生活实践中，哲学的理性内涵应该会进入一个获得解放的社会生活方式之中。然而，尼采把他的继承者都吸引到了超验的现象上面，以致超验用一种鄙夷的态度超越了日常生活实践，并认为日常生活实践只是派生的和非本真的。"② 对日常生活的这种理解方式使得理性与生活世界实现了分离，直接导致理性丧失了合理性。在哈贝马斯看来，生活世界是与人的理性认知和理解过程紧密相关的，无论作为理性主体的人的认识世界的活动，还是理解世界的活动都需要在生活世界中完成，生活世界构成了人行为固有的确定性的背景。这一背景具有的优先性和限制性，作为固定的规定对理性自身的认识活动进行限制。因为它已经先在的包含了理性认识所积蓄下来的解释成就，这些解释成就一方面作为与多样化相互抗衡的保守力量；另一方面也成为理解的前提和基础。生活世界与理性自身正是在这种自我运动的过程中，保持二者在固有张力之中的发展：理性对生活世界本身保持批判性和反思性，实现对生活世界的思考；生活世界作为理性的背景性和制约性力量，为理性规约方向——理性融于生活世界，生活世界彰显理性自身的力量。这本是理性与

---

① 哈贝马斯：《交往行动理论》（第 1 卷），重庆出版社 1994 年版，第 16 页。
② 哈贝马斯：《现代性的哲学话语》，译林出版社 2004 年版，第 383 页。

生活世界的良性互动，但事实上，在现代社会中，两者之间的良性互动难以实现。

从理论上说，理性和生活世界本身需要保持一定的张力，而非一种直接同一的关系。生活世界作为一个整体，总是表现为一定的实践、生活或是精神，与作为一种理论理性的艺术、理论和道德等形成鲜明的对照。前者致力于实践领域，后者致力于理论领域，两者需要在一定的中介帮助下实现统一（这一中介在马克思看来就是革命的实践活动），而不能直接将二者融合。如果一旦这样，就会导致对日常生活私人领域和公共领域的入侵，所造成的后果一方面危及知识本身的独立性和合法性，另一方面也破坏生活世界本身的统一性和完整性。"仅仅针对某一种有效性要求的知识，如果不安于自己的特定范围，转而针对整个日常生活实践的有效范围，就会打破生活世界交往基础的平衡。这种简单的入侵导致了个体生活领域的审美化、科学化和道德化，并造成了严重的后果，表现主义的反文化、技术官僚的改革运动以及原教旨主义运动等，就是一些极端的例子。"①所以，理性与生活世界的统一总是要在某种生活世界内部的合理性潜能中得以实现，需要在人与生活世界的互动中实现，这是哈贝马斯得出的初步结论。但事实上，在现实状况中理性却表现为体系，体系与生活世界二分的情况，特别是两者之间的不平衡发展使得两者出现了冲突，虽然我们无法对于生活世界与体系之间的从属关系作出确切的理解，但它却是现代性问题和生活世界殖民化的根源。"合理化悖论是这样的，生活世界合理化是体系合理化和分化的前提和出发点，但是，随后相对于体现在生活世界中的规范约束而越来越独立，直到最后，体系的命令开始使生活世界工具化，并对它构成毁灭的威胁。"②

体系与生活世界的二分集中体现在现代资本主义社会当中，更集中于对资本主义合理化的特殊形式的探讨当中。在哈贝马斯看来，生活世界本

---

① 哈贝马斯：《现代性的哲学话语》，译林出版社 2004 年版，第 384 页。

② Richard J.Benstein (ed): Habermas and Modernity, PolityPress, 1985, p.56.

真性的丧失和对生活世界的遗忘成为一种常态，生活世界中所造成的殖民化正是资本主义合理性丧失的特殊表现。"生活世界的合理化使之由社会融合转向独立于语言的驾驭媒体成为可能，由此分化出形式上组织起来的组织领域。作为对象化的现实，后者又反过来影响行为的组织领域，并把自己的要求强加于已处于边缘地位的生活世界之上。"① 对于目前的状况来说体系与生活世界的脱节是资本主义本身的要求，在哈贝马斯看来，因为，资本主义存在一种体系化的要求，资本主义自身所固有的经济利益必然要求以社会化大生产和种种分工与联系予以体系化表达。这就要求体系形成某种统一性的机制——使得某种体系的结果越发复杂化，社会结构才能在更高的水平上不断更新和递进，规约其发展的内部力量就是权力和控制，权力控制使用的武器便是"体系"——资本主义社会"资本逻辑"的体系，这样，经济理性自身的合目的性使得社会成为"第二自然"。何谓第二自然? 马克思曾经对自然特别是人与自然的关系展开了集中探讨，认为社会实践分别在纵向和横向上表达为历史时间和社会空间，前者代表着人类文明的基本进程，后者表征了社会结构的相互作用，社会实践的这两方面都需要与自然相互作用——将主体自身的内在自然与作为外在条件的客体自然相互结合起来的过程就是劳动。哈贝马斯认为，劳动使得人与自然在三个层面上发生关联："主体亲身体会到的需求自然；作为对象加以把握和加工的客观自然；最后还有在劳动过程中被设定为视阈和基础的自在自然。"② 劳动与自然发生关联的过程就是劳动外化、对象化和不断占有自身本质力量的过程，这就是自然与劳动的关系。作为第二自然的社会也是如此，社会就是在劳动实践过程中被创造出来的生产力和生产关系的总和。这样一来，无论是自在自然还是作为第二自然的社会都被纳入到整个生产和再生产过程中，成为资本主义生产过程中的关键一环。这一特征成为现代资本主义社会现代性的基本特征。哈贝马斯援引马克斯·韦伯的理

---

① Habermas: The Theory of Communicative Action, vol 2, Polity Press, 1987, p.318.

② 哈贝马斯:《现代性的哲学话语》，译林出版社 2004 年版，第 385 页。

论认为，在以资本主义为代表的现代社会中，自然和社会都被囊括入现代化的过程当中。而现代化集中体现为意识结构在动机方面的设置和机制方面的体现——以资本的逻辑体现需求扩张的企图和从经济生产和政治斗争中产生的利益冲突及其解决——资本逻辑的社会化，这一过程既是资本主义社会的形成过程，也是与之相伴随的生活世界殖民化的过程。

在哈贝马斯看来，现代资本主义社会的生活世界殖民化是在意识领域、经济领域和政治领域内发生的。在意识领域，动机和机制方面的合理化过程即是资本主义经济和现代国家的产生过程，在资本主义企业和现代国家机制中所体现的组织模式，在现代社会中获得了合理化形式——物质的企业资料集中于合理核算的企业家手里，利益最大化的获取使得企业领导、政府官员，连同工人等都能够获得最大利益。在这种利益的要求下，社会结成了某种分成等级的依赖性基础。哈贝马斯再次引用韦伯的话，"但是在历史上，'进步'也变为官僚主义的、按照合理原理确定的法律和合理考虑的规章进行判决和管理的国家。而与现代资本主义发展处于极为紧密的联系中，现代资本主义企业内部主要以核算为基础。现代资本主义企业为了自己的存在，需要一种司法和管理，这些司法和管理的职能，至少在原则上要像人们核算一部机器预先算出的结果一样，可以根据固定的普遍的规范合理地核算。"① 哈贝马斯认为这种社会合理性是一种目的合理性，而目的合理性必然要求个体适应整个社会机制体系的统一性，这种统一性对于某种经济决策是十分必要的，所以这种统一性是以权力和服从为根基的，即要求个人始终以社会或团体的利益为自身价值的评价标准，以服从社会利益为自身信念；以此种坚定的信念为基础建立社会的下属体系——宗教集团或家庭；最终建立某种强制性的规范系统，强迫行动者将自身利益和行动归结入整个社会的利益当中，使自身成为具有合法性的公民，这就是意识结构机制化的体现，也是生活世界殖民化在意识领域内的体现。

---

① 哈贝马斯：《交往行动理论》（第1卷），重庆出版社1994年版，第281页。

当然，哈贝马斯也不仅仅将这一意识结构的机制化看作是资本主义或现代社会所特有的。他认为，在前现代的欧洲中世纪封建社会中就已经在狭隘的范围内存在了——如在僧侣和大学中，但在现代资本主义社会其才成为某种标准模式。"在这种背景下，对资本主义社会普遍的现代社会体系的形成和发展的一种合理化理论的分析，必须从以下问题开始，即从欧洲所开辟的合理化途径是不是一种在许多体系下可能的途径；通过资本主义贯彻的那种现代化，是不是必须描述为现代意识结构的职能部分的实现，并且在一定情况下，可以解释为资本主义现代化的精选模式。"①哈贝马斯对这一问题作出了肯定的回答，认为这一意识结构机制只有在现代资本主义社会中才被看作是现代社会的中心原则，并作为资本主义社会具有特殊地位的核心价值，现代化条件下的生活世界在意识领域的殖民化也就成为一种必然。

与意识结构机制化的变化相互关联，生活世界的殖民化也同时在经济和政治领域内发生。在社会方面，统一的意识未必转化为统一的行动，行动者针对同样的合理性会采取不同的行动——可以是某种客观化的一体行动，也可以是具有个体特征的行动，后者对于一体性的统一体来说就是破坏性的，导致的后果就是在不同的领域发生激烈的竞争和冲突。如在经济领域内，资源向能够创造最大价值的资本家或企业的手中流动是意识结构机制化的必然要求，但对于其他企业来说这种流动就意味着对自身利益的损害，因此资本主义社会内部的竞争和冲突就难以避免。不同于原始社会末期，不同生活领域之间的对抗是按照某种神的意志来实现的，不同的冲突和对抗被理解为不同神的个体意志的表达，即如何才能巩固生活世界的统一性就成为资本主义社会的问题。这一问题看似是由技术的科学化来实现的，科学技术使得原本趋于分裂的意志趋向某种统一。当已经被作为社会生产核心要素的科学技术取代了马克思所考察的劳动价值理论条件之时，当科学技术已经成为剩余价值的间接基础之时，再简单的考察劳动

---

① 哈贝马斯：《交往行动理论》（第 1 卷），重庆出版社 1994 年版，第 284 页。

生产过程之中的剩余价值创造过程已经不够准确。科学技术已经成为引导生产资料在企业内发生流动的关键因素。"同这种间接的剩余价值相比较，马克思本人在考察中所得出的剩余价值来源，即直接的生产者的劳动力，就越来越不重要了。由此便产生了一种奇特的技术决定论的意识。只要生产力还明显地同从事社会性生产的人们的理性决断和工具行为紧紧地联系在一起，那么，生产力就可以被当作增长着的技术占有权的潜力。"[1]在资本主义的现代社会中，虽然看似资本主义的社会利益决定了整个社会及其进步的方向，但事实上这些仅仅是将社会作为一个联系着的整体而已，科技进步是事实上成为资本主义包括经济增长在内的普遍性要求的决定因素：社会发展似乎是由科技进步所决定的。这样由于经济的作用使得原有在资本主义社会中尤其是经济领域中的冲突受到科学技术因素的影响和制约，"科技进步的内在规律似乎产生了客观的强制性；服从于功能需要的政治，这时不得不服从于这种客观的强制性。要使这种技术决定论意识——自然是错误的意识——都能被常人所理解的话，那么我们对技术与科学的作用所做的阐述就可以解释和证明：为什么在现代社会里对实际问题的民主意志构成的过程会失去其作用，而且必然被用公民投票方式决定行政领导人的做法所代替；在这个意义上来说，技术与科学今天具有双重职能：它们不仅是生产力，而且也是意识形态。"[2]这样一来，资本主义的私有经营方式就将以往的对立和冲突最大限度地隐藏起来，经济领域的殖民化被作为一种机制根深蒂固的延续下来，成为包括在资本主义生产关系中的所有因素都必须遵循的原则性规定。

　　生活世界经济领域的殖民化必然导致政治领域的殖民化。伴随着经济领域的冲突和矛盾的消解，一体化和机制性的形成，已经具备了殖民化的坚实基础，政治领域的要求又加深了这一状况，特别是资本主义国家干预方式的出现，使得这种对立和冲突被消解于无形当中。当国家干预有效的

---

① 哈贝马斯：《论晚期资本主义社会革命化的几个条件》，《哲学译丛》1998 年第 3 期。

② 哈贝马斯：《论晚期资本主义社会革命化的几个条件》，《哲学译丛》1998 年第 3 期。

控制经济领域的冲突和对立之时，当资本主义的私人经营方式只有通过国家的政策制定和实施才能发挥周期性的作用之时，国家干预经济就成了资本主义统治制度本身的有效支撑。资本主义的经济合法性必然要与政治制度或生产关系相互关联才能得以呈现，因此，在资本主义国家干预方式中，采取某种补偿原则使原有存在问题的经济制度本身所具有的矛盾在一定程度上弱化。"这种应急原则的根据不是市场经济体制所产生的社会后果，而是国家对于自由交换的破坏性作用所做的补偿活动；它把资产阶级的按劳付酬的意识形态的因素（资产阶级的按劳付酬的意识形态，是把按个人劳动进行分配原则由市场商品转移到教育权利的分配），同对福利的承诺（包括对今后的工作的保障以及收入的稳定）联系起来。这一应急原则使统治制度有义务保持保障社会安全和个人发展机会的整个制度的稳定条件，并且有义务来防止由于发展而带来的风险。"① 这就要求靠国家干预来保证资本主义的经营方式，使资本主义国家干预的政治制度有了一种神奇的疗效——避免资本主义功能紊乱和结构性危机。所以看似这一干预政策是调节和预防，实际上却是巩固制度。但这一制度的巩固也加深了生活世界的殖民化——在意识领域的机制化和经济领域的单向化的同时，政治领域的国家干预使得资本主义的私有经营方式在社会结构的阶级冲突的可能性最大限度的被削减，特别是这些冲突由于受到生产方式的制约不再具有阶级冲突的形式。因为这种利益已经与生产方式的维护联系起来，这种利益就不再仅仅涉及统治阶级，也与被统治阶级相关，阶级对立在某种程度上处于"潜伏"状态，阶级意识更是消失殆尽。"在社会制度中，那些与维护生产方式紧紧联系在一起的利益，不再是阶级的利益，它们不再带有明显的局限性了。因为，旨在避免对制度造成危害的统治制度，它所排斥的恰恰是这样一种'统治'，即用这样的方式进行的统治：一个阶级主体作为平等的集团同另一阶级主体相对立。"② 这并不意味着阶级的消亡和

---

① 哈贝马斯：《论晚期资本主义社会革命化的几个条件》，《哲学译丛》1998 年第 3 期。
② 哈贝马斯：《论晚期资本主义社会革命化的几个条件》，《哲学译丛》1998 年第 3 期。

阶级差别的消失，而是一种对阶级冲突的美化——将阶级之间的对立和冲突转移到生活领域之中。如在美国社会中广泛出现的种族冲突、性别冲突等形式，虽然它们仍然是社会发展的不稳定因素，但却无法起到对社会制度本身的冲击，而仅仅代表对某一问题的抗议，这与阶级冲突所体现的恒久的剥削和贫困化是完全脱离和相互区别的。这样，阶级问题就被转移了，阶级斗争和阶级意识也就不存在了。在政治领域，生活世界已经完全沦为殖民化的体系之中，其内在的更大的危险在于——丧失反抗。制度的殖民化与意识的机制化和经济的单一化相互结合，使得生活世界已经完全沦为资本主义的殖民地。这不禁让人想起早期西方马克思主义者卢卡奇所提出的商品拜物教和唤醒无产阶级阶级意识的主张，似乎与哈贝马斯有异曲同工之处，只是哈贝马斯强调，殖民化不仅仅停留在经济领域和商品生产领域，政治领域和意识领域的殖民化是更为深刻的危机。

如果说哈贝马斯生活世界的殖民化在意识、经济和政治领域的揭示，是以机制化、一体化和干预化的方式实现的，那么这一殖民化的本质特征就在于将无限丰富的生活世界按照工具理性的要求变成了单一的体系化的世界。体系化是殖民化的附庸和帮凶，"在发达的西方社会中，近一二十年来出现的冲突，在许多方面已经偏离了围绕分配的制度化冲突的社会福利国家模式。它们不是在物质再生产领域爆发，它们不能通过党派和组织疏导；它们不能被补偿缓和；相反，这些新的冲突产生于文化再生产、社会融合和社会化领域，它们以亚议会的、至少是超议会的抗议形式表现。隐含在它们之中的冲突反映了交往结构的行为领域的物化，是不能通过金钱和权力摆平的，它们主要不是福利国家提供的补偿问题，而是抗议和恢复受到威胁的生活方式，或建立新的生活方式。总之，新冲突不是围绕着分配问题而是围绕着有关生活形式爆发的。"[1] 如何才能摆脱生活世界的殖民化，重新恢复生活世界的本来面目？在哈贝马斯看来，"今天宗教'日常生活'就是这样。旧的多神论已经丧失魔力，并且因此以非人格化权力

---

[1]　Habermas: The Theory of Communicative Action, vol2, p.392.

的形式，提高了自己的挖掘者，努力成为超越我们生活的形式，并且相互之间又重新开始了持续不断的斗争。但是，正好对现代人来说是困难的，特别是对年轻的一代尤其感到困难的这样一种日常生活竟发展了。一切对这种'经历'的追求，都是出自这种弱点。因为弱点正在于，不能认真认识时代的命运。"① 即应该将理性自身的某种统一性要求重新分裂为价值领域的多元性，如同早期社会中的多神论那样，使其丧失自身所具有的普遍性而重新回归多元化。

哈贝马斯认为，整个西方传统哲学都体现为逻各斯中心主义，即以某种范式作为整个宇宙和生活世界的中心，而将其他因素排斥在中心以外。这一思想在黑格尔和尼采那里获得鲜明的对峙形式——前者以绝对理念为中心克服二元化，后者力图打破中心，倡导万物的永恒轮回。但理性自身必须彻底摆脱自我意识的范畴走向更为广阔的空间，才能真正从中心和边缘的对峙中脱离出来。尼采之后的现代西方哲学的理性批判或逻各斯中心主义的批判，是通过认知活动将自身的主体性依附于某种外在于主体的、先在的、超主体性——结构、话语或天命，这样一来西方传统哲学的理性或逻各斯只能听命于结构或话语的他者，逻各斯中心主义的主体便消解了。对西方逻各斯中心主义的真正批判应该致力于通过对逻各斯抽象概念的批判，逐渐展开主体自身的日常生活性和丰富性，主体自身不再仅仅体现为意识和自我意识的理性特征，更体现为面向生活世界的实践性特征，这实际上改变了人与世界之间的关系——不再是一种垄断，而是一种交流、沟通和融合；不再是人面向世界、认识世界、理解世界、言说世界，将世界作为被动的客体性存在，从而衍生出本体论、认识论和语言学，"在本体论上被还原为一切存在者的世界（即一切可以想象的对象和一切现存的事态的总体性）；在认识论上被还原为认识现存事态和从工具理性的角度引用这些事态的能力；在语义学上被还原为用断言命题明确事实的言语——除了内在所把握的命题真实性之外，不允许有任何其他的有

---

① 哈贝马斯：《交往行动理论》（第 1 卷），重庆出版社 1994 年版，第 313 页。

效性要求",① 而是人与世界之间的去中心的良性互动，也就是现代西方生存论哲学所提出的面向生活世界。以胡塞尔和海德格尔为代表的生存论哲学提出了人与生活世界的关系不是单一的解释和阐释的关系，而是基于某种一致性和社会化过程中获得能力的关系。这样一来，人与世界的互动就不再以获得某种确定性的知识为目的，因为这样的知识只是客观世界的知识，是作为中心的主体通过认识世界的活动找到自身的行为准则，具有自主认识能力和行为能力的主体与作为客观对象或客观事态的客体共同构成了知识形成的双方，这是在人与世界的对象性关系基础上的知识。

在哈贝马斯看来，事实恰恰相反，理性所要衡量的不是人如何认识世界，而是达到人与人、理性主体与理性主体之间的相互融通，生活世界是理解活动的背景性和前提性存在。生活世界的殖民化所遗留下来的是某种"单向度"的世界，而生活世界的丰富性则是这单一向度所无法融合的。如果说理性与生活世界的直接统一导致了生活世界的殖民化，生活世界殖民化问题的解决必定要在理性与生活世界中间设定合理的中介——这一中介，在马克思看来是人的现实的实践活动，而在哈贝马斯看来则是以语言和行动为中心的交往行为。

哈贝马斯认为："在交往理论中，把生活世界和日常交往实践结合在一起的循环过程，占据了马克思和西方马克思主义为社会实践保留的中介位置。在社会实践中，具有历史地位、依赖于肉身并直接面对自然的理性，应该与他者协调起来。现在，交往行为如果想要承担起同样的中介功能，那么，交往行为理论就会让人觉得它只是另一种不同的实践哲学。"② 实践范式虽然用劳动代替了原有的自我意识，但也陷入了生产的范式当中，生产过程中对实践的强调，使得实践从自我意识聚焦于主体性自身转换为聚焦于主观精神的客体化和时间化的过程当中，这无法真正消解传统哲学的二元对立——主体与客体之间的对立，实践哲学既不能很好地解释

① 哈贝马斯：《现代性的哲学话语》，译林出版社 2004 年版，第 363 页。
② 哈贝马斯：《现代性的哲学话语》，译林出版社 2004 年版，第 369 页。

世界，也不能真正建构世界。哈贝马斯从马克思学说的"交往关系"、"社会关系"和"生产关系"概念出发，认为马克思强调物质生产和物质交往，认为最根本的交往关系是物质关系。而哈贝马斯用"合目的的理性行为"泛指生产、劳动和科技活动，指出它们的工具性、目的性和策略性等特点。劳动这种工具行为不能解释劳动的社会性，人们在劳动中产生的生产关系要用交往行为来解释。因此，交往行为不能被视为附属于劳动的行为，而是说明人类社会历史发展的不可还原的因素。

在这里，哈贝马斯提出了"交往理性"取代以往的理性的确定性。交往理性是这样一种理性，即不再一味提倡其认识的确定性和真理性，而是诉诸"直接或间接兑现命题的真实性、规范正确性、主体真诚性以及审美和谐性等有效性要求"的程序；不再仅仅包含认识和行动的一维活动，更包含道德、审美等多维内涵，将理性自身所包含的更为丰富性的内容重新揭示出来；不再强调理性本身的强制性、一体性和殖民性，而是强调非强制性、多维性、去中心性和过程性；不再以某种主观观念为起点也不再以主观观念的强化为终点，而是突出合理动机基础上的理性共识；不再像逻各斯中心主义那样将自恋式的主体性放在宇宙中心的位置，将理性这一想要居于总体性位置却又不具备统摄总体性能力的凝固化存在（正是这一点导致理性在认知—工具层面上的被误用），而始终强调主体间的理解行为作为一种协调行为的机制，而直接进入社会生活；理性便不再是自恋的理性，而是相互融通和可理解的理性，理性也不再以知识为目的，而以共识为目的。"交往行为理性祛除了一种俗命所具有的难以揣度的因果性，这种俗命由于具有一种无情的内在性而同存在的天命区别开来。不同于存在事件或权力事件的'不可预测性'，遭到损害的交往生活关系所具有的伪自然动力保留着自我负责的天命的某种性质。"[1]

交往行为与生活世界具有密切的关联。"交往行为和生活世界是一对互为补充的概念，有了这对概念，我们就可以看到不同定义之间的区别；

---

[1]　哈贝马斯：《现代性的哲学话语》，译林出版社 2004 年版，第 368 页。

它们不同于劳动和自然之间的区别，不再作为一个环节而融入一个更高的同一体。的确，生活世界是交往行为培育的结果，而交往行为反过来又依赖于生活世界的资源。"①交往行动总是依赖于生活世界的结构，生活世界的结构作为一种背景性存在成为交往行为的先在性条件，一切交往行为和交往活动总要在先在肯定生活世界的前提下进行，因此生活世界的背景是现实的；但这一背景性存在又并非是处于完全与人们行为交融之中的，否则这一生活世界就无法引起人们的注意，只有在有问题的状况下，在我们对生活世界本身进行自觉的批判反思的情形下，才能自觉意识到生活世界的存在。这样一来生活世界既不是完全去中心化的背景性存在，又并非是一个凌驾于人们交往行为之上的更高的主体性和总体性。"生活世界和交往行为的差异性不会融入一个同一性：一旦生活世界的再生产不再仅仅依赖于以沟通为取向的行为中介，而是依赖于行为者自身的解释活动，那么，生活世界与交往行为之间的差异甚至还会不断加深。"②交往行为与生活世界本身的内在关联体现为一种差异中的同一、同一中的差异——差异使得二者之间始终保持一种批判的张力、同一使得二者在方向性上保持统一或一致，在这种张力之中，交往行为与生活世界保持良性的互动。如果说生活世界作为一种知识性的储备或资源，那么交往行为就是利用这些知识储备作为合理性的、共识性的解释，如此一来，社会不再是由单个个体所组成的集体，社会成为一种由某种交往行为所建立的人际关系基础上的某种秩序，所有与生活世界相关的再生产活动都成为交往行为的可能性结果。

交往理性如何克服生活世界殖民化的倾向呢？如果说意识领域、经济领域和政治领域的殖民化是以单一化、机制化、强制化为特征的"认识—工具"理性的异化的话，那么交往行为与生活世界的关系使得生活世界的殖民化获得一种解决的可能性。哈贝马斯注意到，生活世界的符号再生产

---

① 哈贝马斯：《现代性的哲学话语》，译林出版社 2004 年版，第 386 页。

② 哈贝马斯：《现代性的哲学话语》，译林出版社 2004 年版，第 386 页。

和物质再生产之间具有某种内在联系，后者无疑是具有某种工具性和目的性的，但这种工具性和目的性又总是要与交往行为相互交错从而体现为计划的设计、实施和完成，又能与其他的参与者的交往活动交织在一起，所以交往活动构成了生活世界与主体之间沟通的中介。

这样，哈贝马斯把主体性转化为"交互主体性"，把纯粹理性转化为"交往合理性"，把先验性转化为程序性，交往的先验性意味着每一个交往的参与者不可避免地接受一定的规则作为活动的前提条件。交往的规则不能单方面地在个人意识中决定，它必须是所有交往者共同商谈讨论的结果。但是，作为一切交往活动的先决条件的普遍的规则又不能是实际的交往活动的产物，"有效性要求有其两面性：作为要求，它们超越了任何一个局部语境；但是，如果它们想要让互动参与者通过协商达成共识的话，它们又必须在一定的时空范围内提出来，并切实得到承认，普遍有效性的超越性打破了一切局限性；而接受这些有效性要求又有一定的时空约束，这种约束力就使得它们成为了依附于语境的日常生活实践。"① 也就是说，在一切可能发生的交往活动之前，我们必须设定一个理性的交往活动，用以论证交往规则的普遍有效性和必然性，即交往的合理性。交往的合理性不再强调普遍性的认同或高度的统一而是力图将反思性、个体性和批判性以主体间性为网络揭示出来，其中每一个体都构成主体间性这一网络的一个重要的关节点，每一个关节点又是由行动和语言构成的，使得用个体化的普遍主义来维护社会一体化。

哈贝马斯认为主体间性或"交互主体性"能够体现如下特点：其一，交互主体性将被排斥的他者重新囊括进来。将个体话语意志建构的程序，与确保个人利益而建立起来的社会关联联系起来，"作为话语参与者，个体提出了不可替代的肯定立场或否定立场，但他只有在如下前提下才能保持自主：通过对真理的共同追求而与共同体保持持续联系。即便社会化过程只有通过极端的个体化潮流才能继续进行下去，历史传承过程中形成的

---

① 哈贝马斯：《现代性的哲学话语》，译林出版社 2004 年版，第 374 页。

普遍实体也并不一定会化为乌有。在结构发生分化的生活世界中，一开始就在运动的原则本身得到了承认：在同样的语境中，社会化过程就是个体化过程；反之，个体化过程也是社会化过程。"① 这样个体化就被囊括入整个社会化的过程当中，在原有传统哲学和传统思维方式抛弃的个体性和特殊性就被重新整合在社会性当中，社会性成为个体的社会性，个体性成为社会的个体性。其二，交互主体性能更好地对主体性予以理解。在交互主体性当中，主体将在启蒙辩证法中所体现的矛盾性或二律背反中实现统一——主体性是现代性的基本原则，主体性的诞生过程就是对社会总体性的异化和分裂过程，但重新反思总体性却是使得社会性得以回复的决定性因素。理性或主体性的分裂力量和融合力量在交互主体性中得以实现，这种实现不是实践哲学那样将主体设计为"大写的人"或"大写的主体"——"大写的人"与"大写的社会"是天然统一的，即放弃了社会性也就不存在个体性或主体性，而是在主体与主体之间的交往活动中建构社会性的统一关联，每一个主体都作为交互主体中的独一无二的主体，每一个主体的活动又构成了社会性的重要因素，启蒙辩证法所导致的总体性和主体性之间的矛盾就变成了如何审视的问题：从交互主体的统一性来看就是社会的总体性，从交互主体的构成性来看主体的价值就得以凸显。其三，交互主体性能够还原无限丰富的生活世界。生活世界相对于交互主体性来说构成某种生活情境，并通过与主体自身发生作用而实现了与生活世界的统一，"对那些用第一人称或复数从事交往行为的人来说，每一个生活世界都构成了一种总体性的意义语境和指涉语境，并在历史时间、社会时间和语义领域构成的协调系统中达到临界状态。此外，不同的社会世界虽然相互冲突，但不会彼此老死不相往来。作为总体性，只有当理解视野相互'融合'时，它们才会顺应起普遍性要求，解决相互之间的分歧。"② 在哈贝马斯看来，这种交互主体性也会有中心，只不过这种中心不再是规划的中

---

① 哈贝马斯：《现代性的哲学话语》，译林出版社 2004 年版，第 390 页。
② 哈贝马斯：《现代性的哲学话语》，译林出版社 2004 年版，第 403 页。

心，而是通过不同的主体之间的互动实现一种超越、对抗和占有，在这一过程中不断改变已有中心，形成新的中心，所以中心成为多变的中心、认同就成为流动性的认同、社会成为网络式的社会，反思和批判构成了其基本精神。

这样以交互主体性为核心，不但实现了将社会中的他者包容进去，实现了边缘中心化或流动化，有效地解决以往的中心性和规则性所导致的生活世界的殖民化——由于实现了去中心化，固定的中心被消除了，意识不再具有统一的规则，而是通过主体间的交互行为达到的融通，意识的规则性被打破，"即使在现代社会，从充满复调的模糊总体性筹划中也形成了一种充满异议的公共意识。这种公共意识可以根据不同的主题和贡献而集中起来，并表现得越来越清晰"；[①] 与此相应，由于"理想的交往行为"是在没有任何强制条件下的平等、自由的对话。对话各方遵守的规则类似康德所说的"绝对命令"：指按照那些能够普遍为人所遵守的规则进行交往活动。按照理想的交往规则，任何有活动和语言能力的人都可以参加商谈，参与者可以提出任何意见，以此对政治生活实现了某种改变：政治的单一性改变了以往的君主主权而实现了人民主权，全体人民的意志通过交互主体得以表达，在政治上的去单一性被克服之后，人民的意见和意志得到有效的表达。如今的集体行动就意味着国家把社会的主体间性转换为一种有效地组织性的社会自主性，所以社会的根基变成了自由；同时，交往理性也能够破除经济上的一维性，在经济理性的无限扩展性之外，寻找新的价值。以往的合理性的生活都是一种经济合理性，经济发展、社会进步是合理性的核心概念，每个人都通过扩展自身的经济实力和经济能力将自身置于社会合理性的范围之内，"单纯就生存而言，市场上或太空里的国际竞争力是必不可少的，这是一种常识，也是系统压力的结果。每个人都是在用他人扩展和加强自身力量来证明自己扩展和加强自身力量的合法性，好像力量角逐背后隐藏的不是

---

① 哈贝马斯：《现代性的哲学话语》，译林出版社 2004 年版，第 403—404 页。

社会达尔文主义的游戏规则。"① 交往理性的提出使得经济合理性的前提受到质疑，生活世界与交往之间的真实关联的揭示，使得生活当中的其他价值和意义重新被开掘、发现和重拾，生活世界才能真正还原其本来面目。

交往理性在实现对他者的包容、对生活世界殖民化的克服的同时，也体现对理性自身的重构——理论理性变成生存理性。哈贝马斯认为，在当代，理性与人的启蒙并没有终结，启蒙仍然有待完成。理性作为人性的表征，理性的问题其实就是人的问题。对理性的批判和反思，其实就是对人的自我理解与存在方式的批判和反思。在这个意义上，哈贝马斯所持有的"现代性仍未完成，理性仍需启蒙"的思想态度无疑是对理性的建设性承续。哈贝马斯认为以往的理性是黑格尔意义上的理论理性，它总是认为自身就已经包含了自身与外部世界的统一——即自身已经蕴含了社会性、历史性和人类性的维度，但事实上这种包含只是一种抽象理性意义上的包含，还仍然是局限于人的自我意识的范围之内。在现代西方哲学这里，理性力图实现自身的方式是经济，这种方式虽然力图实现理性的现实化和合理化，却使用某种异化的方式加以实现，理性远离了生活世界，人类也越走越远，远离了人类的应然理性，远离了人类应然的生活样态，也远离了人的生活世界。哈贝马斯引用海德格尔的思想，认为在人的生活世界当中应该将意义视阈的揭示和富有意义的表达的真实性联系起来，"只要存在是我们要问的东西，只要存在是指存在者的存在，那么，在存在的追问中，存在者本身恰恰是要被追究的，就是说，应该就存在者的存在来追究它们。但是，要想让存在不受歪曲地展示其存在的特征，存在者就必须以其自身的缘故，事先已然如其所是地成为可以接近的东西。"② 所以对意义的揭示总要在经验活动中、在视阈的融合过程中、在人们的交往活动中才能予以展开。在哈贝马斯看来，实践哲学无法实现这一意义性的揭示，而

---

① 哈贝马斯：《现代性的哲学话语》，译林出版社2004年版，第410页。
② 海德格尔：《人，诗意地安居——海德格尔语要》，广西师范大学出版社2002年版，第2页。

交往理性对理性的重构则能达到这一效果。哈贝马斯通过对理性的价值旨趣的考察，指出以往理性观所要达到的知识乃是科学知识，科学知识体现的只是服从于生产实践需要和对客观化的过程进行技术控制的工具理性旨趣，工具性自然遗忘了目的性，人自身存在的意义被遗忘。于是，他主张超越对理性的狭隘理解，后形而上学的哲学研究应当从科学的知识论立场走向交往的理性批判领域。交往理性实现了对人意义世界的重构。如果说交往理性重新开启了生活世界，那么只有在生活世界之中的交往中才能揭示人之为人存在的意义，在人真实的交往活动中确认人的主体性，领悟人的存在的意义，敞开真实的人本身，应当成为当代理性的自觉意识。在交往理性的视阈内，哈贝马斯提出"现代性是一项未竟的事业"的主张，如果说现代性是理性的事业，那么在交往理性的理性重建基础上，理性不但根植于现实的生活世界，更将一切人类所特有的交往活动纳入现代性的视阈当中，在这个意义上，现代性就不再是一个历史概念、一个时代的历史分期，而是一个根植于人们的日常生活的反思性、批判性和否定性的过程，更是通过人们的交往活动对人们的日常生活施加种种影响的现实的过程。所以对于现代性来说，真正的问题在于"理论理性"泛滥，而"实践理性"（交往理性）没有受到应有的重视。"在这个圈子里被指责为'理性'的东西，其实是被夸大的整体的目的理性，一个僵化为自我保存的主体性。"在交往理性受到应有重视的今天，正是现代性彰显自身价值的时刻，正是因此，哈贝马斯既批判后现代的说法，更不愿意别人将其划为后现代思想家的行列。

作为西方马克思主义思潮一员的哈贝马斯在以死亡、终结和消亡为话语体系的后现代泛滥的时代；在主体性黄昏、理性的滥觞、现代社会瓦解、历史观的终结的喧嚣的时代；在"宏大叙事"的拒斥和差异性的倡扬的时代，他以宏大的思想独树一帜：不是一味地站在启蒙的意义上批判时代，而是怀有一种温和的同情，力图实现对传统的时代新解。也许正像利奥塔所批判的那样："假如现代性已经失败，就允许生活的总体性分解为众多独立、留待专家之褊狭能力处理的细目，与此同时，具体的个体将体验'无法升华之意义'和'解构之形式'"，①这种理解方式不是对哈贝马斯理论的批判，而恰恰是对其的倡扬——也许只有对人之生存意义、对人的个体性体验充满严肃的尊重和美好的期待的学者，才能真正体味到理论的壮阔，才能真正认识到现代性事业之未竟。

正如一些学者所说，改革开放后的中国人对自身生活的期许无法摆脱西方话语的吸引力。在这样的语境下，哈贝马斯对社会公共领域的研究吸引着中国青年人的目光，与他们内心的要求有着不谋而合的默契。也是在这个意义上中国掀起了近十年的"哈贝马斯热"——从学术话语上，哈贝马斯成为青年人进行学术研究的热点；从日常生活层面，哈贝马斯对交往理性的倡扬和对公共领域的分析也影响着当代青年人对人与人、人与社会关系的思考。特别是将哈贝马斯思想与中国当前社会现实问题结合起来进行思考：比如结合当前网络时代下，如何通过交往的方式构建合理性，能否在"虚拟交往、伪自由和无秩序"②状况下形成网络公共领域；再如结合中国社会农村地区比重大、农业人口比重多的情况下，能够建立适应中国国情的公共领域，这些问题引起了青年人极大的兴趣。与此同时，我们也应该看到，哈贝马斯对现代性问题的分析为我们提供启示的同时，也给我们带来一些挑战，如他提出了后民族结构，主张建立一种后世俗社会以及建立没有世界政府的世界新秩序等，会使青年人对社会和民族国家的理解产生冲击。再如其对现代性问题的揭示对正处于现代化征程当中的中国社会产生一种怀疑和不确定的情绪，这也不利于我们现代化进程的完成。因此，在进行青年教育的过程中，应使其将社会、民族和国家的理解与社会制度、意识形态和整个人类文明的历史进程联系起来理解，用马克思主义理论和视野批判和审视这些理论，从而规避其为青年人所带来的不利影响。

---

① 戴维·弗里斯比：《现代性的碎片》，商务印书馆2003年版，第17页。

② 曹正东：《哈贝马斯理论对当代中国思想界有何影响》，http://phtv.ifeng.com/program/
sjdjt/200909/0914_1613_1347930_4.shtml。

十五 墨菲：现代社会的政治规划与 民主社会主义的实现

　　除早期西方马克思主义与法兰克福学派之外，近些年来在现代西方工业文明社会又掀起一股"后马克思主义"思潮。"后马克思主义"通常指称近年来一些思想家将马克思主义理论与现代西方工业文明社会的一些具体问题相结合，提出一些不同于马克思主义的理解或形成一些不同于马克思主义的解决方案的社会思潮。这些"后马克思主义思潮"在一定程度上形成了与传统西方马克思主义思潮的断裂：后者往往是对整个资本主义社会的整体性批判，而前者则借鉴了后现代主义思潮的一些思想特征，用多元化和去中心的方式致力于解决某一领域的问题，多元决定论构成了后马克思主义的主要特征。正如拉克劳和墨菲曾经指出的那样："后马克思主义不意味着在马克思之外或反马克思主义，而是重视其他社会斗争形式的马克思主义，这些斗争形式从 19 世纪以来已经发展了性、性别、民族、种族等方面的特征。后马克思主义意味着仍然是马克思主义的探索，但是它加入了所有社会构造特性中的多样化方面。"[①] 这些学者探讨了马克思主义思想框架当中的一些问题——民主、经济、社会等，特别是对如何理解社会主义、怎样建设社会主义等问题的思考具有一定程度上的启发意义，形成了生态社会主义、女性社会主义、民主社会主义、市场社会主义等社会主义思潮。这些思潮在一定程度上在现代西方工业文明社会当中传播了

---

① 拉克劳、墨菲：《领导权与社会主义策略》，黑龙江人民出版社 2003 年版，第 4—5 页。

社会主义理念，体现出用马克思主义的基本方法思考社会问题的思路。但无论如何，其是在多元决定论的意义上进行的，其所呈现出来的后现代色彩是鲜明的，其所建构的马克思主义是典型的后现代视阈下的马克思主义。既体现为马克思主义思想与现当代哲学思潮的结合，也体现为对马克思主义基本观点和思维方式的背离——而他们对马克思主义的理解常常会影响当代青年学生对马克思主义的理解，这一点是我们研究这些思潮时特别要加以注意的。离析这些思潮所存在的优势和不足，是我们思考究竟什么是社会主义、怎样建设社会主义等一系列问题的重要思想素材，在相互比较中更能使我们坚定社会主义道路的正确抉择。

民主社会主义是后马克思主义当中的一股重要的社会思潮，而墨菲正是民主社会主义思潮的一位典型代表——代表了民主社会主义思潮与后现代多元化融合的一种新的趋势，通过对资本主义、社会主义、民主等一系列问题的探讨，力图把握民主在时代条件下的呈现方式。

在20世纪的暮色中，重新唤起"社会转型规划背后的启蒙理想"究竟还有没有意义？这是墨菲的问题，是资本主义需要面对的问题，也是20世纪社会主义的问题。就资本主义来说，法国大革命的追求作为精神上的脐带连接着启蒙理想与现实社会，使得两百年来的革命政治学完全沉浸在对胜利庆祝的气氛当中。当面对马克思主义及其各种革命政治理论对其问题的揭示，资本主义却也不得不反思自身存在的问题；就社会主义来说，当社会主义受某些模式的影响被看作是集权主义的代名词之时，当苏联模式的社会主义犹如一轮红日从光芒万丈逐渐走入暮色直至被地平线所吞噬之后，当原有的阶级概念和社会结构理论在不断被质疑、重构之境，社会主义也需要为自身正名。当马克思、恩格斯提出社会主义的时候，社会主义是"无产阶级将取得公共权力，并且利用这个权力把脱离资产阶级掌握的社会生产资料变为公共财产。……人终于成为自己的社会结合的主人，从而也就成为自然界的主人，成为自身的主人——自由的人"[①] 的理想社会，这样的社会也必然以

---

① 《马克思恩格斯选集》（第9卷），人民出版社2009年版，第398页。

实现自由、民主的理想为其最终的目标，也就必然使其与启蒙以来的现代社会发生某种关联。特别是在 20 世纪社会主义经历各自的群体身份的再定义和新的政治界限的建立——前者体现在随着统一战线的解体，新的朋友和敌人大量涌现，关系变得更复杂，后者体现在统一性的标准已经受到质疑，政治问题似乎已经日益消解了，"随着共产主义的失败，社会经济与信息社会、全球化联系起来，对抗消逝了，没有边界的政治将成为可能，'双赢的政治'将使社会之中的每个人都满意。这意味着，政治不再围绕着社会划分被结构化，而且政治问题已经变成了纯粹技术性的了。"[①]在这一情势下，人们认为应该用新的方式来想象政治，随之而来的民主就成为一种话语方式。这样随着人们对政治问题的漠然，社会主义理想也随之被人们遗忘了。但事实上当今的世界仍然存在一系列的问题，这些问题需要"把等同的链条与各种反对不同从属形式的民主斗争联系起来。我们认为，反对男性至上主义、种族主义、性歧视的斗争以及环境保护，需要与左翼领导权设计中的那些工人连接起来。"[②]因此在探讨中，它始终将时代的困境、典型问题的具体呈现、社会主义的理想等联系起来进行思考，并力图在权力结构当中致力于社会主义民主的实现。

墨菲认为，社会主义的理想问题，关键就在于对进步观念的理解上。如何理解进步？从个体性的自由到群体化的民主究竟是进步抑或退化？如果是前者缘何会导致集权主义的出现？如果是后者又如何达到启蒙乃至社会主义所提出的民主理想？在人们普遍的争论中，启蒙理想的政治规划和认识论方面被合理的同化了，"一边是哈贝马斯指责那些批判启蒙的普遍主义理想的人是保守主义，一边是利奥塔哀婉动人地宣称奥斯威辛之后现代性的规划就已经被根除了。"[③]在哈贝马斯看来，关键不是去完成启蒙所承诺的现代性的设计，而是通过反思不断修正这一设计，所以对新结构主义理性批判的挑战成为哈贝马斯力图建构新哲学话语的视角，而这

① 拉克劳、墨菲：《领导权与社会主义策略》，黑龙江人民出版社 2003 年版，第 10 页。

② 拉克劳、墨菲：《领导权与社会主义策略》，黑龙江人民出版社 2003 年版，第 14 页。

③ 墨菲：《政治的回归》，江苏人民出版社 2005 年版，第 11 页。

一点刚好与利奥塔相悖——打破同一性的后现代的政治和文化主张。"这就是为什么利奥塔认为要避免一种普遍主义的哲学就必须放弃政治自由主义，而与此同时欲捍卫自由主义的哈贝马斯不顾其所有问题依然坚持这种哲学。"[①] 墨菲认为罗蒂对这一问题的探讨具有启发性：启蒙的政治规划与认识论规划（普遍主义哲学）应该相互区别，问题在于罗蒂仅仅将启蒙的政治规划看作"自由主义"而并没有对自由和民主作以区分，同时更没有将"政治规划"和"社会规划"加以区分，后者仅仅指称资本主义生产关系背景下的现代化过程。所以，"如果像罗蒂所做的那样，一个人在自由主义的名称下将所有这些观念都合并了，那么，在捍卫现代性的借口下，他就会不得不为富裕的北大西洋民主国家的制度和实践做不折不扣地辩护，我们就再也没有通过批判（哪怕是内部的批判）促成其转化的余地了。"[②]

墨菲认为，应该肯定的是启蒙的民主理想无法离开其政治层面，因为只有以此为基础所有的社会关系才能被做以安置；同时更应将政治规划中的自由主义理想与民主主义内容区分开来，特别是将民主放在政治规划中的突出地位加以审视。正是在对民主的审视和考察当中，墨菲认为社会主义也应该在民主的政治规划中加以思考，现时代的基本特征无疑是民主革命的到来，"民主革命是一种新的社会制度的发源地，在其中权力被空置了，因此现代民主社会被组建成这样一种社会，其中权力、法律和知识都要遭受激进的非决定论者的折腾"。[③] 这种新民主革命是对启蒙以来的普遍民主的一种合理性的衍生，但它同时对启蒙的普遍民主提出质疑——对普遍性的每一次肯定的同时都包含了对个体性和特殊性权力的否定，这种对以往启蒙普遍民主的假面具的揭露是女性主义的理论贡献。

女性主义是在对女性身份的探讨过程中揭示启蒙普遍民主所存在的问题，墨菲认为本质主义是虚构了单一主体将其作为所有行为的原初性发源

---

① 墨菲：《政治的回归》，江苏人民出版社 2005 年版，第 12 页。
② 墨菲：《政治的回归》，江苏人民出版社 2005 年版，第 12 页。
③ 墨菲：《政治的回归》，江苏人民出版社 2005 年版，第 14 页。

地的建构。区别于一些女性主义者站在统一的女性主义立场探讨女性问题——"女性主义，同任何其他政治学一样，总是暗指了一种伙伴关系，即是一种基于妇女间的团结和姐妹情的运动，而妇女间的关联也许除了她们作为妇女的相同性和共同处境之外几乎什么都没有。"①

在墨菲看来，"女性"概念或主体概念就是一种本质主义的建构，在最纯粹的意义上来说当我们说"女性"这一术语的时候，我们几乎什么都没说，除了具体的某种社会情景当中真实存在的女性，没有一般的作为单一主体的"女性"。墨菲援引拉康的理论，认为"主体的历史就是她的身份鉴别过程，在后者之外并不存在一个有待拯救的被隐藏起来的身份。因此，这里就有一种双重运动。一方面，是那种阻止将一系列情况圈定于一个前设的点的离心运动；另一方面，作为这种本质上非定位性运动的结果，是那个相反的运动：关节点的设立，局部的定位运动，它限制了能指背后所指的波动。"②在这样的理解方式中就虚构了单一的主体，主体的某些具有本质性的特点成为某种确定性的载体，而其他元素都成为附属性的存在。这样的单一的、抽象的主体不能构成社会关系的本源，因为这样的抽象主体，没有与其他主体之间进行联结的形式，而始终处于孤立自存的状态；真正社会关系中的主体总是灵动的、多变的、经验性的，也总是依赖可能性条件的存在。如同女性主义眼中的"主体"无法用单一的本质加以限定，同样民主也不可能包涵一种绝对的普遍性，犹如启蒙民主理想那样建立在普遍性的主体性基础上——"普遍公民的理念是尤其现代的，它必须有赖于那种认为所有人都是生而自由和平等的，或者说天性就是自由且相互平等的观念的出现。"③这样的民主的主体都是占有自身"本质"的个体，都具有平等或同等的公民身份，并以此保证所有人的公民地位，所以民主的理想对于所有人都是普遍适用的。由于主体本身的本质特点是本质主义的建构，因此针对这样的主体的普遍性民主就是虚妄的。

---

① 墨菲：《政治的回归》，江苏人民出版社 2005 年版，第 116 页。

② 墨菲：《政治的回归》，江苏人民出版社 2005 年版，第 101 页。

③ 墨菲：《政治的回归》，江苏人民出版社 2005 年版，第 16 页。

不仅如此，启蒙普遍民主的理想是一种"男性主义"的理想，其为自身所设定的具有单一本质的主体不是全体人类，而仅仅是人类的一部分——男性。启蒙民主的主体是理性的主体，理性本身要么强调道德，要么强调审慎，强调前者之时个人自主的价值得到凸显，强调后者之时自我实现的价值就得以标明，而无论是个人主体的价值还是自我实现的价值都要在公共领域中得以实现。女性的价值总是于母性和家庭私人领域中的情感性体验为基础的，因而被排除于公共领域之中。因此，当我们谈到民主理想时，民主的主体——个人"被教导说是一个普遍范畴，适用于任何一个人或每一个人，但这不是事实，'这个个人'其实是一个男人"。① 所以一旦女性想要进入民主的活动领域，就要接受父权制度的权力结构所勾画的新形象，成为男性世界的异类发言人或代言人。即便女性能够接受，她们的职责和能力仍然是被低估了的。墨菲将其称为"沃斯通克拉夫特的两难悖论"，即"要求平等也就等于接受父权观念，而这也就意味着妇女必须变得像男人一样；而要坚持认为妇女的独特品行、才能以及活动应该得到张扬并重估其价值，这也就等于奢求一种不可能性。"②

启蒙的民主理想所存在绝对化的本质主义和片面性的特点，决定了其必然在自我反思过程中加以修正。女性主义的政治学为现代民主政治学提供了重要的启示，即不再将着眼点仅仅局限于某一利益或某一权益，而将更广泛的目标作为自身的目标——改革话语、实践和社会关系，反抗将"女性"置于压迫形式的各种社会关系。因此，女性主义的政治目标就不再是一元的，也是多元的；不再是单一的，也是多样的。现代民主也同样如此，现代民主总是私人性与公共性的结合，不存在单一的公共性，只存在由单个的个体整合起来的公共性。在现代社会中，应将个人的私密性与公共的统一性相互结合，"社会形态就是一种在其内部只有'私人事物'的市民条件，但同时，它永远也不能摆脱与共和主义相对应的那种'公共'

---

① 墨菲：《政治的回归》，江苏人民出版社 2005 年版，第 16 页。

② 墨菲：《政治的回归》，江苏人民出版社 2005 年版，第 107 页。

条件的制约。在社会形态中，任何情形是'私人'与'公共'的一种相遇，是那种去获取想象和希望的满足之言行与实施这些言行时所必须考虑的市民性条件之间的磨合；而且，绝不会出现这样一种情形——在其中，上述两者中的任一者可以排斥掉另一者。"①因此，真正的现代民主必然是私人与公共的结合，它们并非是作为两个分离的领域寻求一致，而是在统一的社会关系中结合——不是某种公共的职责完成之后，才存在某种个体性的自由；也不是在个体性要求满足之后，才追求公共性利益，而是建立在个体的差异性基础上的公共性追求。两者之间保持的永恒张力，就是自由与平等之间的张力，在墨菲看来这就是现代政治规划的永恒动力。

现代政治规划所素有的民主与自由的协调统一，只有在社会主义当中才能实现。这既是现代政治规划自身的要求，更是社会主义在原有模式破灭之后的必然选择。就前者来说，现代政治规划所要求的个体与群体、自由与平等的协调一致在资本主义的个体中心、以自由优先于平等的条件下是无法实现的。以经济单一性为社会发展的动力或目标无法满足整个社会的整体性要求，私人中心和经济单一是资本主义所无力改变的，一旦经济中心被抛弃了资本主义就不成为资本主义了。因此，在墨菲看来，资本主义的民主制已经作为"历史的终结"而应该消逝了。就后者来说，在社会主义经历了"传统社会主义"的失败后，墨菲认为应该用"激进的多元民主"来重新看待社会主义事业，"我们的目的是将社会主义诸目标再一次纳入多元民主的框架之中，并坚持认为必须使这些目标与政治自由主义制度结合成一个有机政体。"②民主政治的目标能够与社会主义的目标实现完美的结合。

社会主义民主应是自由基础上的民主。墨菲赞同自由为民主奠定基础的观点，认为民主的社会主义必然以自由为条件，自由为民主提供了法律前提和法律基础，能够保障民主的实现，而社会主义的目标最终也要达到

---

① 墨菲：《政治的回归》，江苏人民出版社 2005 年版，第 95 页。
② 墨菲：《政治的回归》，江苏人民出版社 2005 年版，第 121 页。

保障人们的自由。以自由为起点和重点，以民主为关键环节，就需要围绕着社会正义与市民社会建立一个新的契约：以分配性正义既保障社会正义的实现，又满足个人在市民社会当中的充分自由。社会主义民主应是多元性与秩序性统一的民主。正如墨菲所指出的那样，在社会生活当中不存在本质性的主体，存在的只是具有不同种族、特点、性格及个体特征的主体，因此社会主义的民主必须与多元制达成妥协，"我们想要一种更加民主的社会，就需要增强多元主义并为联合体和共同体的民主提供空间"。[①]但多元化只是社会主义民主的价值趋向，它还应以某种统一的法律秩序和公共权力呈现出来。墨菲借用赫斯特的观点："一个多元化的政府将其存在的理由定义为对联合体的协助与监督。它的法律人物是保证联合体之间的平等并监督联合体的行为。它把个体与联合体都看作真正的人，认为个体只能通过与其他个体的联合来寻求个性并满足自身，而且它还承认个体和联合体这两方面的权利同时都应该受它的保护。"[②]

在这种方式当中，社会主义对个体性的尊重不再作为其简单的组成成分，而成为社会主义的本性要求，这是社会主义起作用的重要方式。墨菲在这里对社会主义的本质作出了揭示，如果如马克思所说的那样："代替那存在着阶级和阶级对立的资产阶级旧社会的，将是这样一个联合体，在那里，每个人的自由发展是一切人的自由发展的条件"[③]，那么无疑社会主义应该以保证个体的自由发展为条件；社会主义又以广大人民根本利益的一致性和共同性为追求目标，以"一切人"的自由和发展为目的，两者是一种"普遍主义"和"排他主义"的结合，既承认多元，又肯定统一；既强调个体，又凸显共同。墨菲认为，社会主义民主与自由能够在这种张力中得到一致性的发展，进而完成现代性的政治规划。

然而，墨菲的社会主义民主究竟是一种实体上的民主还是理想中的民主呢？就其理想的状况而言，自由和民主能够在社会主义民主中得以统

---

① 墨菲：《政治的回归》，王恒、臧佩洪译，江苏人民出版社 2005 年版，第 132 页。
② 墨菲：《政治的回归》，王恒、臧佩洪译，江苏人民出版社 2005 年版，第 133 页。
③ 《马克思恩格斯文集》（第 2 卷），人民出版社 2009 年版，第 53 页。

一。但就其实体性的现实状况而言，现代性的政治规划却总是处于二律背反当中：一方面民主坚持平等和参与，从总体上保障所有人的权利；另一方面自由坚持自由和个人权利的价值，从个体上保障参与者的权利。因此，从现实状况来看，自由与民主又总是处在相互牵制的状态当中，要么差异和竞争增多，要么统一和整体的实力增强，两者之间的张力即使两者之间保持一种相对的动态平衡，同时也使可变性和复杂性的因素增强。可以看到，墨菲的民主社会主义是一种多元决定论的社会主义，而她所提出的社会主义并非是作为一种社会制度意义上的社会主义，更多地呈现为作为一种文化形态上的社会主义。墨菲对社会主义自由和民主的探讨对社会主义民主所提出的有益启示在于将社会主义民主置于现代政治规划当中，置于自由与民主之间的张力当中，以寻求多元的动态平衡。但同时我们也应该从多元中寻找统一和一致，作为社会主义民主的坚固基石，正如马克思所说的："在民主制中，国家制度本身就是一个规定，即人民的自我规定……国家制度不仅就其本质说来是自在的，而且就其存在、就其现实性说来也日益趋向于自己的现实的基础、现实的人、现实的人民，并确定为人民自己的事情。"①在现实的人和现实的实践活动的基础上，如何寻求自由与民主实质上的统一，是中国特色社会主义民主政治的理论与实践的核心，而对这一问题的探讨就不仅需要"革命的理论"的指导，更需要实践性的摸索，需要理性和实践的相互作用，这才是社会主义民主问题的复杂性之所在。

以墨菲为代表的民主社会主义思想在中国流传甚广，因其被冠以"社会主义"的名号也常常被青年人用以审视我们的中国特色社会主义，在这一过程中，其积极的一面在于通过理论探讨深化青年人对社会主义以及民主等问题的认识。但同时民主社会主义思想也会导致青年人的思想误区：比如将民主社会主义与社会主义民主混淆，没有真正认识到民主社会主义本身是虚幻的，其在不动摇资本主义制度的前提下希望达到一种多元决定

---

① 《马克思恩格斯全集》（第 1 卷），人民出版社 1956 年版，第 281 页。

的民主是无法实现的。再如在民主社会主义思潮多元化的影响下，青年人容易受到多党制、三权分立、民主等蛊惑而对马克思主义思想的指导地位产生动摇，在思想上产生一种怀疑主义的倾向，在政治上形成一种多元化的倾向；还有在民主社会主义的影响下，一部分青年人认同"瑞典或北欧式的福利国家"模式，形成了一种社会主义与资本主义最终将逐步融合的观点，并赞同中国也走这样的民主社会主义式道路；还有仿效民主社会主义所提出的社会福利制度，提出以"平等和福利"为特征的社会主义道路，形成"福利社会主义"的认识。这些思想在当代中国青年人当中都产生了一定程度上的影响，不利于社会主义制度的巩固和稳定。

事实上，民主社会主义不是一种社会主义制度，而是在资本主义条件下通过福利制度的方式达到对社会冲突的缓解，究其本质来说无法抹杀资本主义固有的剥削和压迫，也无法真正实现民主。相反，可能因为追求结果的平等，而放弃过程的平等，导致奋斗精神和责任意识的淡漠，而仿效民主社会主义事实上就是放弃了社会主义制度。同样民主社会主义的多党制和三权分立等也不适用于中国社会，只能带来消耗和社会秩序的混乱，对于中国社会来说社会主义道路、马克思主义的指导思想和中国共产党的领导是国家富强、民族团结、社会稳定、人们幸福的可靠基础和保证，这是任何时候都不能动摇的。

十六 高兹：经济理性批判与生态理性倡扬

在后马克思主义思潮当中，生态社会主义也是其中比较突出的一支，他们力图将生态问题与社会主义理想结合起来达到对问题彻底地解决，其思路和方法具有一定的启示意义。诗人海涅曾经说过，每个时代都有它的重大课题，解决了它就把人类社会向前推进一步。生态问题可以说是当今最重大的课题之一。一个时代的主题并不一定是通过某一宏大事件予以呈现的，相反可能透过某一问题的提出及解决预见时代的症结。当今社会科技进步，经济升发展没有使人们感到前所未有的喜悦，反而平添了许许多多担忧与顾虑。环境问题日益突出，生态危机进一步加剧，对人类自身的生存发展构成了严重的威胁，面对这些我们都想探究其原因，找到合理的出路。所以，这一切迫使人类不得不重新审视生态问题的实质以及找到解决这一问题的方式，并透过生态问题审视人的生存方式之合理性。生态社会主义者们无疑为解决这些问题提供了独特的问题视角并作出了卓越的贡献。以高兹为代表的生态社会主义者们以生态理性重塑社会的基本原则，在对资本主义的经济理性批判中找寻社会主义重建的有效方法与途径，同时展现出与马克思相同的理论志趣，即通过批判还原现实的且合理的社会制度、人性内容以及价值判定标准。这些内容一方面与中国的生态文明建设有着契合之处，体现为对同一问题的不同声音；另一方面也体现为用马克思主义理论解决当前社会问题的尝试，具有一定的现实意义，正是缘此，生态社会主义思想才引起了当代青年人的广泛关注。

生态社会主义对生态问题的拯救是与对社会主义的思考紧密联系在一

起的，而社会主义则代表着一种社会的合理化，在其基础上才谈得上对生态问题的彻底解决。事实上，人类历史上从来没有断裂过对于"最佳"社会形态的探讨，从柏拉图的理想国到马克思的共产主义理想，都意指着人类对于合理化社会形态构建的努力尝试。作为后马克思主义的代表人物之一的高兹，也同样对于社会的合理化形态有着独到的见解。他指出，"作为一种体系，社会主义已经死了。作为一种运动和有组织的政治力量，它行将结束。它曾经提出的所有目标都过时了，支撑它的社会力量消失了。它已经失去了它的预言尺度、物质基础和'历史主体'；正在导致即使不是无产阶级，至少也是工人阶级消失的历史和技术的变化已经表明，它关于劳动和历史的哲学被曲解了。"①这是他对苏联模式的社会主义的经典批判。高兹认为这种社会主义真正消失的东西仍然同资本主义一致，即建立在真正人性基础上的合理的社会目标和价值追求的丧失。"苏联模式的社会主义提供了一幅资本主义基本特征的滑稽的放大图。它把追求积累和经济增长作为主要目的，它试图使这种追求合理化的方法是，用精心计划的、中心化的、外在的整体经济控制的市场取代了自发的外在控制。在一切行为领域中，它使得体系的全面合理性所要求的功能行为与个人的自我控制的行为方式的合理性相互分离。"②从根本上说，这样的社会主义仍然是畸形的，在一种异己利益的支配下，仍然体现为人与自然、人与人之间关系的异化。因此，资本主义制度仍然是当前最为典型的社会制度，对其的批判和否定才能引向一种真正的社会主义。对资本主义的批判是社会主义合理形态形成的前提动力与必要理论基础，只有在资本主义的本质框架下找出经济理性何以成为阻碍社会合理形态发展的症结，才能使社会主义的本质加以澄清，为社会主义的构建提供有效的动力。

　　高兹首先分析了资本主义现实的经济理性形态，他认为"经济理性发端于计算和核算……从我的生产不是为了自己的消费而是为了市场那一刻

---

① Gorz, A.,Capitalism, Socialism Ecology, Verso,1994,p. Ⅶ.

② Gorz, A.,Capitalism, Socialism Ecology, Verso,1994,p.42.

起，经济理性就开始启动了。……于是，计算和核算就成为具体的合理化的典型形式。计算与核算关心的是单位产品下所包含的劳动量，而不是考虑劳动带给人的活生生的感受，即带给人的是幸福还是痛苦；不考虑它所要求的成果的性质；不考虑人们与劳动产品之间的感情和美的关系。……人们的劳动取决于一种核算功能，而不顾及他们的兴趣和爱好"。[①] 经济理性就是具有这样特征的理性，正是这种理性逐渐摧毁着人类应有的生活世界和人性本身。同马克思对异化劳动的危害的认识一样，高兹认为基于人自身之外目的的劳动所带来的后果不是劳动与自身价值的相分离就是人的合理理性屈服于经济理性的局面。无论是从何种层面切入到这种人性危机，都显示出了思想家们对于同种制度下不合理因素的强烈质疑。因此，高兹指出，在哈贝马斯看来，"经济合理性是'认识—工具合理性'的一种特殊形式，它不仅错误地把体制行为扩展到它所不能适用的行为领域，它还使得社会统一、教育和个人的社会化所依赖的关系结构'殖民化'、物化和残缺不全。"[②] 在这样一种对人类真正理性的压制下，人类本应合理的行为变得不合理，而"计算机和机器人具有一种经济的合理性，确切地讲，它以尽可能有效地使用生产要素的经济需求为主要特征。……这种合理性的目的在于使生产要素发挥作用时更加经济化，它要求用简单的度量衡单位标准对生产要素的使用加以衡量、计算和规划。这个度量衡单位就是'单位损耗'，这种损耗本身就是劳动时间的一种功能，而劳动时间又体现在产品和用来生产产品的手段之中。从经济理性的角度看，由于所使用的手段的日益有效而在全社会范围内节省下来的工作时间构成了这样一种工作时间，它可以用来生产附加财富。"[③] 随着对经济合理性认知的改变，即把可计算作为衡量的标准的确立，人类的应然理性受到挑战。即对于人类的应然理性而言，它具有无限性、不可穷尽性、主动性、创造性等等。但是随着市场经济的到来，随着市场操作规划的破坏改变，人的应然

[①]　Gorz,A.,Critique of Economic Reason, Verso,1989.pp.109-110.

[②]　Gorz,A.,Critique of Economic Reason, Verso,1989.p.107.

[③]　Gorz,A.,Critique of Economic Reason, Verso,1989.pp.2-3.

理性——人的主体能动性不得不体现为当下的实然理性，从而人类的主体性可以不依赖于主体而沦为计算机化和机器人模式，人类的理性脱离了人的主体而依靠于他物，结果必然造成人的一切价值和意义的丧失。随着理性主体的缺失，理性的目的自然偏离了理性主体合理性发展的轨道。"与从事具体劳动导致的自由的丧失相比，挣钱所带来的满足更重要。赚钱成为工作的首要目的，人们不会从事任何没有经济补偿的运动，金钱取代了其他价值并且变成了资产阶级唯一的衡量尺度。"①主体性的丧失导致了人的价值观、自由观的变异，自由不再是建立在对自身发展有利的方面，而是为了成就人之外的外在利益。为此，人的理性的初衷在此也发生着改变。这样的经济理性，既不能真正满足人的需要，又不能体现其所力图实现的发展。可见，经济理性沿着自己的逻辑走出了一条非理性的道路。

经济理性的单向度的经济增长与生态问题的纠结是它自身运行模式运用的原则所带来的必然后果。后果之一便是生态问题成为当今时代的一大难题。正是经济理性自身的发展逻辑及其所具有的推动力使生态问题日益突出，那么，靠什么来解决生态问题？靠形式化、片面化的治理方式及其口号的宣传，可以有效，但只能一时一事，而不是"风物长宜放眼量"；靠制度的不断规约，也可以见效，但仍是一时一地，而不是长效发展；靠理性自身的改变，变经济理性的非理性特点为生态理性的理性特点，即改变理性自身内在"力"的发展方向，才有可能使生态问题以生态理性为原则得以步入良性发展态势。这样看来，解决或者缓解生态问题不单是一系列的活动与行动，更重要在于如何思考当今时代的发展方式，及其如何进一步思考人类理性、人类科学的优化发展等问题。因此，高兹在反思的基础上提出："生态学有一种不同的理性，它使我们知道经济活动的效能是有限的，它依赖于经济外部的条件。尤其是，它使我们发现，超出一定的限度之后，试图克服相对匮乏的经济上的努力造成了绝对的、不可克服的匮乏。但结果是消极的，生产造成的破坏比它所创造的更多。当经济活动

---

① Gorz, A.,Critique of Economic Reason, Verso,1989.p.46.

侵害了原始的生态圈的平衡或破坏了不可再生的自然资源时，就会发生这种颠倒现象。"[1]当高兹看到经济理性的缺陷之后，试图用生态理性改变经济理性，认为，经济理性侧重于生产的全方位开展，把生产活动看作是一切活动的基础，而放大了生产活动的功效，导致了对其他重要活动的考量，人类活动的多样性在经济理性面前只是单一的经济与生产活动。生态环境当然也被作为支持经济与生产活动的附属对象，使人类的生态行为也只能是为了经济发展，以经济增长为优先考虑的因素，生态自身的价值被包容于经济活动之中，环境成为手段，它的发展不仅停滞了且被割断了。"生产力的经济规则与资源保护的生态规则判然有别。生态理性是以尽可能少的劳动、资本和资源投入，采取尽可能好的生产方式的手段，尽可能提高产品的使用价值和耐用性满足人们的物质需求。相反，经济理性把利润最大化建立在生产效率消费和需求最大化的基础上，只有通过这种最大化的消费和需求才能获得根本的增值。结果企业生产力的发展导致整个经济领域浪费日益加剧。从生态观点看是对资源的破坏和浪费从经济眼光看则是增长之源，……从生态观点看是节俭的措施……用经济眼光看是国民生产总值的减少，就是没能充分利用资源。"[2]生态理性与经济理性的背道而驰是显然的，只有遵循生态理性才能使当今社会得到相对全面而进一步的发展。当然，这里的生态理性者不等于极端主义的环保者，不等于佛教意义的"不杀生者"，不是要禁止一切对资源利用的行为，而是要求"适度"，是以最少的消耗满足最大的需求的"适度"，这也是高兹倡导的"最高的"使用价值和"耐用性"。同时高兹也认识到，这样也未必能保证对资源的节约，这种新的标准也可能带来新一轮的能源浪费。所以，以最小满足最大、以最少满足最多是人类的一种理想状态，在理论上生态理性的确是经济理性的合理出路。

在现实的意义上，生态理性为经济理性困境的解除提供了生机，尽管

---

① Gorz, A., Ecology As Politics, South End Press, 1980, p.16.

② Gorz, A., Capitalism, Socialism Ecology, Verso, 1994, pp.32-33.

在当下尚未看到太多的实效性，但它提示了一个重要的问题，既经济理性必须被破除。正如高兹认为的"从经济或商品理性中解放出来是可能的，但要把它变成现实必须要有行动。"[1]高兹提出这种行动可以从三个层面展开，即意识层面、价值观层面和生活方式层面。在意识层面上，需要树立生态理性观念。生态理性是根基性、本体性的概念，是现代人类思维方式转换的有效契机。转换的基本思路是"更多的不是更好的"，"追求少是好"，这种理念可以避免经济理性所带来的浪费和利润积累的恶性循环，也能使人为了追求更好的而主动、自觉的走"更少"的道路。思维转换是首要的，因为思维方式在一定意义上决定着人的价值观。高兹说："特别是当人们发现更多的并非必然是更好的，发现挣得越多，消费得越多并非必然导向更好的生活，从而发现还有着比工资需求是更为重要的需求时，他们也就逃脱了经济理性的禁锢。……当人们认识到并不是所有价值都可以量化，认识到金钱并不能购买到一切，认识到不能用金钱购买的东西恰恰是最重要的乐西，甚至可以说是最本质的东西，'以市场为根基的秩序'也就从根本上动摇了。"[2]思维方式的转换必然引发价值观的改变。当人们跳出经济理性为自己制定的牢笼，看到生活生产的丰富性，这无疑是理性的一种进步。但如何稳固这种得来不易的多样性？如何在挣脱束缚的同时获得自由？高兹认为需要社会作为一个总体力量合理分配给人们以"自由"，或曰"闲暇"。如同亚里士多德的"闲暇"一样，闲暇可以创造出更多的社会财富，不仅是物质上的，更多是文化上、政治上的。闲暇所创造出的文化、政治又可作为一股能动的力量运用于国家的统治，这样的总体性出于人的自觉而运用于人自身的发展。高兹也十分重视"闲暇"，认为如果一个社会"所涉及的是从一个生产主义者的以劳动为基础的社会向一个时间解放了社会的转折，在时间解放的社会中，文化和社会被赋予了比经济更大的重要性，一句话，就是向文化社会的合理转折。"[3]文化社会的

---

[1]　Gorz, A., Critique of Economic Reason, Verso, 1989. p.223.

[2]　Gorz, A., Critique of Economic Reason, Verso, 1989. p.116.

[3]　Gorz, A., Critique of Economic Reason, Verso, 1989. p.183.

内涵远远大于经济社会，文化社会是向人全面发展作出努力尝试的社会，不以非理性代替理性，使人具有真正的属人的理性。而经济社会以经济理性作为取向，人的自觉性被压抑，自然的应然状态被破坏。在这样的社会之中，劳动与工作是不分的，劳动不再是马克思所说的实践的人类活动，不是人自由自觉的活动，人没有实现"上午捕鱼、下午打猎、晚上思考"的生活方式；而异化为与工作同类的行为，异化为与利润同类的活动。这种混同不仅没有让人更好的意识到人是劳动造就的自由自觉的人，却让人麻木于劳动之中而成为机器或机器人却不如机器人精致。所以经济理性势必要以新理性，或是现代性回归的姿态加以破除，生态理性恰好提供了合理的样式，可以为经济理性救赎。

在高兹看来，经济理性在深层次上是引起生态危机的原因，所以生态危机不仅仅是生态危机，而是社会危机。社会危机容易侵占人类生产、生活的全部空间，导致生活世界危机。因此从生态危机就是社会危机的角度来看，经济理性走向生态理性，用一种新理性、新观念指引人们的生活世界已势在必行，这一势在必行通过劳动实现转换。高兹认为有一种劳动是最纯粹、最自觉的劳动。"这种主要的、客观的劳动无疑是由劳动者对他们工作的兴趣或者从中得到的愉快和满足感而构成的。"[1] 高兹无疑在说，经济理性下的劳动是在劳动者自觉行为之外的，不是出于劳动者自身兴趣的劳动。所以，经济理性下的劳动与出于自由的劳动轻而易举地区别开来。"经济合理性看来，只能严格地运用于这些行为：①创造使用价值；②为了商品交换；③发生于公共领域；④以可衡量的时间的量为标准，以求尽可能高的生产率水平。"[2] 这样，经济理性被固定于一个运用于自身发展的原因之内，在一个有着严格界限的秩序之内。这似乎防止了经济理性的滥用，又可以使经济理性一枝独秀，使经济理性具有合理性。但在高兹看来，经济理性引发了生态危机及社会危机，已不具有合理性，应重新思

---

[1] Gorz, A., Critique of Economic Reason, Verso, 1989. p.137.

[2] Gorz, A., Critique of Economic Reason, Verso, 1989. pp.138-139.

考从经济理性走向生态理性的合理性，即不再是经济理性的一枝独秀，而是克服由经济理性造成的生态危机的生态理性的重建。重建就有方向问题，就资本主义方向的生态重建而言，资本主义制度决定了以追求最大利润为资本主义最基本的经济原则，而对生态的重建则要求以最小的资源消耗满足人们的基本需求，这本身是矛盾的，是制度本身的性质与制度引发的后果所必然产生的矛盾。从另一方面来说，在资本主义制度下，经济理性是主导，不可能充分认清自己的界限，不可能给生态重建让出合理的空间，所以资本主义方向的生态重建是行不通的。只有调转方向的生态重建才具可行性。新的方向的生态重建就是以生态经济为发展的基本原则，有效减少经济理性的运用范围，扩大生态理性的范围，在生态合理化的新观念下进行发展，"对经济理性所发挥的领域施加新的社会限制。只有这种限制才能确保劳动者的完整性，确保他们无论在个体还是集体层面自我决定自己怎样度过自己一生的权利。"① 在这一点上高兹多少秉承了马克思人道主义的思想。在马克思看来，全面发展的个人"他们的社会关系作为他们自己的共同的关系，也是服从于他们自己的共同的控制的——不是自然的产物，而是历史的产物。"② 在马克思看来，人对于自我的控制与发展是自觉的，是历史发展应然的趋势，个人的全面性就在于这种自觉形成的关系之中。而高兹所提倡的为经济理性划界的根本目的也在于此，是对这种自由关系下的自由的人的追寻。在经济理性之下，人们不可能主动缔造一种自由的、审美的关系，"资产阶级所秉持的经济理性是单向度的，直截了当的，其含义是要扫除一切从经济角度看来不合理的价值和目的。这样的结果是，除了人与人之间存在着的金钱关系什么也没有留下，除了各个阶级之间存在着的暴力关系什么也没有，除了人与自然之间存在着的工具关系之外什么也没有。这样，势必导致工人无产阶级完全被剥夺，仅仅沦为劳动力的交换者，他们任何的特殊利益都被剥夺了。无产阶级的劳动失

①　Gorz, A., Capitalism, Socialism Ecology, Verso, 1994, p.38.

②　《马克思恩格斯全集》（第 30 卷），人民出版社 1979 年版，第 111—112 页。

去了劳动者的所有魅力，他们变成了机器的附属物。"①在资本主义的经济理性下，人与人、人与自然、人与自身之间并没有形成一种主动的、天然的关系，而是在经济理性驱使下所造就的被动的关系。这种被动不是依赖，而是压榨。首先，在人与人的关系领域，剥削了人们之间的合作的主动性，取而代之的是为了得到各自的金钱与利益的不得不为之的片面性的合作，合作中不可能存在利益之外的获益，人的能力不仅在此过程中不会增强，反而会减弱，人从全面性的可能中降格到了单向目的的人。其次在人与自然的关系中，人为了满足利益的获得，不仅不考虑自然的得失，反而会加剧对自然的掠夺，人与自然形成了此消彼长的趋势，人不仅把他们之间的关系当作手段，反把自然也当作实现个人目的的手段。自然成为手段而非同时拥有目的性，自然在失衡的状态下变得逐渐衰落，人与自然的关系不可能得以调和。还有，就人与自身的关系而言，由于人们在以追求利益为目标的资本主义下形成了对同一种价值观的认可，资产阶级利用这种价值观对工人进行全面指控，工人必然缺乏自觉意识，沦落为他人的工具；工人就自身而言，也成了商品、金钱的创造工人，人格降格势不可挡。通过以上三种关系分析，高兹面对现代资本主义社会的现状提炼出对经济理性的合理性思考，在对经济理性的反思与生态理性的重建中展开对资本主义现代性的现实批判，并努力为其找寻更可靠的前进方向。"当乌托邦以这种方式毁坏，就预示着人类整个价值的循环处在危机之中。而正是这种价值控制着社会，存在和发展的动力以及我们活动的意义，这就是我们今天需要面对的危机。工业家乌托邦者答应我们生产力的发展和经济的扩张将会把人类从匮乏、不公平和痛苦中解放出来，这些发展将会给予人类支配自然的统治力，而通过这种统治力就能实现自主；他们将会把工作变成创作世界的和自觉美好的活动，在这种活动中每个个体的实践都是被认可的一是权利和义务，也是为所有人的解放而服务的。这种乌托邦什么都没有留下。这并不意味着全部错过了和我们除了顺其自然就别无他

---

① Gorz, A., Critique of Economic Reason, Verso, 1989. p.19.

法。它意味着我们必须寻找一个新的乌托邦，……"①高兹的这种自信来自他对现代资本主义社会的深刻分析，来自他对经济理性的矫正，来自他对生态理性发展方向的"乌托邦"。

高兹提出了许多关于未来的乌托邦式构想——从政治到居民生活，但无论未来社会如何发展，高兹认为都应遵循这三个基本点：其一，"我们更少地劳动"；其二，"我们必须消费得更好"；其三，"我们必须把文化重新整合到每个人的日常生活中来。"②这些基本点都指向在生态前提构建下的社会发展的更多可能性，这些是资本主义社会的生态建构所无法实现的。高兹虽然有些理想主义，没有全面地说明生态理性的现实可行性，但在他用生态理性构筑的未来社会图景中可以看出，"生态"这一理念对于一个社会良性发展的重要意义，这也是为什么今天我国大力提倡和谐社会、生态文明的原因。高兹对生态社会主义的理解呈现为"另一种社会主义"：它既不是对于以往社会主义的片面总结，也不是妄图再去创造一个社会形态，而是要在批判的维度中找寻应然、合理的社会的实质，作为任何一个，乃至每一个，现在与未来社会形态的永恒的构建力量是要在对社会本质的不断演变中找到适应现代社会的发展原则，他认为这才是社会主义的实质。

可以看到，高兹对生态理性的批判和对生态理性的建构都是建立在一种多元主义的立场之上的，他所提出的社会主义也更多放在理想的社会形态的想象上，缺乏真实的政治经济基础。在这一意义上，高兹所倡导的生态社会主义缺乏坚实的根基。尽管如此，他对经济理性的批判，对另一种社会主义的倡导，为我们进行社会主义的实践探索提供了有益的启示；其对生态问题的剖析和解答，也为当代青年人更好的认识生态问题之于人类文明的重要性，致力于建立一个更为理想的生态文明提供了理论支撑。正是因为此以高兹为代表的生态马克思主义思想才影响日益深远，它切中了

---

① Gorz,A., Critique of Economic Reason, Verso, 1989.p.8.

② Gorz, A., Ecology As Politics, South End Press, 1980,pp.44-45.

中国社会也同样面临的生态问题，在这一意义上它对当代青年人的影响是广泛的：其一，以高兹为代表的生态马克思主义者将生态危机没有简单的看作是人与自然关系中的人类中心主义作祟——既反对一味的人类中心主义的狂妄，也反对返回原生态生活的不切实际，而是从社会制度层面来说明这一危机的深层次根源，指出了资本主义制度与生态危机之间的必然联系，并将改变的希望寄托于社会主义制度。这就使我们青年人从中体会到社会主义制度对于解决生态问题的优势。与此同时我们也应该清醒的认识到，社会主义制度具有优势意味着社会主义条件下人与人、人与自然的关系不存在根本性的对立，但并不代表社会主义制度下人与人、人与自然的关系能够天然的达到最大程度的和谐。正因为如此，我们也应该正视生态问题，改革社会主义制度下人与人、人与自然关系的不完善之处，解决资本主义所无法解决的生态问题，建设有中国特色的社会主义生态文明。其二，以高兹为代表的生态马克思主义者将生态问题不仅看作是一种致力于解决的社会问题或社会危机，而且将其看作是一种新的生活方式建构的契机。这一点在青年教育的过程中应该突出强调。生态文明不仅是人与自然和谐的问题，更是人应该如何生活的问题——在与自然的一体性关系当中、与他人的和谐相处当中、与自我心灵的平和和宁静当中实现对原有生活方式的跃迁。因此，生态文明不仅是一种社会问题、社会形态，更是一种现代生活应有的姿态和状态，是现代人更好的生活方式。其三，以高兹为代表的生态马克思主义者将生态文明建设看作是一场思想的革命，这一点是具有启示意义的。当我们将生态文明看作是一种社会形态，致力于通过法律和制度的约束达到效果，也应该认识到其在更大程度上应该是一种思想观念上的进步，其核心是唤醒广大民众特别是青年人的生态意识。因此在对青年进行思想政治教育的过程当中，生态教育也应该被纳入其中。只有唤起人们的生态意识，以生态主义的方式对待人与自然、人与他人和人与自我的心灵，才能真正将生态文明刻在中国特色社会主义的旗帜上，也才能够真正承担起社会主义制度拯救生态危机实现和谐相处的使命和责任。

十七 奥康纳：对生产分配关系的探讨 与生态社会主义理想

高兹回答了生态社会主义应该是一种什么样的社会主义，而另一位生态社会主义者奥康纳则主要回答了生态社会主义究竟依靠什么实现。这是同一个问题的不同的层面，但前一个问题构成了后一个问题的前提，奥康纳是在尝试对第一个问题回答的过程当中提出自身对后一问题的理解。而这两个问题关涉对社会主义的深层次认知，在我们坚定走社会主义道路的同时，增强对社会主义的理解，从更深层次认识社会主义的本质特征、社会主义中的生产与分配的关系、社会主义所具有的正当性，对于青年学生坚定社会主义信仰具有重要的意义。

究竟什么是真正的社会主义？如果说能够如本·阿格尔对社会主义所作出的"不再是一种模糊的、带有某种对于资本主义威胁性的前提，而是人自我潜在、自我决定的社会管理化"的理解；如佩泊所说的"社会主义不是一种资本主义技术中心论意义上的人类中心主义，而是通过生产资料所有制实现的一种对人与自然关系的集体控制"；再如萨拉萨卡所提出的"社会主义不应像资本主义那样总是由社会问题引发大规模的社会运动，而是应对以特定方式解决社会问题的能力的根基发动攻击"；又如奥康纳本人所提出的"使交换价值从属于使用价值、抽象劳动从属于具体劳动"的理想社会，那么无疑社会主义应该是一种新型的社会主义——生态社会主义。生态社会主义不仅体现在理论上，也体现在实践中。在理论上，表现为通过对资本主义生产关系的批判指向一种更为合理的生活方式；在实践中，以新技术、劳动关系和生产方式替代或修葺原有的生产力或生产关系，使理论的批判在各种社会运动和过程当中获得规定性。

如此说来，生态社会主义就其理论上和实践上的表征，应该通向生产正义。在理论上，生态社会主义从资本主义的生产关系中的利润动机出发，认为利润是资本主义经济活动的手段——驱动资本不断进行扩张，又是目的——现实的实现资本自身的扩展，这种资本无限扩张的趋势我们称之为"资本的逻辑"。即马克思所说的："资本只有一种本能，这就是增值自身，创造剩余价值，用自己的不变部分即生产资料吮吸尽可能多的剩余劳动。……吮吸的活劳动越多，它的生命就越旺盛。"① 生态社会主义对资本主义在理论上展开的批判总是以"资本逻辑"批判为核心，资本逻辑是现代社会问题的根源。而资本逻辑的产生、发展及作用的扩大无疑发生在生产领域，"资本主义正是通过'时间空间化'使工人阶级沉入到无休止的'物化'当中而丧失阶级意识。"② 资本逻辑的界限就是自然，而生产是与自然之间发生关系的媒介，"资本主义的自我扩张在经济的维度上没有严格的限制性。但由于资本低估自然界的存在价值，因此它只有通过经济危机的形式来触及生态维度上的局限性。"③ 当资本的无限扩张性面对自然对其外在的限制时，资本主义内在的经济危机必然发生，资本主义的危机"是资本主义的生产力和生产关系与其生产条件之间的矛盾、资本的生产不足与经济危机之间的矛盾以及由危机所导致的把生产关系及社会关系重新整合进更为明显的社会性形式之中的过程"④，故资本主义的危机是以生产为中心的危机。

资本主义的危机又总是以对生产条件加以重组、以增加利润为目标。

---

① 《马克思恩格斯文集》（第5卷），人民出版社2009年版，第269页。

② 韩秋红、史巍：《西方马克思主义现代性批判的双重维度》，《江苏社会科学》2010年第1期。

③ 奥康纳：《自然的理由——生态学马克思主义研究》，南京大学出版社2003年版，第289页。

④ 奥康纳：《自然的理由——生态学马克思主义研究》，南京大学出版社2003年版，第258页。

生产条件是仅仅具有虚拟价格的"虚假商品"，生产条件包括商品化或资本化的物质和社会行为。在马克思看来，它包括三个方面的范畴：其一是外在的物质条件，即进入到不变资本和可变资本中的物质要素，也就是生产过程中的设备、原料等条件；其二是生产的个人条件，也就是劳动者的劳动力；其三是社会生产的公共性、一般性条件，如交通运输工具等。一方面资本主义生产能够持续进行就须三方面的生产条件得以保证。另一方面，当资本主义以资本逻辑的利润动机为中心时，生产条件就成为资本主义实现自身价值的必要条件。生产条件就成为资本主义与自然发生关联的重要媒介：作为结果所引发生态和自然的"新陈代谢的断裂"总是隐藏在资本主义的无节制的生产和追求剩余价值的过程当中。在矛盾冲突中，也造成了生产条件的变化所造成的再生产的更加社会化的社会关系，而以这样的条件为前提才能进入生态社会主义。所以生态社会主义是以生产条件的变化为前提，在此基础上发生技术、权力和政治协作关系的变化，最终导致"社会主义的来临"。当然，生产条件不断社会化并不必然意味着一种向社会主义发生转变的自然趋势，二者之间是一种松散的关系，"任何一种既定的作为生产条件的技术和劳动关系，都是与不只一种的、把这些条件再生产出来的社会关系相一致的，同样，这些社会关系中的任何一种既定形式，也都是与不只一种作为生产条件的技术和劳动关系相一致的。"①

　　在实践上，资本主义对生产条件的作用实质上破坏了资本本身的条件。对于外在的物质生产条件来说，资本主义过度利用自然、攫取自然已经超出了自然所能容纳的界限，所导致的必然结果是生产环境的恶化和资本主义生产本身的恶化，"酸雨对森林、湖泊及建筑物构成了破坏，由此对人们的利益也带来很大的负面影响。地下水的盐化、有毒的废弃物以及土壤的蚀失对自然界构成了破坏，从而也降低了自然界的可利用性。农药

①　奥康纳：《自然的理由——生态学马克思主义研究》，南京大学出版社 2003 年版，第271 页。

的生产在破坏自然界的同时，也损害了人们的利益。城市资本对'城市改造工程'的操纵，损害了城市自身的条件，从而也破坏了人们的利益，譬如，人们将不得不承受拥挤的交通和高价的地租等。"① 不仅如此，对物质生产条件的破坏也会波及"生产的个人条件"——劳动力的恢复，资本主义的生产对于家庭、社区固定的生活模式的破坏直接造成了对人的创造性能力进行破坏的劳动关系——用马克思的话来说就是，人在劳动中不是被肯定，而是被否定，不是彰显自身的固有能力，而是固定在资本主义庞大机器上的一个螺母。对物质生产条件和劳动力自身的破坏直接导致社会生产条件的破坏——社会生产条件变得越发庞大，维持劳动力健康的费用、补救破坏生态的费用、修复已被破坏环境的费用、发明可替代资源的费用、解决拥挤城市空间等费用成为资本主义生产所直接面对的问题。生态社会主义就是要实现在生产领域将这系列问题消解的结果，所以生态社会主义诉诸生产过程的正义。

　　生态社会主义应该体现为生产正义，但生产正义却往往被人们所忽视，转而认为生态社会主义应该是分配的正义，这一点无论是在生态马克思主义者或生态社会主义者那里都有所揭示。他们从马克思主义理论出发，认为"一定的分配形式是以生产条件的一定的社会性质和生产当事人之间的一定的社会关系为前提的。因此，一定的分配关系只是历史地规定的生产关系的表现。"② 分配既作为生产关系的前提，也作为生产关系的表现，必然对生产的性质及生产的状况产生重大影响。特别是在资本主义条件下，各种斗争越来越集中体现在围绕着社会财富，特别是剩余价值的分配方式所进行的斗争，斗争的结果是——资产阶级取得胜利并更大程度地占有剩余价值，或者无产阶级通过斗争（主要是劳工组织形式的斗争）获得一部分剩余价值。而传统社会主义就是在资本主义的不合理分配基础上寻求一种合理的"分配正义"。

---

① 奥康纳：《自然的理由——生态学马克思主义研究》，南京大学出版社 2003 年版，第266 页。
② 《马克思恩格斯文集》（第7卷），人民出版社 2009 年版，第998 页。

奥康纳认为，"分配正义"在当前的社会高度发展状况下是无法真正实现的。他具体区分了不同的分配性正义，认为其包含经济的正义、生态或环境的正义和社区的或公共的正义。经济正义涉及财富、收入的公平分配和负担的公平分配；生态正义涉及环境利益和环境成本的公平分配；社区或公共正义涉及资本积累给某些特定群体所带来的利益与损害的平均分配。这三种"正义"都不同程度上涉及了利益与负担、损害与补偿，都是需要通过损害和赔偿机制将破坏的程度通过外在的经济标准加以衡量，这种"正义"总是诉诸国家税收或福利政策的补偿。所以，分配性正义将所有的人或物的成果和损害都固定为价格——物的赔偿价格是其价值与供求关系的相互作用，人的赔偿价格是对人的健康损害所形成的医疗账单加上一定精神损失构成。这样的"正义"是市场性的正义，用成本与价值衡量一切，"分配性正义（生态性的社会民主）是以当前视阈中的市场，以及根据市场对人的生命和健康（濒危物种等的生命就更不用说了）的估价所作出的有关罚金和红利、税收与补助金的核算为前提的。"①但事实上，在当今的客观社会生活当中，这种核算是无法实现的。

奥康纳认为，成本和利益核算在以往社会化生产尚不完善的社会中具有一定程度上的稳定性，一些经济学家能够按照政治经济学的规律将成本以数字的方式表达出来。但在当前劳动力、自然、社区以及商品的生产和再生产已经达到很高的社会化程度时，成本和利益就难以实现。例如劳动力的价值和成本，马克思曾经认为劳动力商品的价值由维持劳动者自身生存必需的生活资料的价值，用以再生产劳动力；劳动者繁衍后代所必需的生活资料的价值，用以延续劳动力的供给；劳动者接受教育和训练所支出的费用，用于培训适合资本主义再生产需要的劳动力等构成。但在当今的时代条件下，每一部分的成本都难以衡量，每一部分都涉及许多其他的问题：医疗、教育、食品、休闲等诸多领域，许多复杂因素的相互作用才能

---

① 奥康纳：《自然的理由——生态学马克思主义研究》，南京大学出版社 2003 年版，第536—537 页。

形成劳动力自身。物的补偿也是如此，在当今的社会，"科学和技术从其特征来说是如此的社会化，而且劳动的分工和功能的专业化也达到了如此难以令人置信的复杂程度，以至于根本没有一个可靠的标准可以用来计算成本和利益。"①物作为产品自身已经不仅仅凝结劳动力的价值，还包括科技等因素在内，发生作用的过程是复杂的、多变的和不确定的。

社会化的发展使分配性正义所赖以存在的成本估算机制已经难以实现，因此奥康纳认为分配性正义在社会化生产条件下已经变得不可能，分配正义越来越不可能获得合理的测定和实施。特别要强调的是"分配正义"过多强调分配领域内的正义，是一种被动的正义，是建立在生产过程基础之上的正义。以资本主义的国家福利和税收制度所保证的"分配正义"是虚假正义，既不能解决资本主义本身的问题，也不能解决资本主义与自然之间的关系问题。资本主义与生态学之间是泾渭分明的——资本的逻辑是造成生态问题的根本原因，诉求生态学与社会主义的联姻就成为解决问题的思路。只有社会主义能够从根本上——也就是生产领域实现正义，这不仅仅是在量的规定性上探求破坏和补偿——破坏就是破坏无法实现补偿，从根本上改变先污染、后治理的资本主义生产逻辑；转而寻求在质上实现生产与自然的和解——以生态学眼光看待生产过程，使生产过程呈现为积极外化物的最大化和消极外化物的最小化。

按照奥康纳所说，"'生态学社会主义'这个术语来界定这样一些理论和实践：它们希求使交换价值从属于使用价值，使抽象劳动从属于具体劳动，也就是说，按照需要（包括工人的自我发展的需要），而不是利润的需要来组织生产"，②所以生态社会主义的目的就是使劳动产品的价值从属于使用价值，使劳动产品的以利润为目的的生产从属于以需要为目的的生产。在奥康纳看来，真正的社会主义生产是从属于人的需要的，而不是以

①　奥康纳：《自然的理由——生态学马克思主义研究》，南京大学出版社 2003 年版，第537 页。

②　奥康纳：《自然的理由——生态学马克思主义研究》，南京大学出版社 2003 年版，第526 页。

利润为驱动的，正像马克思在《资本论》中批判以李嘉图为代表的古典政治经济学时就指出，他们所犯的错误就在于没有"考虑剩余价值的起源"，并公开宣称劳动生产力是利润产生的原因。奥康纳认为劳动生产力的提升与利润之间并无必然的联系（其联系仅仅体现在资本主义生产关系当中），而其却必然与人的需要紧密相关。在当前的劳动生产过程、产品消费过程普遍受到批判的情势下，生态社会主义不再是提出一种规范性主张，而是一系列可以实施的实证分析。生态社会主义与其说是一种社会制度，不如说是一种生存态度；与其说是一种现存的状态，不如说是一种存在方式，其集中表达了对社会正义的另一种解读——社会的正义应该从定量的分析转向定性的分析，即不再衡量人们在生产活动中获得多少配额的平均，而是更多关注生产过程本身的正义，生态社会主义在奥康纳看来就是生产正义的社会。

生态社会主义的确应该是"生产正义"的社会，在这样的社会中一切自然都是社会的自然和产生的自然，而这一自然又总是于生产相互关联的，"通过生产资料公共所有制实现的重新占有对我们与自然关系的集体控制，异化可以被克服：因为生产是我们与自然关系的中心，即使它不是那种关系的全部内容。"[1] 所以生态社会主义不仅局限于对分配问题的探讨，生产问题才真正作为生态社会主义的中心；资本主义正是在生产问题上体现出最初的促进生产发展到最终的阻碍生产发展，才会为社会主义所替代。"生态社会主义在理论上是对资本主义生产关系影响或建构生产力（如土地、能源、原材料、技术、机器、劳动技能、劳动组织以及其他的一些生产的资料和对象；住房、交通和其他的一些再生产和消费的资料和对象）方式的一种批判"。[2] 在这样的批判过程中，能使一些生产关系变得更加清晰，从而能够通过在理论上的启发引导实践活动现实的改变，改变当前的市场统治、商品拜物教和普遍异化状况，真正结束资本主义制度

---

[1]　佩泊：《生态社会主义：从深生态学到社会正义》，山东大学出版社2005年版，第355页。

[2]　奥康纳：《自然的理由——生态学马克思主义研究》，南京大学出版社2003年版，第527页。

所具有的剥削特征。

通过奥康纳对生产正义和分配正义的分析，我们看到了他所得出的结论：只有生产正义才能真正实现生态正义。在他探讨的基础上，我们仍然要接下来思考：是否存在完全脱离分配正义的生产正义？是否生态社会主义仅仅依靠"生产正义"就能解决问题呢？生态社会主义是按照需要生产而不是利润生产，那么以何判定需要呢？仅以生产性正义能够达到生态社会主义所诉求的社会正义？这是奥康纳留下的问题。而事实上，生态社会主义应该诉求生产正义与分配正义的相互结合。

生产正义是生态社会主义的基础，正如奥康纳所说：生态社会主义应该是"使消极外化物最少化，使积极外化物最大化的劳动生产过程和劳动产品"，[①] 如果从生态社会主义对人的需求的控制来说，这一生产过程是生态社会主义的核心，也是实现生态社会主义的生活方式之根本。但生态社会主义也应该是"分配正义"的社会，就生活世界中的现实状况来说，生产正义与分配正义又总是相互关联的：生产总是要在一系列技术性和非技术性的庞大体系、一系列复杂的法律法规、一些关于城市交通等事项的维护之下进行的，这都涉及利益的分配与成本的核算；同时生产正义是社会主义本质的要求，分配正义也是如此，生产正义是实现分配正义的前提条件，两者共同表征了社会主义所依赖的所有制特征。分配正义又是生产正义的合理化延伸，以利益和工资分享为政策的分配正义是达到公平的社会主义理想的有效途径，所以分配正义在生态社会主义的条件下着眼于资源和财产的分配而不是收入的分配，能够有效地扩大某些群体合法的享有社会财富的权力。

正像马克思所说的那样："要想得到与各种不同的需要量相适应的产品量，就要付出各种不同的和一定量的社会总劳动量。这种按一定比例**分配**社会劳动的**必要性**，绝不可能被社会生产的**一定形式**所取消，而可能

---

① 　奥康纳：《自然的理由——生态学马克思主义研究》，南京大学出版社 2003 年版，第
　　538 页。

改变的只是**它的表现方式**，这是不言而喻的。"① 真正的生态社会主义的正义应该是生产正义与分配正义两者的相互结合，生产正义为基础，分配正义为手段，共同达到社会主义生态正义的根本目的。在生态社会主义者看来，这一正义的实现根植于各种对资本主义问题和制度的批判声音中，出现在对资本主义提出的更为合理的可替代性方案中，而奥康纳的生态社会主义的正义观就是一种强有力的声音。

更值得我们反思的是，从源头处奥康纳认为马克思对社会主义的理解就是一种分配正义，这是对马克思的误解。马克思对分配正义的合理性和可实施性是持怀疑态度的，在《哥达纲领批判》中马克思指出："除了上述一切之外，在所谓**分配**问题上大做文章并把重点放在它上面，那也是根本错误的"。② 这段话更是马克思对"分配正义"所持看法的集中表达。进而马克思对"分配正义"的理解作出了彻底的清算："庸俗的社会主义仿效资产阶级经济学家（一部分民主派又仿效庸俗社会主义）把分配看成并解释成一种不依赖于生产方式的东西，从而把社会主义描写为主要是围绕着分配兜圈子。"③ 可见，马克思是以此将自己与这些庸俗社会主义者相互区别的。在马克思看来，现实的经济运行过程是由生产、消费、交换、分配等诸多环节构成的一个整体，各个环节之间密切联系、互相制约，分配仅仅是整个经济运行过程的一个环节。因此，单纯将分配从整体中抽离出来并孤立地对它加以研究，根本不能得出科学的结论。马克思也不是单纯的想要实现在"生产领域"的正义，而是将生产、分配、交换和消费看作一个整体，不是看作若干个单纯运动的环节。正是在这个意义上，一些西方马克思主义者提出马克思的思维方式是"社会总体性的辩证法"，这样的说法在一定程度上是对马克思思想特征较为准确地把握。

与之相对应，奥康纳却用"正义"的范畴规约马克思对生产和分配关系的探讨。正义的问题大概包括两个层面的问题：一是正义作为一种终

---

①　《马克思恩格斯文集》（第 10 卷），人民出版社 2009 年版，第 289 页。

②　《马克思恩格斯选集》（第 3 卷），人民出版社 2009 年版，第 436 页。

③　《马克思恩格斯选集》（第 3 卷），人民出版社 2009 年版，第 436 页。

极性追求本身蕴含着人类的理想性，"人们逐步接近本原，而这些连续阶段的每一个阶段，既与本原不同，又是对那种特殊类型的错误的一种刻画——这种特殊类型的错误，可能是人们在寻求探究之完成的每一阶段上造成的。因为，每一个阶段都标志着人们的片面见解越来越少，也标志着片面性的越来越少，还标志着片面性的不断产生。只有从完善探究的立场来看，即只有从一种最终的和完全充分的本原概念来看才能最后抛弃这种片面性。"[①] 也就是说，正义只有在终极意义上才能真正实现，而具体实现过程是迈向终极正义的环节。二是正义本身是与其他要求联系在一起的，如罗尔斯就认为正义是社会正义和分配正义，需要在社会的公平追求当中予以实现，"正义原则是在一种公平的原初状态中被一致同意的。这一名称并不意味着各种正义概念和公平是同一的，正如'作为隐喻的诗'并不意味着诗的概念与隐喻是同一的一样。"[②] 也就是说正义本身就是公平等社会要求背后的根本要求，正义与平等之间存在着关联，正如霍耐特所说的"社会平等的目的将赋予所有社会成员个人身份形成的权利。就我而言，这一明确表述等于说，能够使个人的自我实现构成我们的社会中所有主体平等对待的真正目标。"[③] 所以正义就是"所有主体必须通过承认关系的参与，拥有个人自我实现的相同机会。"[④] 可以说正义从根本上来说是意味着人类的某种形而上追求，从事实层面上意味着财富的平等和机会的平等。

　　在前一个意义上，或许我们可以讨论马克思的"正义"观，但在后一个意义上，即用公平指代具体的"正义"问题是马克思所反对的。在马克思看来，用公平和正义来指代现实层面上的问题，实质上是用道德评判来

---

① 麦金泰尔：《谁之正义？何种合理性？》，当代中国出版社 1996 年版，第 115 页。

② 罗尔斯：《正义论》，中国社会科学出版社 1988 年版，第 265 页。

③ 霍耐特：《再分配，还是承认？——一个政治哲学对话》，上海人民出版社 2009 年版，第 135 页。

④ 霍耐特：《再分配，还是承认？——一个政治哲学对话》，上海人民出版社 2009 年版，第 135 页。

取代事实评判，这一转换无法真正而彻底地说明劳动者的劳动受到剥削的历史事实，也无法彻底揭示压迫和剥削的根源。因此马克思说："什么是'公平'的分配呢？难道资产者不是断言今天的分配是'公平'的吗？难道它事实上不是在现今的生产方式基础上唯一'公平'的分配吗？难道经济关系是由法的关系来调节，而不是相反，从经济关系中产生出法的关系吗？难道各种社会主义宗派分子关于'公平'的分配不是也有各种极不相同的观念吗？"① 恩格斯也指出："按照资产阶级经济学的规律，产品的绝大部分不属于生产这些产品的工人。如果我们说，这是不公平的，不应该这样，那么这首先同经济学没有什么关系。我们不过是说，这个经济事实同我们的道德感有矛盾。"② 因此"正义"这一概念本身就蕴含着道德感的要求在其中。这也同以哈耶克、诺齐克为代表的自由至上主义者对"正义"批判有着一致之处：哈耶克指出正义包含着"人为设计的幻象"、"共同利益的幻象"、"平等的幻象"，这种道德感的幻象只能把一个预先设计好的社会模式强加给社会，而这样的社会是无法真正达到"正义"的。因此，"正义"和"平等"本身就包含着资产阶级道德感的虚假幻象，而马克思不是在"正义"的意义上研究"生产"或"生产关系"之于社会主义的重要意义，而是在真实的社会历史发展过程当中展开生产、分配、交换和消费的整体环节，展开从资本主义到社会主义的历史发展，这不是范畴的历史，而是真实的历史。

在这个意义上，我们可以看到真正的社会主义不仅仅在于是生产正义还是分配正义，而是在社会整体的意义上达到一种动态的合理性，更为重要的在于如何将这一合理性变为现实性。这才是中国特色社会主义建设致力于达到的，这也是在引导青年人更好的理解社会思潮过程当中应该更加明晰化的。而奥康纳仅仅把现实的问题还原为理论问题，并没有在社会制度变革的意义上探讨社会主义，无论如何都无法实现问题的彻底解决。因

---

① 《马克思恩格斯选集》（第3卷），人民出版社2012年版，第361页。
② 《马克思恩格斯文集》（第4卷），人民出版社2009年版，第203页。

此，社会主义是对资本主义制度的克服、对资本主义危机的超越、对资本主义意识形态的扬弃，是在维护广大人民群众利益基础上的社会制度，而这一点或许才是社会主义的本意。

十八　普鲁姆德：生态性别视角与女性——自然模式

除高兹和奥康纳等生态社会主义者之外，还有一部分学者持女性主义的视角审视生态社会主义问题，加拿大学者普鲁姆德就是其中一位。在她看来，如果说18世纪中叶马克思在《共产党宣言》中曾经用"幽灵"一词指代"人类自由和解放的终极理想"的话，那么在当今时代这样的理想以"幽灵实体化"的方式体现在反抗性别压迫、阶级压迫、种族压迫和自然压迫之中，特别是当这些反抗压迫的理论最终走到一起的时候，其内在整合的力量足以掀翻一切——当女性主义试图用自身的理论价值分析自然和生态时，女性生态主义这一全新的流派就在二者的交结点上生发出来，成为一股崭新的力量。女性与自然的结合，既使女性主义对统治和征服的理解得到极大的深化，更使对自然的统治基于人对人统治的新角度变得更加清晰，特别是当女性生态主义学者将研究定位于生态社会主义时，会对社会主义生态文明和政治民主提供良多的启示。

将男性等同于文明、女性等同于自然，是西方哲学乃至西方文化的一个根深蒂固的古老传统，在人类漫长的追求自身存在意义的征程当中，在人类将自身生存之意义投射于自然之时，对自然的征服变成了人类为自身命定的任务，"从奥斯匹亚宗教、文艺复兴、宗教改革，一直到资产阶级无神论这些西方文明的转折关头，如果新兴民主和新兴阶级更加坚定地镇压神话，那么人们对无法企及且又充满威胁的自然，以及自然极端物质化和对象化的结果的恐惧，都会沦落为泛灵论的迷信，对内在自然和外部自然的征服就会成为人类生活的绝对目的。"① 自然成为人类生存的背景性存在,"在这种语境中,被定义为'自然'也就意味着被定义为被动的、无力的和非主体的,是为处于'前台'的理性与文明的巨大成就(通常是由白种男性专家或企业创造的)提供陪衬的、不可见的背景与'环境'。"② 自然似乎是一块无主的土地,能够随时被侵略性的理性所吞噬或在其基础上结出人类理性的文明之果。与此同时,自然更被定义为一个低等的"国度",一旦说是自然的,就是指野蛮的、未开化的、落后的,应以人类理性和文明的进步加以改造的空间,这个空间是空虚的,时刻等待文明的发展将其填满。

自然或许在原初状态下是没有性别的,但一旦人类进入以私有制和阶级斗争为特点的社会生活当中,自然就为自身谋求了某种性别特征。关于这一点,霍克海默和阿多诺说得很清楚,统治和征服就是没有取得和解的自然,人对自然的征服必然导致人对人的征服,"他们在帮助人类摆脱对自然恐惧的同时,又以自身为人类带上了新的枷锁。"③ 而这一征服在文明社会就以男性对女性的征服表达出来,女性—自然模式自然被建构出来。在普鲁姆德看来,人类对自然的征服一方面使人为自身确证起自我持存性的本质——秩序、理性、必然、阳刚、竞争、暴力,人从此获得单一性的本质并以此作为征服自然的内在力量;另一方面将自然作为人类或理性对立物的同时,必然将人类内部符合理性尺度的部分群体定义为"本质"的,另一部分认定为"反本质"的,反本质的即是恶的、次生的、低等的、与自然相关的,"无论是传统将男性归于理性、女性归于自然,还是如今把男性与力量和野性相连、女性与驯服和居家相伴,都一样是确认了男性的权力。"④ 这样人类对自然的征服反映人类内部变成了为男性对女性的征服

---

① 霍克海默、阿多诺:《启蒙辩证法》,上海世纪出版集团 2006 年版,第 25 页。

② 普鲁姆德:《女性主义与对自然的主宰》,重庆出版集团 2007 年版,第 5 页。

③ 韩秋红、史巍:《西方马克思主义现代性批判的双重维度》,《江苏社会科学》2010 年第 1 期。

④ 普鲁姆德:《女性主义与对自然的主宰》,重庆出版集团 2007 年版,第 21 页。

或男性对女性的权力，女性—自然模式得以建构起来。

女性—自然模式使自然的次等化转化为女性的次等化。人类与自然概念的分离预设了某种规范性的设定，人类的概念包含了极大的正面性的积极价值，与此相应，自然的概念就具有潜在的负面性或反对性；这种反对性延续到人类社会内部，就构成了人类社会的解放话语——对进步和落后的评价标准成为是否符合完美的人性规定，自由、民主、平等、博爱都是特指符合人类本质设定的人群，为维系这种人性的纯洁性，必然要以排斥或否定外在于此的人性为特征，这样女性必然被次等化。普鲁姆德引用波伏瓦的话："成为一个好女人的悲剧，不仅因为其贫乏的生活和受限的选择，也因为成为一个好女人就意味着变成了一个次等的人。只要'中性的'人类理想性格依旧被奉为圭臬，女性的传统角色继续被接受，那么妇女就要永远被迫将自己视为低人一等，也要接受别人的看法。"[①]女性被迫置身于人类文明进程之外，沦为人类（男性）征服自然过程中的"他者"，"他者"的地位使得女性永远是处于"去中心"的次生性位置的。

女性—自然模式使自然的背景化转化成女性的背景化。普鲁姆德指出："对妇女和自然进行否定的一种主要形式，被我称为'背景化'（backgrounding），也就是将她们处理成前台的那些高高在上的显赫功绩和成果所必要的背景。"[②]这也是女性次生性地位延续的必然结果。类似于自然对于人类来说的仅仅作为人类活动的场所、资源的存在，特别是这种状况在现代化大生产的条件下得以强化，人类自身再生产和生活活动以自身的方式向自然证明，对自然的依赖在伴随着人类进步的不断减弱，似乎一旦达到某种境地（人工产品代替自然原料），自然就可以被完全放弃了。自然完全成为背景和空间，犹如绘画作品的背景，只是对表征的主题起烘托作用而已。这种理解借由女性—自然模式反映女性生活当中，这种背景性存在尤在加深：女性在社会生活中总是从事背景性的职业——服务

---

① 普鲁姆德：《女性主义与对自然的主宰》，重庆出版集团2007年版，第26—27页。

② 普鲁姆德：《女性主义与对自然的主宰》，重庆出版集团2007年版，第21页。

人员、护士、保育员、秘书，而与主流生产性行业绝缘；女性在社会生产领域当中的贡献通常是被忽略不计的；女性在社会历史领域的宏大叙事当中，也总是"不在场"，女性与历史相互分离，对于女性来说她们的存在似乎只是为了"人类"这一群体的完整性而已。

女性—自然模式更成为主宰人们思维领域的根深蒂固的思维模式。当女性的次生性存在和背景性特点伴随着社会历史不断得以强化，类似于女性主义者提出的"父权制"传统就根深蒂固了，而最为危险的在于这一传统已经成为一种思维方式起到不断强化问题的效果，普鲁姆德将其称为"二元论的逻辑结构"。这一"逻辑结构"不但是女性—自然模式产生的根源，更造成种种女性问题。改变女性状况，必然要对二元制的逻辑结构展开批判。

关于二元制逻辑结构如何构成女性问题的根源，普鲁姆德是用一个类似于柏拉图的"洞喻"予以说明的。她将我们所处的这个世界、我们的现实生活称之为"二元论之山"，山上虽然有若干小径，但山中终日雾霭重重遮蔽了人们的视线。这若干条小径都通向一个叫"逆反之洞"的地方，所有的东西到了这里都会上下颠倒，人们似乎能够在这里找到理想的乐园——这与人们想要逃离的那个现实世界正好相反。在这个"逆反之洞"中所有的一切都通过自身的对立物而得以确证并使得自身得以定义——人类通过自然、男性通过女性。也有一些人试图避开洞穴，但其结果不是在"话语之井"周围徘徊，就是落入"肯定性的沼泽"或"差异性的沙漠"。

普鲁姆德想要说明的是，二元制的逻辑结构就是"逆反之洞"，整个几千年来以西方哲学奠基的西方文明都是在这一"逆反之洞"中得以延续的，女性问题也正是在这样的"逆反之洞"的映衬下发生的。普鲁姆德认为在柏拉图哲学这里就确定了以感性世界衬托理念世界并对其赋予男性与女性特点的哲学。柏拉图指出宇宙的主导性物质是理性的男性物质统治着女性的非理性物质。理性作为人的本质，它不仅是一切知识的根据，而且是一切价值的根据，是人生的终极尺度和可靠支点。柏拉图如此，以后的西方哲学家也是如此。女性主义思想家苏珊·博尔多认为笛卡尔哲学是一种对女性主义的逃离，"笛卡尔从这个世界上驱散的灵魂是一个女性灵魂……这一点在柏拉图这里是最清楚不过的，世界上有一个灵魂——一个女性灵魂——它渗透于宇宙的有形身体当中。"[①] 不仅如此笛卡尔的"我思故我在"用"思"来定义"在"，使得二元对立的认识结构在认识论层面保留和延伸了一种男权思想对自身的解释，"知识的两大理想状态——免于疑惑的自由和客观性——同时也被解释为摆脱身体的束缚和它的误导、拖累及阻碍。但是这些特点与其说是为笛卡尔的主体建构了一个男性身份，倒不如说是为其建构了一个主宰身份。"[②] 笛卡尔之后的西方哲学大抵延续了这种二元论的思路，无论是强调理性的唯理论，还是强调感性的实在论，贯穿于这个启蒙哲学的——正如康德所言——就是公开的对理性的运用。笛卡尔之后，洛克创立了社会契约，整个人类社会、自然界和人类历史都用理性、科学和政治解释，而这些是男性的领地。与女性相对的因素，如伦理、家庭、意义、利他主义等被科学的异军突起挤到了边缘，女性被看作是与理性相对的感性的存在，丧失了自身存在的空间，进而又丧失了政治上的地位，只能沦为被统治的"物"。黑格尔哲学更是将这种对立发展到了极致，人被抽象成了精神和意志，人的历史也被抽象成了精神和意志的发展历史，精神和意志发展到了极致也意味着男权对女权的压制发展到了极致，女性只能处于被遮蔽的状态。

"逆反之洞"的二元逻辑结构首先体现为对背景化和依赖性的否定，背景成为与被突出者毫不相关的东西，"我想象着男权中心主义的现实构成了前景中的空间、形象和运动，而女性连续重复性的日常生活构成了前台活动的背景。保持前台的地位，不掺杂进任何背景中的东西是很重要的。然而，它却绝对要依赖背景的存在。"[③]"逆反之洞"的二元逻辑结构其次体现为一种极端的排斥，如果说强调人类与自然、男性与女性之间的差异只是对某种自然状态的描述，当二元逻辑结构将影响施加其上导致

---

① 普鲁姆德：《女性主义与对自然的主宰》，重庆出版集团 2007 年版，第 74 页。

② 普鲁姆德：《女性主义与对自然的主宰》，重庆出版集团 2007 年版，第 58 页。

③ 普鲁姆德：《女性主义与对自然的主宰》，重庆出版集团 2007 年版，第 37 页。

"某种程度"上的分化、绝对化,"美好的事物与丑陋的事物不会存在任何相似"成为极端者的思想特征,因而人类和自然、男性与女性没有丝毫相似之处,二者是截然相反甚至是相互排斥的。"逆反之洞"的二元逻辑结构再次体现为关系性的定义,人类与自然、男性与女性只能作为一个充盈、一个缺乏;一个积极、一个消极;一个肯定、一个否定的意义上才能被定义,以自我定义"他者"是关系性定义的典型特征。"逆反之洞"的二元逻辑结构最后还同质化为自身特征。虽然最初呈现为二分或者二元,但二元最终必须统一在一元当中,所以同质化是二元逻辑结构的必然结果,"要使男人统治女人这种现象看起来顺理成章,就要同时满足这样的现象,即男人彼此之间极为相同,而与女人极为不同;女人与女人之间极为相似,而与男人极为不同。"[①]在强调男性和女性区别的同时,将男性看作是标准,女性应该向男性看齐。

二元制的逻辑结构是女性问题的根源,它的逻辑演进是某一殖民化逻辑进程的延续。如果说以柏拉图为代表的早期理性主义者为这一殖民化逻辑划定界限——人与自然、动物、奴隶、野蛮人、女性的对立,使人类自我和文化陷入其中的话,那么笛卡尔就代表了殖民化发展的第二阶段——占有,以主体对客体、我思对我在、我在对他在的方式,这就使得殖民化从头脑中的变为"口袋中"的,从理性的规划转变为现实的实施。实施的过程是探索的过程,当人类小心翼翼的探索的结果证明了自身的理性认识和实践能力之时,小心的伪装就必然被颠覆,肆无忌惮的掠夺变成了二元逻辑结构发展第三阶段的重要特征。掠夺之所以为掠夺就在于掠夺仅仅为了满足疯狂占有的目的,而不再是满足自身的需求;作为"他者"的自然或女性没有丝毫的分量,不过被作为一种手段而已——人类生存的背景或人类繁衍的道具;理性将自身作为一种对于消费品和智力资源的排他的拥有者,虽然这些东西是否需要还是尚待探讨的。工具化和手段化是现代社会的典型特征,这一特征发展的逻辑进路必然是吞噬一切"他者",这也

---

① 普鲁姆德:《女性主义与对自然的主宰》,重庆出版集团 2007 年版,第 44 页。

是普鲁姆德认为的二元逻辑结构发展的最终阶段。

　　当工具化成为习惯、侵占与吞并成为常态之时，按照其逻辑发展的进程必然体现为理性或人类吞噬一切"他者"——自然和女性。这一吞噬过程是由理性的特殊形态——理性经济予以完成的。理性经济是理性撇开了其他政治的、文化的、生态的特征的理性，是"主宰身份形式的最新象征，也是建立在全球'企业文化'的理性利己主义至上的理性形式的特征。"①在理性经济阶段，理性以经济的方式占有整个世界，物质的角落、精神的角落都被囊括入人们的经济生活当中，都是围绕着生产和产品的交换、分配和消费中心环节的附属存在，人们的所有生活都围绕着经济利益的巨大杠杆，经济成为衡量人存在价值的唯一标准。在这一状况下，整个世界在归属于理性经济的同时，也异化为理性经济的对立物，世界（包括人类世界在内的世界）替代了自然成为理性在更广泛意义上的对立，这一世界不但包括自然、女人也包括男人自身，"理性经济中的理性形式不承认它对他者的任何依赖，它也不承认在它之外的他者。理性经济越来越柏拉图式地把理性解释为是不可侵犯的判据标准，它把早期的目标，诸如城邦—国家和由它所产生的社会目标纳入到自身的范围……历经经济越来越多的把它自己看成是至高无上的目的和其他目的的仲裁者。"②

　　这样的社会是理性经济渗透到社会生活心脏的社会，自然与女性同样不但作为对立物，更加被视而不见了。如果说在理性经济之下，自然已经在经济发展中变成了被遗忘的角落，生态问题既是经济发展过程中所必然产生的问题，也是会伴随经济发展而不断得以克服的问题，这一问题只是理性经济发展问题的附属品而已，那么女性问题就是经济理性为了惩罚对经济贡献不足的女性的必然结果而已，这一问题是自然而然的。在普鲁姆德看来，这样的结局既是女性与自然的死亡，也是经济理性自身的死亡，理性本身以经济理性的方式否认了对他者的依赖，也误解了自身的存在状

---

① 普鲁姆德：《女性主义与对自然的主宰》，重庆出版集团 2007 年版，第 193 页。

② 普鲁姆德：《女性主义与对自然的主宰》，重庆出版集团 2007 年版，第 194 页。

况，在占有和消灭"他者"的同时也是对自身的消解。虽然主宰理性看不到自身的危险，但毁灭世界（自然与人类社会）的同时，也就毁灭了人类自身（男性与女性），"既然它决心开始一个吞噬他者的过程，这个故事必将以两种方式结束：要么是它所依赖的他者的死亡（那也就等于它自己的死亡）；要么是它承认失败而开始转变。"①

在普鲁姆德看来，这一危机已经被许多思想家所发现，他们也致力于解决这一问题，但从最终的效果上看都不理想。比如整体论者反对以主动和被动的原子论的二元关系看待世界，并用生存的智慧将人的生命置身于关系性当中，但仍然体现为一种过度宽泛的阐释个体和人类整体身份的方式，并接受一种被简化的集权统治；再如泛女神论所呈现出的女权主义解释原则，虽然在一定程度上拯救了女性的不平等地位，但事实上它仍然处于等级化和二元化的框架之内，这仍然是"将所有创造力归于一个'中心'名下，不管这个中心是男性的还是女性的。"即便是以怀特海为代表的过程哲学寻求解决问题的方式也是存在一定的缺陷的：他们虽然以过程的流动性将变化赋予自然和社会，但无论如何他们凭借把握过程的方式是人的感觉或经验，而经验感知的丰富程度事实上就已经将自然和社会在内的整个世界区分为中心与边缘，"对经验的划分标准建立在一个人类中心的等级体系中，因为它虽将自然世界看作是相似于人类心智，但层次却较低，尽管不是彻底的不同。这种理论并没有对那种认为自然世界次于人类世界的观点提出真正的挑战，它依赖的是把一组弱化了的属性延伸到他物之上，而人类心智则仍旧是其最完整的体现。"②自然与人类的二元对立依旧是一切哲学理论所解不开的难题。

普鲁姆德认为，克服自然与人类的二元对立需要重建一种反二元对立的方案，"反二元对立的方案是一种政治学，它能够为理性创造一种不同的、非等级制的和整合的角色，以便它可以更好地发展出新的观念、感觉

---

① 普鲁姆德：《女性主义与对自然的主宰》，重庆出版集团 2007 年版，第 195 页。

② 普鲁姆德：《女性主义与对自然的主宰》，重庆出版集团 2007 年版，第 135 页。

和价值，并为人类在这个地球上的存在提供一个新的基础，这个基础不是建立在主宰的幻觉之上的。"①也就是说，在这一过程中，人类生活并不是理性一维独裁的，理性不再作为判据一切的标准和尺度，它承担的角色是促进者，以实现自身的价值承诺，帮助人们在多元的社会生活和多元的政治制度当中，实现对自身和整个世界负责的社会公共生活，这才是理性应该承担的责任。可见，她对二元对立之后的社会设定是一种具有较少的等级性和更多的民主性的多元社会形态。

生态社会主义是这一转变的必然方向。虽然普鲁姆德没有明确提出这一概念，但在我们对其思想的分析中不难得出这一结论。在这里生态社会主义并不指称某种与资本主义相互对立的社会形态，更多地强调理性在可持续发展理念要求下的超越二元制的民主文化的共同伦理基础，"我们要重新调整理性的结构，不是按照精英统治和理性利己主义的主宰模式来设置——因为它们不承认他者对自己的制约"，②而只有在彻底的民主、共同合作和相互性基础之上的新型结构或关系，才能够包容他者，在差异中发挥各自的优势。生态社会主义能够消解身份从而重构身份。女性与自然不再作为为定义男性和人类而产生的背景性概念，这种否定性的身份使两者无法建立肯定性身份，并以此作为政治行动和有效抵抗的基础。而生态社会主义不但以反主体的逻辑将女性和自然看作与男性和人类同样的交互性主体，而且要求女性和自然的身份在超越性、批判性和动态性中获得良好的平衡，女性和自然就是关系性的"自我"，而不再是实体性的自我或主体。在这里普鲁姆德强调延续性、差异性和过程性，将此看作生态社会主义的基本特征，以解构固有二元制逻辑结构为目标，认为在这样的生态社会主义下，人类"才能开始珍视这个世界上的文化和生命那无可估量的丰富性和多样性，与其他生命一起参与生活的伟大对话中来。"③

在某种程度上，普鲁姆德认为，生态社会主义即是生态女性主义"幽

---

① 普鲁姆德：《女性主义与对自然的主宰》，重庆出版集团2007年版，第207页。
② 普鲁姆德：《女性主义与对自然的主宰》，重庆出版集团2007年版，第196页。
③ 普鲁姆德：《女性主义与对自然的主宰》，重庆出版集团2007年版，第196—197页。

灵实体化"的产物，即便它更多的停留在社会文化层面，而非一种政治制度，但它为人类的故事提供了一种"重写"的可能性。人类的故事不再是某种单一主体或中心的宏大叙事，而是多元因素相互作用的历史过程性和阶段性的一致；这一故事中有众多"主人公"、多维的"故事结构"，也就有了保证幸福结局的可能。只有这种多维的叙事视角才可能写出一部具有较少破坏性的戏剧。在这一新的戏剧当中，人与地球上的一些存在之间建立了一种相互合作的关系，在动态的和谐当中找到平衡——人类依旧掌握主动的位置，但与此同时人类对其他存在的依存关系被放置于一个更为重要的位置，两者之间在共同合作一曲"和谐之舞"，在相互成就的过程当中相互塑造。正如普鲁姆德转引贝斯顿的话，"这些他者既非我弟兄……也非我走卒，它们是友邦，链接在我们的生活和时间之网中；它们是狱友，和我们共同承受这个星球的所有壮美与艰难。"[1] 在这一新的戏剧当中，男性与女性共同致力于整个人类社会的进步，特别是女性在私密空间和美德当中所呈现出来的光芒在整个现代社会当中得以扩大，以其独特的非工具主义的特征贡献给人类文明以更多的灵光，真正承担起"人类相互依存故事的守护者"的责任与使命。从思维方式的角度打破原有惯性力量，重新回归自然与人类、男性与女性之间的和谐或许才是对于人类最好的结局。

可以看到，以普鲁姆德为代表的生态女性主义者们所做的思想努力为当代青年人提供了一些启示：她们对女性状况的关注、对日益遭受破坏的自然的关注并将两者的境遇联系起来思考，在思维方式层面上理解生态和女性问题，这是对原有在环境领域当中探讨生态问题的一种超越；她们不仅在生态世界观和生态认识论的层面上表达其对生态问题的理解，更在生态伦理观和生态价值论的意义上力求建立一种男性与女性、人与自然可持续发展的社会；她们主张抛弃男性优于女性、人类优于自然的等级主义理论预设，以动态性和关系型思维将人类与非人类、人类当中的一个群体与

---

① 普鲁姆德：《女性主义与对自然的主宰》，重庆出版集团 2007 年版，第 177 页。

人类当中的其他群体放在相互关联而平等的位置。这是一种具有进步意义的观念，也是当代青年人对其赞同的主要原因。但与此同时，我们更应该引导青年人看到，生态女性主义究竟还仍然只是一种带有乌托邦式的理想，如何实现仍然需要革命的实践活动。无论是女性问题，还是生态问题，我们都应该回到马克思那里，他始终把自己的思考放在人类解放的意义上进行："只有当现实的个人把抽象的公民复归于自身，并且作为个人，在自己的经验生活、自己的个人劳动、自己的个人关系中间，成为**类存在物**的时候，只有当人认识到自身'固有的力量'是**社会**力量**并**把这种力量组织起来，因而不再把社会力量以**政治**力量的方式同自身分离的时候，只有到了那个时候，人的解放才能完成。"[①]马克思对人类解放的追求建立在对社会基本矛盾和基本关系的探讨之上，认为无产阶级通过现实的实践活动而不断实现人类的解放从而实现自身的解放，或许自然和女性的问题更应该放在马克思所力图实现的人类解放的终极意义上才有可能彻底实现。

---

① 《马克思恩格斯全集》（第 1 卷），人民出版社 1956 年版，第 443 页。

下　篇

观念世界的崩塌与多元世界的建构

十九　福柯：人之死与知识型

在严格的意义上讲，后现代主义不具有统一的模式和清晰的边缘。即使按照后现代本身的信念，这样一种有其"硬内核"的状态，也恰恰跌入了为后现代所反对的那种"元叙事"的陷阱。"后现代哲学"本身就反对什么"定义"，因为任何定义都不能不包含"元叙事"，而这正是为后现代哲学所抵制的。但在认识后现代主义的过程中，我们又需要对其作出一个大体的界定："后现代主义"作为一种哲学思潮可以追溯到尼采、海德格尔、维特根斯坦、阿道尔诺等人，主要指 20 世纪六七十年代以来，西方具有反现代体系哲学倾向的哲学思潮。如：反结构主义，企图从批判结构主义的一些基本观念出发，来消解和否定传统体系哲学的基本观念；又如新实用主义，企图通过重建实用主义来批判、超越现代西方哲学。他们既否定笛卡尔以来的早期现代哲学，又否定尼采以来的晚期现代哲学。具体地说，"后现代哲学"主要有后结构主义（福柯、德里达等），新实用主义（罗蒂），建设性后现代主义（格里芬、柯布等）等各种倾向。后现代主义对当代青年学生的影响相对于其他哲学思潮来说，更为深远。后现代主义思潮在当代的发展形态不仅体现在理论上，已经潜移默化地进入了人们的生活和实践领域，甚至成为了一种艺术风格和建筑形式。也就是说它不仅在一定程度上影响了青年学生的理论态度和思维方式，更在一定程度上影响了青年学生的行为方式甚至生活方式。正是在这一意义上，我们有必要通过对其主要思想家的思想展开深入的审视，以便对其进行更为准确地把握。

　　福柯就是一位典型的后现代主义思想家。福柯传记的作者曾这样说："福柯曾标志着一个时代，他也会永远标志这个时代。这个时代就是我们的世界，在这个世界中，福柯的形象似乎会被长久铭记，不容抹杀，并不像福柯在《词与物》一书的结尾时所说的那些沙滩上勾画出的图画，随着海水涨潮或死亡的突然来临而消失。"[①] 福柯的思想的确是后现代思想的重要标志。与正统的哲学家不同，他所关注的是一些从未被传统哲学家注意过的现象，如疯狂、疾病、犯罪、同性恋等。他在自己的著作中以令人惊异的方式将这些被遮蔽的东西揭示出来，把普遍为人们所忽视甚至鄙弃但相当重要的边缘问题和卑微现象呈现在人们面前，并以独辟蹊径的哲学手法作出了原创性的思想分析，这就使人们看到了以前从未看到的东西，领会到了被忽略的东西所蕴含的重大意义。用福柯自己的话说，读他的著作可以感到他"用一种令人震惊的欢快的愚鲁，爆发出一种令人不可思议的大笑"。

　　正因为如此，福柯才给整个思想界带来了巨大的震动，并对人们审视世界的方式产生了重要影响，也影响了当代青年学生。在他们看来，福柯是平民的英雄，他所揭示出来的"人之死"终结了人作为宇宙中心的狂妄，而使人们能够平等的对待其他生物；他发现了癫狂与文明之间的关联，更是他将深藏在人类文明当中的权力结构揭示出来，让人们看到了世界的另一种面目。也正是源于此，福柯才成为在当代青年人当中最具影响的后现代主义思想家之一。他关注边缘以及致力于以一种平等的态度对待其他人、其他物种，这些视角使其思想具有较为浓厚的时代意识，也符合当代青年人的心理需求。但与此同时，福柯思想当中所具有的浓重的后现代主义的相对主义和虚无主义的气质，也容易对青年学生世界观和人生观产生消极的影响。

　　福柯的思想考察以 1969 年为界，分为知识考古学和系谱学两个阶段。在福柯发表于 20 世纪 60 年代的作品中，不少都被冠之以"考古学"之名。

---

① 埃埃里蓬：《权力与反抗：米歇尔·福柯传》，北京大学出版社 1997 年版，第 370 页。

知识考古学是一种类比：正如考古学要挖掘历史的遗迹一样，知识考古学也要挖掘知识的深层，重新发现被掩盖的东西。知识考古学与传统的思想史不同，它并不关心宏观历史并力图在零散的历史事件中建立起统一性和连续性。对于知识考古学而言，它要做的恰恰是从文献逆向追溯历史的遗迹，解构历史的总体性和连续性叙事，回到断裂的、零散的历史遗迹，发现被所谓主流文化所忽略的历史。因此，知识考古学并不是一个学科，而是一种后现代的历史分析方法，它的核心思想就在于对所谓连续性的拒斥。福柯认为，不连续性曾是历史学家负责从历史中删掉零落时间的印迹，而今它却成了历史分析的基本成分之一。作为一种话语分析方法，福柯力图在通常被视为思想史的领域中发现支配不同话语的规则，从而挖掘知识的深层，在话语规则的层面上揭示话语的相似与差别。

20世纪60年代末到70年代初，福柯的思想开始了从知识考古学向系谱学的转变。系谱学的这一概念来自尼采，福柯对其加以发展。他不仅将尼采仅用于进行道德分析的系谱学发展成为一种普遍的哲学方法，而且彻底拒绝了尼采系谱学所保留的寻求"本源"的渴望，表现出更为彻底的后现代风格。系谱学与知识考古学的区别主要在于，知识考古学仅仅将自己的考察对象局限于话语本身，而系谱学则更多地将话语与权力联系起来。或者可以说，系谱学研究的重心不再是知识，而是权力。如果说，知识考古学还试图发现话语的规则，那么系谱学则致力于揭示知识与权力的关系。从考察角度来看，系谱学侧重于寻找偶然的事件，关注事物的细节、表面和外在性及微观要素。在系谱学看来，不存在什么深刻的本质和深层的意义，它要"在事物的历史开端发现不是它们本原的纯粹同一性，而是相异事物的纷争"，因此系谱学被看成是用来把握差异的方法。当然，系谱学与知识考古学所表现出来的反对本质主义、总体性以及连续性的态度都同样具有后现代性。

福柯的哲学研究是从对现代医学和精神病学的研究进入的。他试图通过对精神病的研究，表明精神病并不是一种自然的或生理的现象，而是由所谓理性的文明历史地构造出来的。因此，精神病的历史其实就是理性压迫癫狂的历史，是理性人为地将癫狂塑造为"非理性"并加以压迫的历史。经过考察发现，最初癫狂并不被当作疾病，甚至在柏拉图那里，迷狂被视为理性发展的最高阶段。从中世纪鼎盛期到十字军东征末期，麻风病肆虐整个欧洲，大大小小的麻风病院相继建立。中世纪末期，麻风病逐渐绝迹。在福柯看来，虽然麻风病绝迹，但是它所遗留的某些形式的组织机构和社会排斥模式依然存在，只不过麻风病人的位置被流浪者、罪犯和疯人所填充。到了 17—19 世纪的古典时期，法国建立起专门收容穷人、疯人和流浪者的"总医院"，这个机构的管理者被赋予绝对的管理权力。欧洲在这一时期都将罪犯和疯人混在一起监禁。到了 19 世纪初，出现了要求将罪犯与疯人分开的呼声，癫狂被视为一种精神疾病，由此现代精神病院开始出现。精神病院的医生作为理性的代表发挥着"父亲"和"法官"的作用，他们不仅要像父亲一样把疯人看作是有罪的孩子，而且还要像法官一样对之进行管理。在福柯看来，这一举措并不代表人道主义的进步，精神病院所起到的实质上是道德上和宗教上的隔离作用，它把罪过组织和构造为病人的自我意识，使每个病人为他的疾病或罪过承担责任。对精神病人的治疗只不过是把对精神病人的外在惩罚转换为病人自己对自己的内在的压抑，这种治疗目的在于使病人意识到自己违反了普遍的道德准则并为此感到内疚。福柯认为，整个社会实际上是通过精神病院将一种普遍的道德规范强加给精神病人。因此，精神病院实际上是"一种道德一致性和社会谴责的工具"，实际上是为了从精神上更好的控制病人，是一种巨大的道德监禁。这样一来，我们就从福柯对于欧洲精神病史的分析，看到了人们以前所没有看到的东西，发现了理性文明发展中对待癫狂的深层结构。所谓的"非理性"的癫狂，实际上是包括话语、实践、制度等文化整体构造出来的，它被从理性的视角视为理性的对立面和异类，并因此而受到理性的压迫。他揭示了由于癫狂被现代理性的尺度划到了文化边界的另一边。然而凡是在有理性出现的地方，都有癫狂隐蔽其中，就如同凡是在有生命的地方都隐藏着死亡一样。福柯对癫狂与文明的分析，表达出福柯终生关切的主题：人既是被当作主体构造出来的，又是被当作客体来对待的。福柯通过知识考古学的方法，消解了"崇高"的现代理性。后来，福柯把这种分析从癫狂延伸到普遍的医学，进一步推广了自己的知识考古学方法，撰写了《临床医学的诞生》。这部著作考察了医学从古典时期到现代的历史演变，揭示了临床医学的诞生并不是什么进步，而是医学话语体系范式转变的结果。

通过对现代医学和精神病学的研究，福柯得出结论：理性为人设定了形象，而这一形象会随着当代知识型的变化得以消解，于是他得出了"人之死"的结论。"人之死"已经成为福柯广为人知的一个著名论断，可以说这是福柯继尼采说出"上帝死了"之后的又一惊世骇俗之语。福柯批判了现代哲学对人的研究走向了"人类学"——虽然改变了传统哲学的本质主义倾向，但却走向了经验主义，而无法真正将人作为哲学的必然对象。于是导致了这样的结果，"思想如此酣睡以至麻木，以至于错把昏睡当作警觉。显然为了把现代思想从呼呼大睡唤醒，为了把思想召回到其最早发端时所具有的种种可能性，我们必须消除作为人类思想的主导范畴的人，从而摧毁哲学人类学基础四周的防御，舍此别无他法。"[1]在福柯看来，尼采的"上帝之死"是有价值的，尼采想要通过超人唤起人性的觉解克服上帝之死带来的虚无主义，因此上帝之死的结果需要超人出生——不是人作为末人活着，而是人的未来形态的生成。所以尼采的上帝之死也就预言着人之死。在福柯看来，人杀死上帝是为了自立为王，正如海德格尔所说："如果上帝从超感觉世界的权威地位上消失，那么这一权威地位总是仍然被保留着……而且空位需要被重新占据，现在被驱逐的上帝需要被别的某物取代。"[2]上帝死后，人成为了新的上帝。事实上人的上帝化过程早已开始，从笛卡尔"我思"的发明就已经为人成为上帝奠定了世界之本的功能，因此虽然上帝保证我在，但是事实上人的存在才保障了上帝的存在进而保证了世界的存在。此后康德和黑格尔进一步实现了哥白尼式的翻转，人逐

---

[1]　福柯：《词与物》，三联书店 2001 年版，第 352 页。

[2]　海德格尔：《林中路》，上海译文出版社 2004 年版，第 236 页。

渐取代了上帝成为宇宙世界的独一无二，而这一现象又被尼采毫无避讳的揭示出来。正是在这一过程中福柯看到了上帝之死的必然性也预示了人作为新的上帝之死的必然性。

在这里，福柯所说的人并不是生物学上的人，也不是社会学或心理学的人，而是指人的表象，这一表象随着人的历史生成而不断发生转换——曾经在传统哲学当中表现为知识模式支撑者的思想，此后又表现为作为普遍模式的语言，但事实上不是表象成就了人，相反人是表象得以存在的原因。因此福柯所说的人的存在或不存在，特指人类的表象对于特定时代是否成为知识客体。他对人作出了一些规定，认为人就是由生命、劳动和语言所构成的存在，其独特性就在于通过自身的有机体、语言以及劳动的产品而获得知识。正是在这一构成的独特性上形成了不同的关于人的概念——生物学上、经济学上、社会学上、语言学上，这些对人的不同的理解对应于不同历史时期人的表象的呈现。而人在不同历史时期呈现为不同的"知识型"。所谓"知识型"就是组织和决定知识形式和方法的框架，这是隐含在知识下面的深层结构。福柯认为，在西方文化的不同时期，其实存在着不同的"知识型"。西方文化发展的历史其实就是一个"知识型"不断变换的历史。但是知识型的变化并不存在什么连续性，相反却显示着彼此之间的断裂。按照福柯的分析，近代以来的西方思想发展大体上可以分为三个时期，即"文艺复兴时期"、"古典时期"和"现代时期"。对应于这三个时期，也存在着三种"知识型"：第一个阶段是14—16世纪的文艺复兴时期，这一阶段的知识型以"相似"为特征。福柯说："直到16世纪末，相似性在西方文化知识中一直起着创建者的作用。正是相似性才主要引导着文本的注解与阐释；正是相似性才组织着符号的运作，使人类知晓许多可见和不可见的事物，并引导着表象事物的艺术。"[①]在这一时期，相似性成为事物、词语构造的基本原则。到了17世纪和18世纪的古典时期，相似性的知识型发生了变化，表象性的知识型取代了相似性的知识型。知识就

---

① 福柯：《词与物》，上海三联书店2001年版，第9页。

是对事物的表象，以镜式的方式再现世界。自然科学的大踏步前进就是这一时期知识型发展的产物。这一时期区别于前一时期的突出特征在于强调事物的共性和个性，以此作为对事物进行归纳和排序的标准。到了19世纪至今的现代时期，表现性知识型转变为根源性知识型。人们不再将自我作为主体，将对象作为客体加以表象，而是既将自我作为主体，更将自我作为客体。这一时期发展起来的人文科学均以"人"为对象。人走到了表象的前台，成为世界的中心。福柯认为，在文艺复兴时期，人与万物是相似的。在古典时期的"表象"知识型时代，"人"只是"表象"的主体，而不是表象的客体，因此"人"并不存在。到了现代，"人"这个原来知识的主宰变成了知识的客体，才出现了现代的"人"。在这个意义上，人是现代社会的产物。如果说，西方基督教认为上帝创造了世界，那么，现代思想则认为人赋予世界以秩序，赋予全部知识以确定性。因此，"人"的诞生是现代社会最重要的事件。"人"的诞生意味着全部知识归根结底全部来自于人，人成为知识的王者。现代社会成就了把人置于世界中心地位的人类中心主义观念。从此，上帝的中心位置被人取代。如果说"人的诞生"是"知识型"变化的后果，"现代知识型"造就了"人"，那么，很容易就可以预见到这一事实：当代"知识型"的再次变化将导致"人"的死亡。福柯认为，人关于自身的迷梦已到了尽头，现代的丧钟正开始敲响，我们正在经历着又一次"知识型"的裂变。随着尼采宣布"上帝死了"，福柯也宣告："人也已经死了"，"人"就像画在海边沙滩上的一张面孔，终将会被抹去。从此，"人"将不再处于创造的中心地位，不再站在宇宙的中心位置。

如果说尼采的上帝之死将西方传统文化赖以寄生的人之外在的依赖感全然摧毁的话，那么福柯的人之死就将理性和主体性的唯一和权威进一步摧毁，摧毁的结果不是彻底的让人走出历史舞台，恰恰相反，是让人真正的开始自我的创造。"在此，上帝的死亡与人的消失同义，超人的出现表明人之死的紧迫性。"[1]尼采不遗余力地清除"上帝"这一路障，福柯则毫

---

① 福柯：《事物的秩序》，三联书店1993年版，第56页。

不留情地清除"人"这一路障。以此为基础，人才能开始自由的创造。正如前文所说的那样，知识型的呈现和人的形态的呈现有着对应关系。在人之死的境遇下对应的是知识型幻化成为经验性和实证性的表象方式，这一方式预告了人的限度——人不是自由的，而是受到生命、语言和劳动的限制，人的有限性导致了一切事物的有限性，包括时间空间的有限性、语言的有限性、人的能力的有限性、人的欲望的有限性。"然而还有其他更典型的限制：在某种意义上，这种限制不表现为从外部强加于人的论断（因为他有一个本质或一段历史），而表现为这样一个基本的限度：它仅仅依据自身的存在事实"。① 而现代文化对应于有限的人表达出文化的有限性，"现代文化能够思考人，只是因为它在自我的基础上思考有限"。② 在这一状况之下，哲学所赖以存在的形而上学已经终结了，与此同时人自身的有限性的存在，使人变得更为真实了，而这便是人重新诞生的起点。"文艺复兴的人本主义和古典的理性主义确实能够给人类在世界秩序派定一个具有特权的位置，但它们不能设想到人"。③ 福柯认为以往的一切文化都陷入了人类学的迷梦当中，"人是什么"构成了所有问题的提问方式，这一问题的唯一答案揭示了所有人类的历史和知识。福柯提出应该将人们从人类学的独断迷雾当中唤醒，而彻底埋葬人学，正是在这一意义上，福柯认同尼采"通过一种哲学批判重新发现了人和上帝的相互归属之处。在此上帝之死和人的消失是同义的，超人的许诺首当其冲地表明人的濒临死亡。据此，尼采将未来作为许诺和任务提供给我们，他标志着当代哲学能进行新的思考的起点，而且他无疑将在很长一段时间内继续引导着当代哲学的前行。如果永恒回归的发现确实是哲学的终结，那么就人的终结而言，则是哲学开始的回归。在今天，不可能不在人的消失所留下的虚空中思想，因为这个虚空并未建立一种匮乏，它也不构成一个应当填充的空间，它仅

---

① 福柯：《事物的秩序》，三联书店 1993 年版，第 305 页。

② 福柯：《事物的秩序》，三联书店 1993 年版，第 322 页。

③ Jurgen Habermas. Towards A Society, Beacon Press, 1971.p.99.

仅是一个敞开的空间，在这个空间内有可能再度思想。"① 福柯认为他与尼采一道为现代思想敲响了丧钟，"对于所有那些希望谈论人，谈论他的认识和他的自由的人，对于所有那些仍旧自问人的本质的人，那些将人作为寻求真理的起点的人，将知识反溯至人自身的真理的人，那些没有人类学便拒绝形式化，没有了解神秘化就拒绝神话的人，认为只有人在思考他才思考的人，对于所有盘旋缠绕的反思形式，我们的回答只能报以哲学的嘲笑——在某种程度上，即一种沉默的嘲笑。"② 因此，人的终结或消逝是一种观念形态的人的消逝，是以人为一切文化核心的传统形而上学的消逝，是旧有的已经不合时宜的知识型的消逝。

在对人的形而上学加以批判的同时，福柯也对人的身体、灵魂和自由等问题展开了探讨，从普遍必然性的角度探讨了人的关键问题。人的身体、灵魂和自由曾经在传统哲学当中都被视为人的本质或本性，前两者是在本体论层面，后者是在人性层面。而福柯则认为传统哲学对于人的本体、本性或本质的理解就是一种虚假的观念，应该被彻底抛弃，因为人不仅仅是一个本体意义上的存在物，不是特定本质的独立自存的存在，而是社会和历史的产物，各种不同的社会关系构成了人的独特性。因此在这一意义上，人的本质既不是什么肉体或灵魂，也不是抽象的自由。在《规训与处罚》中，福柯对身体作为人的本体做了探讨。传统的肉体本质说归根结底代表着一种物质主义的传统，这种传统在注重肉体的有形和存在性的同时，将肉体看作是超时间、超文化的既定的东西，代表了人性当中最不易变化的稳定的部分。而福柯的观点恰恰相反，他认为对肉体的这一认识是未加反思的，身体也同样是由社会构成的，被历史所规定的，"身体并不是一个生物学概念，而一个历史概念。它根植于政治领域，从属于控制它、装饰它、训练它、折磨它、强迫它执行任务、表演仪式、发出符号的权力关系。"③ 身体仅仅是由"众多不同的权力铸制的；它被工作、休息和

① 福柯：《事物的秩序》，三联书店1993年版，第342页。
② 福柯：《事物的秩序》，三联书店1993年版，第343页。
③ 福柯：《规训与处罚》，三联书店1993年版，第77页。

假日的节奏所打破，被食物或价值观念所毒害"。① 因此身体在人的现实生活当中是被纳入权力结构当中的，规训与惩罚下的身体不再是原初意义上的肉体，而成为了社会历史的符号。

同样灵魂也无法真正构成人的本质，仍然是"权力碑文的表面"，在著名的《性史》当中福柯通过分析指出，灵魂也不是本体意义上的，也是在不同的社会历史阶段被权力塑造出来的。灵魂包括思想与欲望、疾病与麻烦，从很长一段时间以来，人的灵魂的洗礼就成为被迫的，"人们当众忏悔或私下忏悔，对长辈忏悔，对着教育者忏悔，对医生忏悔，对自己的情人也忏悔。"② 人对自身灵魂的叩问也变成了暴力或胁迫下的行为，"西方人已成为坦白的忏悔的动物"。③ 而忏悔行为的外部动力是权力，因此与其说忏悔是一种灵魂的活动，不如说是在社会历史的强压下重建灵魂的形式，这一重建总是在社会的强力意志下的。

身体的不自由和灵魂的不自由共同说明了作为人的本性的自由只能是一种虚假的东西，在人生存的权力结构当中是难以实现的。"在后现代时代，我们发现，无意识的结构规则最终预先决定了我们以前认为是自由的人的行动。"④ 预先决定人的结构的事物，在福柯看来就是权力关系，"个人也成为权力的手段和工具"。⑤ 人的一切都笼罩在庞大的权力之网中，自由也不例外。从权力与知识的关系来看，由于人文社会科学知识的主题至少部分地是被权力建构的，因此它们不可避免地同权力机制连接在一起。对于科学知识而言，科学知识的确立实际上是建立在对非科学知识的排斥之上的，科学知识总是企图通过在所谓科学与非科学之间划清界限来建构和维护自身的权力地位。这样一来，所谓的"真理"事实上都是权力关系的产物。不仅人的认知是不自由的，人的生活也是不自由的，在《规

---

① 福柯：《规训与处罚》，三联书店 1993 年版，第 78 页。
② 福柯：《性史》，上海科学技术文献出版社 1989 年版，第 58 页。
③ 福柯：《性史》，上海科学技术文献出版社 1989 年版，第 59 页。
④ R. 柯尼：《现代欧洲哲学思潮》，曼彻斯特大学出版社 1986 年版，第 289 页。
⑤ D.F. 格鲁伯：《福柯对自由主义个人的批判》，《哲学杂志》1989 年第 6 期。

训与惩罚》中福柯表示，现代社会就是一个类似于监狱的机构，通过"强制性的、肉体性的、隔离的、隐秘的惩罚权力模式"取代了以往的"表象的、场景性的、意味深长的、公共的集体模式"，纪律这种权力技术逐渐占据了关键性的地位。福柯揭示了纪律作为约束技术对于现代社会所具有的重要意义：纪律实际上是一种约束，它把人的身体作为控制对象，从而产生听话又有用的身体。层级监视、正规评价、检查都是约束技术的模式。在纪律施行约束的过程中，封闭、分割、功能场所的规则都是有效的控制策略。福柯认为，现代社会通过无所不在的约束技术要生产出来"驯顺的身体"。可以说，现代社会就是一个"纪律社会"，是一个权力无处不在的以管理和控制为目标的"规训"的社会。福柯借此表达了对现代社会的批判：主体——自由被主体——征服的关系所取代。

福柯的思想是独特的，也是复杂的，他运用的知识考古学和系谱学的分析方法，与传统的思想史方法存在着很大的差异，其中蕴含着对总体性和连续性的拒斥，鲜明地表达了福柯对传统方法的超越态度。福柯通过对癫狂、监禁、性、知识与权力关系等微观、经验层面的考察与分析，在普遍必然的、不可避免的东西中，透析出个别的、偶然的、边缘的东西，从而明确地表达了对现代社会诸多现象的批判。尽管福柯讨厌人们给自己的思想贴上任何标签，但是如果借用法国哲学家利奥塔关于"后现代是对元叙事的怀疑"的解说来看，福柯的思想很显然是具有后现代性取向的。他关于"人之死"的论断以及对于知识与权力关系的深刻剖析，给现代人和现代思想带来的震动是不言而喻的，这些都充分表明了福柯在自己的思想中激活了启蒙运动的批判精神。正如福柯告诫人们的："'启蒙'这一历史事件并没有使我们变成成年，而且我们现在仍未成年。"①

福柯的研究及其思想都是开创性的，他对人文学科和整个社会科学都产生了非常广泛的影响。不仅如此，他的一些思想还被诸如医学、公共卫生、社会工作与福利、法律、经济学、工商管理、犯罪学和监狱管

---

① 福柯：《福柯集》，上海远东出版社2003年版，第79页。

理、传播、教育、艺术、新闻、公共关系以及生态学等学科和相关行业所吸收，同时其思想也在各种政治运动和社会实践中产生了深刻的效应。在列维·施特劳斯看来，福柯的思想使"整整一代人恢复了对哲学的信心"，为哲学的发展指明了一条崭新的出路。在人们对哲学感到疑惑甚至失望的时候，福柯思想的出现使人们看到了治疗哲学疾病的方法。"我们从以往被认为是真理的东西中分离出，追寻其他的规则，这就是哲学。把思维的框架移位和变形，改变既定的价值形态，用其他的方式去思维，……这也是哲学。"①福柯的这种哲学样式的确令人耳目一新，对当代哲学的发展产生了重要的影响。不仅如此，他的思想也改变了历史领域的研究方法，对年鉴学史的影响深远。在文学批评领域，福柯的思想成为所谓"新历史主义"思潮的重要来源之一。在社会学方面，福柯超越了相对狭隘的社会学传统，把哲学、历史学、心理学和社会学等各种学科的洞察力创造性地结合在一起，缔造了更有弹性和充满活力的社会分析形式。此外，在社会实践领域，福柯的思想也成为许多激进运动的推动力，他本人也参加并支持了许多社会活动。

正如法国著名历史学家维恩所言，"福柯著作的发表是我们世纪中最重要的历史事件"，围绕福柯思想所展开的争议和辩论是激烈的。福柯对现代社会批判是否只看到了其中消极的方面而否认现代性所带来的进步的方面？福柯对现代理性与真理的批判是否蕴含着相对主义的倾向？好之者誉其思想"具有节日清晨般的魅力"，恶之者则由其理论中嗅出"对真理的玩世不恭"的气息。当青年人从中读出并接受对大众文化和工业消费文化的庸俗化和波谱化的批判；话语分析、权力结构、主体生产等言说和透视社会现实的武器；文明或文化的困境；甚至性别主义和同性恋文化等内容，一方面他使当代青年人的思想更加开放和多元，而另一方面在多元和开放的过程当中，也逐渐进入了一种否定性、悲观主义和无中心主义的状况。同时他对权力无所不在的揭示也有体现为有夸大之嫌的"泛权力论"，

---

① 福柯：《权力的眼睛》，上海人民出版社 1997 年版，第 108 页。

特别是当福柯的思想被青年学生所接受，这些夸大了的权力论只能带给他们的生活以压抑和恐惧，但事实上这种权力结构发生作用的范围以及影响的程度是应该再进一步进行具体分析的。这充分表明，福柯的思想是复杂的，其中也许蕴含着它自身无法完全克服的矛盾，这些矛盾需要对青年思想加以引导。在开放性、广泛性和多元性的同时，也要以主流性、核心性和正确性帮助青年人更合理的批判和借鉴这些思想，从而形成更合理的认识。

二十　德里达：本质世界的解构
与意义的不确定性

　　在著名哲学家德里达逝世的悼词中，法国前总统希拉克这样表达：
"因为他（德里达），法国向世界传递了一种当代最伟大的哲学思想，他
是当之无愧的'世界公民'。"作为解构主义的创始人，德里达的确堪称当
代最伟大的哲学家之一。他的辞世被法国思想界看成是继 1980 年让—保
罗·萨特逝世后的最大损失。此后，《纽约时报》发表坎德尔撰写的讣告，
对解构主义仅以"晦涩难懂"一言以蔽之，引称说"许多并无恶意的人仅
仅为了能减免理解解构主义的负担而期望它死去"。这篇讣告引起了一场
轩然大波，在德里达的朋友与倾慕者们看来这篇讣告是"不公平的、无礼
的、怀有偏见的"，由此形成了一场捍卫德里达的运动。也许这场"风波"
充分表明了德里达是一个充满争议的人物，他的思想的叛逆性注定他不仅
在生前而且在死后也必然充满争议。事实上，伟大的哲学家及其思想都不
可能是平静的。由这位犹太后裔、晦涩哲人、学界怪杰所创建的解构理
论，是思想史、文学批评史所无法忽视的一道精神风景。

　　德里达对中国社会影响深远还因为这位哲学家有着很深的中国情结。
作为一个坚称自己是"马克思主义者"的思想家，德里达向往以马克思主
义作为指导思想的中国，他曾经在 20 世纪 80 年代在中国社会科学院、南
京大学、复旦大学、上海社会科学院等院所进行学术交流，让中国人了解
他的解构主义，也满足他对中国社会的好奇。他向人们解释了什么是解
构主义："解构不是摧毁，不是批判。解构是一种思想的工作，正在进行

的、通过来临的东西进行的工作。解构完全不是一种达到一个'建筑'然后再建立一个'新的'的运动。每一个解构的运动，解构的'建筑'都不同，而这二者不是对立的。解构不是否定的，而是肯定的，就是对'不可能'的肯定。如果一定要确定通过解构人们建构了什么，我要重复我说过的：那就是世界的新面貌。"①同样，他也表达了对中国社会和中国文化的认同，"自然，谈论中国、中国哲学和文学，于我不是专长。但是我要说，我在解构思想中所要说的一切，都伴随着'祛除'传统的西方中心的努力。解构首先是对占统治地位的西方哲学传统的解构……我希望，哲学在世界范围内建立新的人类的观念。"②可以看到，在德里达解构主义中所包含的对绝对真理的拒斥态度，对一维中心的深刻批判以及对人类世界文化的未来走向的深切关注吸引了中国社会和中国人对解构主义的热情。这一热情首先在文学和艺术领域当中蔓延开来，随之又进入了哲学和文化领域，一度引起中国社会特别是青年学生的狂欢。然而随着解构主义不再是一种严肃的研究态度，而仅仅作为一种姿态，解构主义也就失却了其内涵的力量，而走向了一种拒斥和否定的深渊。

无论如何，"解构"代表了德里达思想的精髓。"解构"一词现在不仅成为学术界经常使用的学术用语，而且已经几乎成为日常用语了。人们常把解构看成是颠覆和否定的同义语。实际上，在德里达那里，解构是一种"超出哲学的非哲学思想"，也就是说，德里达想通过解构达到类似于"以子之矛攻子之盾"的手法消解传统哲学的思维方式和话语系统，达到消解西方"逻各斯中心主义"霸权的目标。"逻各斯中心主义"是西方传统哲学根深蒂固的特征，人们往往设定世界存在着一个中心，并幻想用语言去呈现这个所谓世界的真实性。逻各斯中心主义就认为存在着一种以二元对立为基础的意义等级秩序。如思想与意见、真理与谬误、理性与感性、言语与文字、生与死、本质与现象、逻辑与隐喻，等等。在这种秩序中，每

---

① 杜小真：《德里达中国讲演录》，中央编译出版社 2003 年版，第 46 页。

② 杜小真：《德里达中国讲演录》，中央编译出版社 2003 年版，第 46 页。

一对二元项之间并不是平等的。思想、真理、理性、逻辑等都是作为基础使自身存在且永远在场。对于传统形而上学而言，存在的、在场的东西是根本的，而不在场的东西则是无意义的。因此，传统形而上学又被德里达称为"在场的形而上学"。他认为，在二元对立之中，前项与后项所处的地位并不是平等的。前项往往处于首位的、本质的、中心的、本源的，而后项则被看成是次要的、非本质的、边缘的、派生的。在德里达看来，整个西方哲学从柏拉图到卢梭，从笛卡尔到胡塞尔，都设定先有善而后有恶，先有肯定后有否定，先有本质后有现象，先有单一后有复杂，先有必然后有偶然，如此等等。这种设定构成了传统形而上学最永恒、最深刻和最内在的程序。在传统形而上学思想家那里，他们往往推崇总体性、基础性、确定性、同一性。德里达解构的对象正是被传统形而上学所强加的等级结构秩序，以颠覆传统形而上学的二元对立，从而突出差异性和不确定性。只要瓦解了传统形而上学赖以自持的顽固结构秩序，那么，传统形而上学必然会陷入坍塌。毫无疑问，这种解构对西方形而上学带来的震动是巨大的。

在德里达看来，逻各斯中心主义对绝对、统一、本质的不懈追求是一种偏执，因为这些对于现存世界来说都是不存在的，其中蕴含着自身无法解释的深层次矛盾——中心既然是唯一的，那么为什么会形成多元的哲学体系。这也就说明了中心本身就是多元的，而哲学史的发展历程就是无数个多元变化的结果，也就意味着没有中心。这也恰好说明了，逻各斯中心仅仅是一种思维方式而已，运用这一思维方式能够在思维中形成统一的力量。事实上主体与客体、必然与偶然、普遍与特殊、语言与文字只有在思维的统一性当中才能实现一致。因此它既是基础也是中心和原则的，其本身是必然，而与之对立则是偶然，两者之间的关系是支配和被支配的关系，支配和统治就是逻各斯中心主义对人类社会最深层次的影响。这一思维方式造成了本质的、中心的与衍生的和边缘的之间的对立和冲突。而解构就是一门让对立和解的艺术，"解构活动并不触及外部结构。只有居住在这种结构中，解构活动才是可能的，有效的；也只有居住在这种结构中，解构活动才能有的放矢。之所以说在一定程度上居住在这种结构中，是因为我们始终都在居住，甚至在我们没有料到此事时仍然如此。由于必须从内部入手，由于要从整体结构上借用它们，也就是说，不能把各个因素各个原子孤立起来，解构工作始终在一定程度上成了它自身劳动的牺牲品。"①

逻各斯中心主义最初肇始于语音中心主义。语言本身作为最直接表达说话人意向的事物具有最清晰的直接性。文字虽然也可以传达含义，但对于大部分人来说文字所传递的含义相比较于语言其能够被人们所把握到的含义的真实性要相差很多。语言和文字所包含的意义不仅存在于主体的内部或直观，其自身就包含着生命。因此，"直观的不在场——即直观主体的不在场——不仅仅是被话语所容忍的，人们只要就其自身思考它，它就是一般意指结构所要求的。这是一种彻底的要求：一个陈述的主体和对象的整体不在场——作者的死亡或和他能够描述的对象的消失——并不阻碍一个本文'意指'某事；相反，此可能性使'意义'本身诞生，使人们得以听见它、阅读它。"②在德里达之前，胡塞尔就已经探讨了意向性的相关问题，指出了纯粹在场的自我同一的意识是不可能的，而意识本身就是流动的河流，每一个瞬间的自我意识来自过去，又延展向未来，才最终呈现为此刻。德里达从中看到了自我意识本身需要从他者和非此刻中确证自身，"一种纯粹的差异要分裂自我在场。人们认可可以从自我影响中驱逐出去的一切可能性正是扎根于这种纯粹的差异之中：空间、外在、世界、形体等。一旦人们承认自我影响是自我在场的条件，那任何纯粹先验的还原都是不可能的了。"③在德里达看来，自我影响是一种分延运动，"这种分延运动不是突然在先验主体面前出现，前者产生后者。自影响不是一种经验形态——标志一个可能已经是其自身的在者的经验形态。它产生作为与自我的差异中的对自我的关系的同一个，作为非同一

---

①　德里达：《论文字学》，上海译文出版社 1999 年版，第 312 页。

②　德里达：《论文字学》，上海译文出版社 1999 年版，第 327 页。

③　德里达：《声音与现象》，商务印书馆 1973 年版，第 40 页。

的同一个。"① 同一的条件是差异，而对于作为逻各斯中心主义的那个主体和本质只能是差异的产物，也就是说其自身不可能是自生的，而只能是派生的。

不仅如此，语音总是决定文字的，作为文字本质的语音构成了文字表达符号系统的基础，"语言和文字是两种不同的符号系统，后者唯一的存在理由是在于表现前者。语言学的对象不是书写的词和口说的词的结合，而是由后者单独构成的。但是书写的词常跟它所表现的口说的词紧密地混在一起，结果篡夺了主要的作用；人们终于把声音符号的代表看得和这符号本身一样重要或比它更加重要。"② 由于人类社会历史的发展，虽然文字表达所起到的作用越来越多，但语言所起的作用仍然是不能忽视的。正如著名语言学家索绪尔所说的那样，即便在文字表达高度发达的社会，人们仍然须臾不能离开语言，因为语言最接近意识的自我在场，其所具有的真理性和可靠性永远是第一位的，思想本身就在语言的表达当中使存在得以彰显，而文字是符号层面的东西，其与意义表达的关联不是直接的，而是间接的，其自身所包含的物质凝固性，使最原始的生命活动被掩盖和遮蔽了。语言是第一性的，文字永远只能是第二性的。德里达认为逻各斯中心主义就是典型的用语音来控制文字的时代，其自身是以贬低文字为特征的，逻各斯中心主义的第一个显著特征就是"在场的形而上学"，而语音本身的在场性远比文字本身真实的多，这是逻各斯中心主义等级暴政的根源。虽然相比较于语言，文字的确有些缺憾——其不能反映言说者的当下状态、语调表情，总是将当下和此刻抽象为普遍性，但文字符号对于解释的意义则更为深刻，因为语言本身是已逝的，而文字却是能够在历史的变迁中留存的，能够给我们的理解提供更多的资源和素材，结果使文字与我们的解释经验相互结合成为传统的一部分。这样一来原有的语言中心主义就不是全面的了。在德里达看来，语言要想发挥自身作用必须的条件是遵

---

① 德里达:《声音与现象》，商务印书馆 1973 年版，第 42 页。
② 索绪尔:《普通语言学教程》，商务印书馆 1980 年版，第 47—48 页。

循普遍的用语规范，人们虽然作为个体使用语言，但事实上却必须在普遍的适用性当中使用语言。其自身是在场，但其表达更多却依赖于不在场。在这一意义上，语言和文字没有什么区别，语言的潜在的不在场相对于文字的不在场并没有什么优越感，因此语音中心主义也就没有什么无法驳斥的理由。与此同时，德里达指出语言通过声音刺激人的感官形成感觉，而文字则是刺激人的视觉器官形成体验，在这一点上两者也并无差别。而相比较于前者，文字的更大优势在于其物质性和固化性，能够便于保存和采纳，它保留了人们的思想，在思想当中的"在场"、"出场"具有永恒的意义，相比较于语言转瞬即逝的"在场"，文字的在场更具有存在的意义。德里达得出结论，文字与语言具有相同的本性，并没有中心和从属的关系。这样一来，德里达通过语言与文字关系的探讨试图解构以往的语音中心主义，在这一过程中他并没有在驳斥人们对文字不公正评价的同时，将文字重新树立为中心，而是达到"去中心"化，即消除中心本身，使人们摆脱中心主义的魔咒，重新认识这一多元的世界。

德里达颠覆语音中心主义是其批判的第一步，更为重要的内容是在批判中心后避免建立新的中心，即"为攻击形而上学又不使用其概念是没有意义的。我们尚未拥有任何与这个历史没有关联的语言、句法和语汇，我们无法说出一个解构性命题而它又没有滑入其所驳斥的那类形式、逻辑和隐含的假定之中。"[①] 为了避免在解构中心的同时，使用以往传统哲学的概念而重新走进了新的中心，德里达别出心裁，不再使用传统哲学的概念，而是使用了一些自己发明的中性术语，以此表达自己的思想，这一系列术语包括延异、播撒、踪迹等。

"延异"（difference）是德里达自创的术语，它是迟延（defer）与分隔（differ）两词的组合。"延异既不是一个词也不是一个概念。"[②] 因为"概念化将会把根源、中心，特别是意义引入延异之中。"[③] 德里达认为，词的意

① 王逢振：《最新西方文论选》，漓江出版社 1991 年版，第 136 页。
② 德里达：《声音与现象》，商务印书馆 1973 年版，第 130 页。
③ 德里达：《声音与现象》，商务印书馆 1973 年版，第 130 页。

义不是在相互甄别中彰显出来的，而是在词与词之间的交融当中敞开的。因此，词的意义不是在静态的空间当中呈现的，而是在动态的流动当中敞开的。"它不是一种存在——在场，无论你把它看得多么美妙，多么重要或者多么超验。它什么也不支配，什么也不统治，无论在哪儿都不以权威自居，也不用大写字母来炫耀自己。不仅不存在延异的领地，而且延异甚至还是任何一块领地的颠覆。这无疑正是它……令任何渴求某种领地过去未来之在场的思想都望而生畏的原因。"[①]，如此一来，传统形而上学企图追求和获得终极的意义其实是不可能的。在意义的无尽头的延异中，意义的不可能性被戳穿。

"播撒"（dissemination）是德里达在"延异"基础上推出的另一个概念术语，这一术语是对延异的扩展，它表明语词意义衍生的多样性。德里达认为，由于语词意义的延异，使得意义的传达不可能是直线式的、单向度的，而是像撒种子一样向四面八方扩散从而绵延不断。因此意义就是零散的，从而宣告了任何在场的东西永远不能直接呈现在我们面前。德里达由此进一步阐明，语言的文本中并不存在着什么先验的结构，更没有什么唯一确定的意义解读方式，文本的主题和意义永远处于一种弥散的状态。

"印迹"（trace）是播撒留下的踪迹。在德里达看来，没有任何东西是完全在场的，在场的东西永远是被不在场的东西所规定和说明的。印迹既是在场的又是不在场的，印迹的在场与不在场永远无法确定，它是一种不在场，但又在在场的事物中宣告自己的在场。印迹永远在出现、消失，好像是某种写下又被擦除的东西。德里达由此表明，文本没有原意也没有本源，对文本的解读只能是顺着文本的印迹追索到另一个文本，这种追寻是无止境的。在印迹的无尽头的延异和播撒中，文本的根源不复存在，意义隐遁于无形，陷入了永久的不确定性之中。

德里达的解构主义对于西方传统形而上学而言无疑是具有摧毁性的，它对逻各斯中心主义的批判表现出鲜明的彻底性和决绝态度。同时也对传

---

① 德里达：《声音与现象》，商务印书馆1973年版，第153页。

统哲学赖以存在的"在场的形而上学"以辛辣的笔触予以抨击，以至于动摇了人们根深蒂固的观念，而敞开了新的可能性——迫使当代哲学的存在样式发生重大变化，从而使哲学打破了原有的桎梏而焕发出新的活力。因此，解构主义表现出反哲学文化传统的"后哲学文化"倾向，这一倾向具有鲜明的后现代性风格，体现了追求精神自由的时代精神。德里达从大处着眼、小处着手，从延异、踪迹、播撒等不起眼的术语入手，逐渐挖开传统形而上学的根基，以解构主义的姿态力图消解在场，但却也陷入一定的理论困境当中。

作为解构主义理论，德里达的理论解构一切传统理论的建构主义，但其自身是否构成一种理论呢？如果是，那么其是否也构成对自身的解构呢？按照德里达的理解，解构主义不是陈述或描述，因此其自身并不构成一种理论，"它不是，也不依赖于一种理论"。① 也就是说，"解构不可能用理性或逻辑分析的工具加以说明"。② 这一说法十分巧妙，也构成了德里达抵挡一切对解构主义批判的盾牌。事实上，解构主义具有一种严于对人而宽于待己的特点。其自身也不可能全然只是解构，而没有建构——因为无论任何理论总是包含着一以贯之的理解，否则也不会有解构主义这杆大旗。因此，作为一种理论的解构主义面对其自身昭示的解构主义态度也是无能为力的。他早就指出："我们没有超然于这一历史以外的任何语言……我们无法说出任何一个破坏性的命题，而这个命题又是没有滑入它正想与之一争高下的命题的形式、逻辑和隐含的假设之中的。"③ 而"由于这些概念并不是构成成分或基本粒子，由于它们都是从某个句法和某个系统中获得的，因此，每一次具体的借用都会带来整个形而上学"，④ 德里达的解构思想毕竟给我们当代哲学的发展带来一些新的东西。

德里达的解构主义思想影响了当代青年人，当它给予他们对传统的否

---

① 艾利斯：《抗拒解构》，普林斯顿大学出版社 1989 年版，第 3 页。
② 艾利斯：《抗拒解构》，普林斯顿大学出版社 1989 年版，第 3—4 页。
③ 王逢振：《最新西方文论选》，漓江出版社 1991 年版，第 136 页。
④ 王逢振：《最新西方文论选》，漓江出版社 1991 年版，第 136 页。

定和批判的同时，是否能够任凭解构破坏传统当中一起有价值的东西？当否弃了意义的确定性之后，是否就给人们带来一种相对主义和虚无主义的生活呢？在解构主义摧毁了传统形而上学之后，它使我们所看到的除了废墟之外，便没有什么东西矗立在我们面前。在解构主义面前，世界成为没有价值深度且意义陷入不确定性的平面，在消解所带来的欢娱背后，则蕴含着思想的失落和精神的困倦，这是德里达思想给当代青年人带来的消极影响。而我们更应思考的是：一切结构和秩序的丧失是否会带来人类整个精神世界的分裂呢？或许在解构主义看来，这种分裂则孕育着新的希望，但分裂直接带来的则是意义世界的崩塌以及人的生活和生命的相对性。当解构主义的精神被贯彻到底之时，解构主义是否也将解构自身呢？如果把解构主义的精神贯彻到底，就必然陷入自我解构的怪圈。这些问题表明，我们对德里达的解构主义同样需要它所伸张的批判态度。

二十一 罗蒂：后哲学文化的图景与新实用主义的真理观

罗蒂是后现代主义哲学家的又一代表，与前面几位哲学家的相同之处是对传统哲学理性主义、基础主义、本质主义的拒斥，而不同之处在于罗蒂对哲学与真理问题的关注尤为特殊，而他对真理的理解直接影响了当代青年的价值观。究竟什么是真理？在原有符合论的真理观被罗蒂打破之时，真理本身的绝对性似乎荡然无存。在相对真理的影响下，青年学生一方面有了大胆的批判和否定精神，对一切曾经自称为真理的事物都重新加以审视和评价；而另一方面当真理变成了相对真理，真理也就不再成为真理。真理的普遍化和简单化给青年人带来的是确定世界的消逝和相对世界的确立，以此为立足点，一种相对主义的情绪开始蔓延。这些可以说都是由罗蒂对于真理的论述所带来的影响。

在罗蒂的代表作《哲学和自然之镜》中，罗蒂对两千年来的西方传统哲学进行了深刻的总结和批判。在罗蒂看来，西方哲学自始至终包含着这样的信念——知识本身就是主体意识对客体的直观反映，如同照镜子一样将客观事物如实地表达出来。这样的理解开始于希腊哲学对真理的思考，但被固定下来则是近代以来的事情。"我们把以理解'心的过程'为基础的'知识论'概念归之于17世纪的洛克其人；把作为一种在其中有'过程'发生的、作为分离实体的'心'的概念归之于同一时期，特别是归之于笛卡尔；把作为纯粹理性法庭的哲学观念，……归之于18世纪，特别是归之于康德，但是这种康德的观念却以对洛克的心的过程的观念和笛卡尔的心的实体的观念的普遍承认为前提。"①笛卡尔开启的近代哲学对物质实体和精神实体的区分已经将两者区别开来并探讨了两者之间的关系，培根用归纳的方式将客观事实的现象与心灵所把握到的知识之间建立起关联，洛克的心灵白板说恰恰表达了客观事物与心灵之间的镜式关系，康德则为人的主体与客体之间的关系制定了一系列完善而系统的准则。最终的结果就是近代哲学体现了严整而齐一的反映论立场，表达了镜式的真理观。

在罗蒂看来，西方哲学曾经执着的追求了两大主题：一是对普遍必然性且绝对存在的形而上学追求；二是对知识可能性的思考，即知识如何在客观世界和主观意识之间建立起绝对真理性的关系。围绕着两大主题，西方哲学发生了两次变迁：前者体现为从绝对存在到终极认识的转化，以笛卡尔为转折点；后者体现为从终极认识到语言表达的变迁，以英美语言哲学为代表。然而从终极认识向语言表达的转化显然不是在原有问题解决的基础上展开的新问题，而是对原有未能真正回答问题的回避，于是语言哲学通过拒斥传统的认识论问题而力图掩盖无法回答问题的尴尬。而事实上，语言和心灵之间的关系不过是世界与灵魂之间关系的另一个变种。

虽然罗蒂看到了语言与心灵之间的关系并没有真正解决原有的认识论问题，但他也看到了语言转向的独特之处，"因为语言是一种'公共的'自然之镜，正如思想是一种'私人的'自然之镜一样，似乎我们将能够用语言学词语重述大量的笛卡尔与康德的问题和回答，从而恢复许多标准的哲学争论。"②也就是说，语言转向能够帮助人们跳出认识论的藩篱重新审视原有镜式真理观的可信性，但与此同时语言的新的镜式也是值得反思的。在罗蒂看来，语言转向使语言构成了新的镜式真理，因为"'分析的'哲学是另一种康德哲学，这种哲学的主要标志是，把再现关系看成语言的而非心理的，思考语言哲学而非思考'先验批判'"，③因此，分析哲学的问题及其回答方式并没有改变从笛卡尔到康德的近代哲学的提问方式和回

---

① 罗蒂：《哲学和自然之镜》，三联书店 1987 年版，第 18 页。
② 罗蒂：《哲学和自然之镜》，三联书店 1987 年版，第 179—180 页。
③ 罗蒂：《哲学和自然之镜》，三联书店 1987 年版，第 5 页。

答方式，也就没有真正给予哲学以一种新的形象，哲学仍然在追求永恒真理的道路上徘徊。

罗蒂认为语言哲学转向并非是单一的，而是多元的。主要包括纯的语言哲学和不纯的语言哲学，前者体现为使意义和指称概念系统化的问题，它对认识论的问题不含有偏见。后者则包含着一种认识论的偏见，"这种'不纯的'语言哲学的来源是企图保持康德的哲学图画，以便为知识论形式的探索提供一种永恒的非历史的构架。"① 前者以卡尔纳普等人为代表，后者以普特南为代表。普特南思想分为前期和后期，前期仍然是坚持镜式的真理观，"随着语言的发展，语言的某些部分和世界的某些部分之间的因果联系和非因果联系变得愈益错综复杂，愈益多种多样。……这种联系的本质在于语言和思想的确日益符合于实在，至少在某种程度上是如此。"② 后期逐渐发生了变化，而转换为一种实在论的立场，认为真理需要辩明，"我的观点是把真理与辩明等同起来，不过我说的辩明是理想化的辩明，而不是根据现有证据作出的辩明。我把这种观点称为'内在的实在论'。"③ 无论是前者还是后者都是追求一种带有普遍性和绝对性的真理，这一点在其思想当中是没有发生变化的。罗蒂指出，其前期的语言与世界相符合的观点不过就是心灵与世界相符合真理观的变种，两者遵循了统一的逻辑与思维，后期体现了与前期的差异，但仍然没有放弃语言与世界图式之间的关联，"普特南认为，对任何可能的认识论自然化的批评都给我们留下了他所谓的'内在实在主义'；这种观点说，我们通过说'不是语言映现世界，而是说话者映现世界（即他们的环境），意即对该环境构造一个象征的表象'，可以说明'这样的日常事实，使语言有助于达到我们的目的，获得满足或任何其他事情'。在此意义上，内在实在主义正是这样一种观点，按照我们自己的再现规约，我们比以往更好地再现着宇

---

① 罗蒂：《哲学和自然之镜》，三联书店 1987 年版，第 226 页。
② 涂纪亮：《分析哲学及其在美国的发展》，中国社会科学出版社 1987 年版，第 711 页。
③ 涂纪亮：《分析哲学及其在美国的发展》，中国社会科学出版社 1987 年版，第 712 页。

宙。"① 可见这种改变是不彻底的，是将语言看作是世界的表达。而罗蒂指出，"我们应当把视觉的，尤其是映现的隐喻，完全从我们的言语中排除。为此我们必须把言语不止理解为并未外化内部表象，而且理解为根本不是表象。我们应当抛弃符合语句以及符合思想的观念，并把语句看作与其他语句，而非与世界相联系。"② 也就是说应该彻底抛弃这一观点，把语言与其他语言之间的关系揭示出来，而不是假象语言和世界之间的反应关系。

在罗蒂看来，无论是传统哲学的认识论的反映论，还是语言哲学中语言与世界关系的反映论，总是将真理与知识、感性直观和表象等联系起来。事实上表达了一种主客关系的思维方式，这一思维方式既构成了传统真理观的模式，更构成了一切传统哲学的思维方式。因此认识论问题走向了终结，也就意味着传统哲学走向了终结。而传统镜式哲学的问题在于将心灵或是语言看作是根本，认为真理不过就是心灵或语言把握到世界的表象集合，真理所起到的作用不过是将主体感知到的客观世界表达出来。所导致的结果就是真理本身与人的主观无关——真与假完全与人无关，而是由外在的世界所决定，人只能接受外在世界的规定。这样一来人就成为了被动的，真理仅仅与客观相关，而与主观无关。而罗蒂认为一切真理都是依赖于人的，特别是依赖人的实践活动，人对真理的追求是建立在实践活动的要求之上，一切脱离实践的真理都是对真理的亵渎，其导致的结果必然是哲学的死亡。要想避免这样的后果，就必须打破绝对真理的迷咒，开创新形式，从中解救人与人的实践活动。

罗蒂认为，这面镜子可能布满了迷信和欺骗，一些敏锐的现代思想家已经开始了打碎这面镜子的尝试。罗蒂列举了维特根斯坦、海德格尔和杜威。他认为，虽然这三位思想家最初都想找到一条使哲学成为"基本的"新路，但最后都抛弃了这一自欺欺人的企图。"他们三人中的每一位在自己后期的研究中都摆脱了那种把哲学看成是基本性的康德观点，并不断告

---

① 罗蒂：《哲学和自然之镜》，三联书店 1987 年版，第 226 页。
② 罗蒂：《哲学和自然之镜》，三联书店 1987 年版，第 259 页。

诚我们抵制那些他们自己早先曾屈从过的诱惑。因此，他们后期的研究是治疗性的，而非建设性的；是教化性的而非系统性的……维特根斯坦、海德格尔和杜威一致同意，必须放弃作为准确再现结果的知识观，这种知识是经由特殊的心的过程而成立的，并由于某种有关再现作用的一般理论而成为可理解的。对他们三位来说，'知识基础'的观念和以笛卡尔回答认识论的怀疑论者的企图为中心的哲学观念都抛弃了。"① 因此，今天已经没有人相信，我们内心深处还有一个标准可以告诉我们是否与实在相接触；也没有人相信，终究有一天我们会达到绝对真理。传统的镜式哲学在当代终于要被终结了，因为它消除了世上还有新事物的可能性，消除了诗意的而非仅仅是思考的人类生活的可能。罗蒂认为，"镜式哲学"的终结，意味着基础主义、本质主义和表象主义的破产。在后哲学文化的背景下，当代哲学如果再固守独立于历史和社会发展之外的"永恒不变的哲学问题"和追求"纯粹普遍的绝对真理"，就显得与时代格格不入了，而把哲学奉为"一切文化的基础"和"科学之科学"的自我意识已经过时。当代哲学的发展必须转换视界，走向多元而开放的世界，摆脱自然等级秩序的诱惑，作为和其他文化样式平等的姿态发挥文化批评的作用，自由地表达它对这个世界和这个时代的理解。

这样一来，在实在论的意义上，罗蒂给真理作出了界定，真理就是人们在生活当中对共同信任、共同同意的一种信念，是"一个表示满意的形容词的名词化"。真理的标准不是与客观世界的符合，而是与人们的信念和意见的一致，"我们应该抛弃知识与意见的传统区别，这种区别被解释为与实在符合的真理和作为对正当信念的赞词的真理之间的区别"。② 除了我们每一个人将那些我们认为适合于相信的意见、信念赞为真理的情况外，根本不存在什么真理，真理不过是某个人或某团体当时的意见。

罗蒂所提出的新真理观叫做实用主义的真理观，对此他阐发了四个命

---

① 罗蒂：《哲学和自然之镜》，三联书店 1987 年版，第 3 页。
② 罗蒂：《哲学和自然之镜》，三联书店 1987 年版，第 407 页。

题。"第一，'真的'并不具有说明的用途。"① 罗蒂认为真既不表达主体的
认识与客观世界的符合，也不表达对任何事物的绝对性，而只是表达主体
的某种意见或观点。因此当人们说某事或某物为真理的时候，仅仅在表达
对信任的信念或是意见的赞同态度，除此之外真理没有其他的意义。"真
理的首要标准是其与一个人的其他信念的一致。""是我们的信念和愿望
形成了我们的真理标准。""第二，我们理解了信念与世界的因果关系，我
们也就理解了关于信念与世界关系所能知道的一切。"②"既然真理只是表
达主体的一种赞同态度，那么'知识'正如'真理'一样，只是对我们的
信念的一个赞词，我们认为这个信念已被充分加以证明，以至于此刻不
再需要进一步的证明。"③"可以随意把'真'这个词当作一般的赞词来用，
尤其是用它来称赞他自己的观点。"④ 因此真理不是涉及世界的必然性，而
是涉及信念与世界之间的关系。世界与信念之间主要包括三种关系：其一
是"符合关系"，即两者是相互符合的；其二是"使真关系"，即世界使得
信念成为真的；其三是"因果关系"，即世界成为信念之因，而信念同时
也是世界之因，两者互为因果，罗蒂认为最后一种关系最为真实。"第三，
在信念与世界之间不存在'被造成为真'的关系。"⑤ 在罗蒂看来，符合说
和使真说都存在问题，符合说所存在的问题已经被诸如海德格尔在内的其
他哲学家所看到和抛弃；而使真说也被戴维森所证伪。戴维森认为不能在
语言与信念外找到证明语言和信念的方法，也就是说直接证明语言是事实
是办不到的。如果"符合说"和"使真说"都被否定了，那么"真理"只
能是"信念"，真理或知识作为信念与世界的关系只能是一种因果关系。"第
四，实在论和反实在论之间的争论是无关宏旨的。"⑥ 当我们把符合说和使

---

① 罗蒂：《后哲学文化》，上海译文出版社 2004 年版，第 198 页。
② 罗蒂：《后哲学文化》，上海译文出版社 2004 年版，第 198 页。
③ 罗蒂：《哲学和自然之镜》，三联书店 1987 年版，第 410 页。
④ 罗蒂：《哲学和自然之镜》，三联书店 1987 年版，第 411 页。
⑤ 罗蒂：《后哲学文化》，上海译文出版社 2004 年版，第 198 页。
⑥ 罗蒂：《后哲学文化》，上海译文出版社 2004 年版，第 198 页。

真说都否定了之后，唯一剩下的只有因果说了。而实在论依据因果说，反实在论已经缺乏其根据了，那么关于实在论和反实在论之争也就变得毫无意义了。

在罗蒂的心目中，实用主义有三个根本性的特点：第一，反对本质主义。罗蒂用美国著名的实用主义思想家詹姆斯的观点来说明，真理并不是一种具有真理的东西，相反在本质与现象之间并不存在什么区别。与其说真理是一个事实判断，不如说真理是一个价值判断。真理并不是与实在的符合，而是一种我们对它最好加以相信的东西。凡是我们相信它能够给我们带来成功的有用的东西，就是真理。第二，反对把事实与价值、现有的东西与应有的东西割裂开来的二元论的思维方式。罗蒂认为，"在关于应该是什么的真理和关于实际上是什么的真理之间，没有任何认识论的区别，在事实与价值之间没有任何形而上学的区别，在道德与科学之间没有任何方法论的区别。"① 第三，赞同和主张对话。"对研究，除了对话的制约以外没有任何别的制约，这不是来自对象或心灵或语言本性的全面制约，而只是由我们的研究伙伴的言论所提供的零星的制约。"② 在罗蒂看来，哲学应当舍弃对绝对真理的追求，走出"镜式哲学"的阴影，转向彼此之间的对话和理解。罗蒂否认了西方哲学所追求的知识客观性，他认为，对于真理而言，它并不依赖于所谓的"客观性"，而是依据所谓的"协同性"，这种协同性也就是人们之间意见的一致性。罗蒂的这种真理观不同于传统的本质主义的真理观，它实际上表达了在真理问题上的主体间性的理解，把理解真理的框架从心灵与实在的关系转向了主体与主体的关系。罗蒂的这种真理观既是对传统符合论真理观的克服，但同时它也消解和取消了真理的客观性，使真理变成了共识，包含着相对主义的倾向。

在罗蒂看来，对"镜式哲学"的批判表明，传统的认识论正在走向死亡。罗蒂对解释学十分倾心，他认为，哲学家们通常会发挥两种作用。第

---

① 罗蒂：《后哲学文化》，上海译文出版社2004年版，第248页。

② 罗蒂：《后哲学文化》，上海译文出版社2004年版，第250页。

一种是博学的爱好者、广泛涉猎者和各种话语间的苏格拉底式调解者所起的作用。第二种则是文化监督者的作用。在罗蒂看来，第一种作用适合于解释学，第二种作用则适合于认识论。认识论体现着一种寻找知识基础的愿望，这既表明知识受其"基础"的约束，也表明知识同自然界相"对质"。而解释学则不然，它是开放的，它并不是一种发现先在存在的共同基础的愿望，而只是达成一致的希望，或至少达成刺激性的、富有成效的不一致的希望。如果借助于科学哲学家库恩关于"正常的科学"和"科学的革命"的区分的话，那么，认识论与解释学分别可理解为"正常话语"和"反常话语"。认识论关心的是可通约性，而解释学关心的则是"谈话"。"从认识论来看，谈话是含蓄性的研究；从解释学来看，研究是惯常性的谈话。"①在罗蒂看来，解释学不是一个学科的名字，也不是达到认识论未能达到的那种结果的方法，更不是一个研究纲领。传统认识论的撤除所留下的文化空间，并不会被解释学所填充，因为解释学恰恰反对认为存在一种能够显示其"结构"的永恒中性构架的假设。

对应于认识论与解释学的区分，罗蒂把哲学分为两大类：一类是体系哲学；另一类是教化哲学。很显然，主流的哲学家都倾心于体系哲学；而教化哲学则处于哲学的外围。他列举了三位伟大的教化哲学家，那就是维特根斯坦、杜威和海德格尔。他认为，这三位哲学家的思想超出了传统哲学的问题领域，他们都嘲笑了关于人的古典图画，并抨击了用最终的词汇追求普遍真理的那种努力。至于这两种哲学家的区别，罗蒂谈论的十分精彩："体系哲学家是建设性的，并提供着论证。伟大的教化哲学家是反动性的，并提供着讽语、谐语与警句。他们知道，一旦他们对其施以反作用的时代成为过去，他们的著作就失去了意义。他们是特意要留在外围的。伟大的体系哲学家像伟大的科学家一样，是为千秋万代而营建。伟大的教化哲学家，是为他们自身的时代而摧毁。体系哲学家想将他们的主题安置在可靠的科学大道上。教化哲学家想为诗人可能产生的惊异感敞开地盘，

---

①　罗蒂：《哲学和自然之镜》，三联书店 1987 年版，第 300 页。

这种惊异感就是：光天化日之下存在着某种新东西，它不是已然存在物的准确再现，人们（至少暂时）既不能说明它，也很难描述它。"①

对于罗蒂而言，他当然倾心的是教化哲学。罗蒂通过两种哲学的区分，表达了他所倡导的后现代的哲学观：那就是使哲学成为一种"保持谈话进行下去"的开放性的"文化批评"。这种教化哲学永远也不可能使哲学终结，但他们能够以爱智慧的方式防止哲学走上牢靠的科学大道。对于教化哲学而言，哲学的充分目的就在于保持使谈话进行下去，把智慧看成是维持谈话的能力，而不是去发现什么真理。在他的观念中，那种为人类思想文化活动提供"第一原理"的哲学已经不合时宜。在后现代的视野里，哲学的发展正在走进倡导对话、保持开放性以进行文化批评和实现人文教化的"后哲学文化"的时代。

罗蒂把原有文化形态当中的哲学称为"大写的哲学"，"大写的哲学"热衷于确立自身的霸权，以便作为一切知识体系的霸主。而在后哲学文化当中的哲学变成了"小写的哲学"，如同其他一切知识类型一样，哲学也不再拥有特权。"考虑大写的真理，无助于我们去说某种（小写的）真的东西，考虑大写的善，无助于我们去做（小写的）善的事情，考虑大写的合理性，无助于我们变得(小写的)合理。"②一旦哲学失去了大写的意义，文化形态及其之间的关系就会发生极大的转变。一方面，我们已经抛弃了内心深处的形而上学虚幻的标准，而仅仅探讨的是观念上的认同，这样一来真理的霸权就会消失，人们对真理的追求就会更加热烈；另一方面，在社会生活当中，并没有一类人——无论是"牧师，还是物理学家，无论是诗人还是政治家，都不会比别人更理性、更深刻。"③所有的社会成员都作为文化成员平等的参与对话，有的只有比别人更接近真理的人，而永远不存在真正占有真理的人。与此相对应，没有任何一个文化部分应该作为样板供其他部门仿效——哲学不可以，科学同样也不可以，所有的学科都按

---

① 罗蒂：《哲学和自然之镜》，三联书店 1987 年版，第 346 页。
② 罗蒂：《后哲学文化》，上海译文出版社 2004 年版，第 3—4 页。
③ 罗蒂：《后哲学文化》，上海译文出版社 2004 年版，第 15 页。

照自己学科应有的规范来行事。

在后哲学文化时代，人应该如何生存呢？在实用主义真理观和后哲学文化图景描绘的基础上，罗蒂提出了"主体间性"的说法，认为社会上的的个人所追求的不应该是绝对的真理，而是追求群体当中的协同性问题，即要在群体当中达到同时和共同的赞同，这种共同性的达到有两种方式，"第一种方式是描述他们对某一社会作出贡献的历史。……第二种方式是在他们和非人的现实的直接关系中来描绘自己的生存。……我想说，前一种描绘方式说明了人类追求协同性的愿望，后一种描绘方式则说明了人类追求客观性的愿望。"①与原本追求客观性不同，后哲学文化图景下的人们应该追求"协同性"，也就是追求人们在兴趣、目标、爱好、方式等方面的共同性，最终达到人与人之间的协调。而追求这一协同性的人们就是"实用主义者"。"既不需要形而上学，也不需要认识论。用詹姆斯的话说，他们把真理看作那种适合我们去相信的东西。因此他们并不需要去论述被称作'符合'的信念与客体之间的关系，而且也不需要论述那种确保人类能进入该关系的认知能力。"②

罗蒂被公认为美国当今最有影响的哲学家之一，实际上他的哲学思想已经超过哲学本身的领域，也超过美国和欧洲大陆。在西方文化由现代性向后现代性嬗变的历史境遇中，罗蒂敏锐而深刻地把握了现当代哲学发展的脉搏，通过对传统"镜式哲学"的批判，敞开了"后哲学文化"的景观。罗蒂的哲学思想的确指向了西方传统哲学的根底处，把西方传统哲学的核心信念赤裸裸地揭露出来，使现当代哲学不再步传统哲学的后尘而追寻本质的知识。罗蒂对教化哲学的倾心以及对"后哲学文化"的向往，表达了他超越西方传统哲学去探索新的哲学存在形态的渴望。

在罗蒂的哲学观中，蕴含着"民主高于哲学"、"希望高于知识"的自由理想。罗蒂并不认为哲学有一天会走向消亡，但却坚持哲学需要来一

---

① 罗蒂：《哲学和自然之镜》，三联书店 1987 年版，第 409 页。

② 罗蒂：《哲学和自然之镜》，李幼蒸译，三联书店 1987 年版，第 420 页。

番"彻底的改变"。他站在"后哲学文化"的思想入口处，认为哲学只有摆脱本质主义、基础主义和表象主义的迷梦，才能与人类的其他文化样式平等共存、相互对话，才能使哲学成为一种"自由的思想"；也只有如此，哲学的发展才能走出困境、充满希望。在后哲学文化的景观中，哲学将以"文化批评"的姿态，不断进入文学、历史、艺术、政治学等各种文化领域，哲学家成为了"文化批评家"。对于"文化批评家"而言，"这些人没有任何特别的'问题'需要解决，没有任何特别的'方法'可以运用，也没有任何特别的学科标准可以遵循，没有任何集体的自我形象可以作为'专业'。"[①]不仅如此，各种文化样式之间的僵硬界限和文化霸权也不再存在，它们彼此对话，相互理解，倡导共识。这样一来，传统上彼此对峙的文化领域和专业学科就可以在后哲学文化的平台上相互渗透，从而呈现出有活力的、欣欣向荣的文化景观。应该说，罗蒂的这一思想表达了现代西方工业文明社会的新人文精神。罗蒂倡导的"后哲学文化"，对西方哲学的后现代转向起到了重要的作用。

罗蒂的哲学思想渗透着典型的美国式的实用主义精神。这种新实用主义与其他德国和法国的后现代主义思想的激进性相比，其观点更为持中。从理论走向上看，实用主义的归宿必然是相对主义。它一方面消解了本质主义和基础主义的霸权，把真理还原到人的生活实践以及人与人之间的关系中，它的信念是：宁愿要一个暂时的、可错的生活，也不要一个绝对的、永恒不变的真理；另一方面，这种新实用主义又为了"自由"而牺牲了"真理"的"崇高性"。如何在自由和崇高之间保持必要的张力？或许这是当代哲学未竟的思想任务。但无论如何，罗蒂的相对主义和实用主义的真理观在当代青年人的思想当中留下了印记：这一印记使他们在相对真理和后哲学文化的图景下，在消除了绝对真理和哲学作为文化形态霸主地位之后的世界，更加敢于质疑、敢于批判。但与此同时，当真理变成了相对真理，一切都有可能成为真理，也就意味着真理的死亡。当真理消失，

---

① 罗蒂:《后哲学文化》，黄勇译，上海译文出版社1992年版，第3页。

一切都成为不确定的，不仅在知识论上影响人们对事物的本质认知，更会在世界观和价值观上产生冲击，特别是对于世界观和价值观尚不稳固的青年人来说，没有真理也就意味着可以选择任何思维方式或生活方式，这会导致青年人对道德标准和社会规范的不信任，最终导致相对主义和虚无主义的思想倾向。因此，当我们看到以罗蒂为代表的后哲学文化景观给人们敞开的多元世界的同时，也应该重视如何在多元文化景观当中帮助青年人选择对自身、社会、世界最有利的世界观、人生观和价值观。在多元化的选择当中有所引导，才能使青年人在可能性当中不至于迷失，而选择更为合理的生活方式。

二十二 怀特海：形而上学的拒斥与过程性思维方式

后现代主义在现当代哲学思潮中的表现形态还包括特殊的一支——建设性后现代主义。建设性后现代主义思想可以从总体上代表这样一种思潮：后现代之"后"代表一种新的时代形势，基于社会各领域的深刻变化，一些传统的观念、固化的模式、确定的知识的确证性、真理性和可信服性遭到严重的质疑，以至于我们再也无法生活在现代文明的基本设想与模式之中，故"后现代主义最有影响力的形式常被称为解构，解构理论对来自现代且仍构成为西方文化主流的假定，进行了明确的批判。这一批判工作是有价值的，甚至是必要的。"① 建设性后现代主义相对于传统后现代主义的不同在于在坚持后现代主义的解构和批判的同时，确立一种建设的意识，在破坏的同时重建，这就能够克服后现代主义仅仅给人们留下一个废墟的世界的问题，而给人们以一种新的世界和世界观。

建设性后现代主义对当代青年人的影响主要体现为其所提倡的过程性思维方式，即将生命、世界与人的生活看作是流动的过程，重视的不是结果，而是生成和流动，在过程当中感悟和体会世界和生命的真谛。这种新的思维方式赋予生活以流动性，在某种程度上与马克思的辩证法思想存在一致性，也迎合了青年人对当下生活感受的重视。可以说建设性后现代主义思想融合了生存论哲学、后现代主义等多种思想，体现为一定程度上的

---

① 小约翰·柯布：《建设性的后现代主义》，《求是学刊》2003 年第 1 期。

包容性，是对现当代哲学思潮的一种阶段性总结，体现出对后现代主义问题的校正。

建设性后现代主义的鼻祖公认为怀特海。尽管怀特海从未用"后现代主义"标榜自身的学说，但毋庸置疑在他对过程性的表达与辩白当中始终流动着后现代主义的语调。怀特海始终视自身的哲学为思辨哲学，始终强调时代的运动以及思想的体系化是哲学发展变化的关键因素，因而"思辨哲学就是努力建构一个连贯的、逻辑的、必然的观念体系，基于这个体系，我们经验的一切要素都能够得到解释。"①内在一致和合乎逻辑是这一哲学的本质特征，所谓"内在一致"就是要求哲学图式所借以表达的哲学概念之间应该在彼此互为前提、互相印证中得以辩证发展；所谓"合乎逻辑"即要求各种普遍概念在逻辑一致性和非矛盾性基础上获得具体的呈现。怀特海特意对这一思辨形象加以描述"宛如飞机的飞行：它开始于具体的观察基地；继而飞行于想象的普遍性之稀薄空气中；最后，重新降落在由理性解释所严格地提供的那种被更新了的观察基地之上。"②如此一来，似乎怀特海在承诺的合理性与思辨性一致的意义上继承了康德、黑格尔式的建构，进一步完成了理性或思辨的重建。我们通常认为，黑格尔是具有现代性意识的第一位思想家，是"使现代脱离外在于它的历史规范影响这个过程并升格为哲学问题的第一人"，他也阐明了现代世界的危机和优越所在，即"这是一个进步与异化精神共存的世界"。③也就是说在黑格尔这里历史规范与哲学问题存在逐层深入和不断递进的过程，历史规范上升为哲学问题才能使哲学不断呈现为"时代精神的精华"或"思想中把握的时代"。但怀特海认为现代社会正是因为走了一条相反的路向，才使思辨哲学弱化为历史规范，哲学的弱化就是人的思辨力和思想力的弱化，"现代性的起源乃是从理性思维到历史思维的一种转变。在后一语词中，它包括了经验的研究方法。总之，现代思想寻求的不是事物和事件的终极原因，

---

① 怀特海：《过程与实在：宇宙论研究》，中国城市出版社 2003 年版，第 3 页。

② 怀特海：《过程与实在：宇宙论研究》，中国城市出版社 2003 年版，第 7 页。

③ 哈贝马斯：《现代性的哲学话语》，译林出版社 2004 年版，第 24 页。

而是在更为有限的领域中寻求理解，并满足于次终极的（less ultimate）答案。"①原本思辨的追求事件、事物的本质、终极性原因的哲学思维转变为把握事物发展规律和发展脉络的历史性思维，思维的弱化是理性能力的倒退。

在怀特海看来，当笛卡尔将古代哲学所设立的关于本体的追求以二元的方式予以取代，并力图建构两者之间的关系之时，对终极性问题的追寻就发生了某种转向，"当笛卡尔认为思想是精神实体的一种属性，正如广延是物质实体的一种根本属性。但是，笛卡尔不能说明精神实体和物质实体之间的关系，而且现时代已经通过对这个问题的一系列令人不满的回应得到了概括。对这个问题感到灰心，正是现代后期发展合纵放弃对世界的实在论说明这一方案的理由之一。"②对本体问题的追寻变为了对客观性和可能性的把握，现代社会凭借对事物发展规律的历史性认识方式取得了科学上的巨大成就，科学认知能力的大幅度提升总是建立在对事物历史性而非思辨的把握之上。世界和历史变成了某种可以理解的解释模式，世界必然与其一致，思想更应与其一致。如果两者发生了某种扭曲，就需要通过对世界认知的进一步发展予以填补，更需要思想本身发生更迭。这样哲学变成了努力去证明由科学预设的基本观念的工具，而丧失了批判性本身。至此，现代性失落了思想，也失落了某些更为关键而有价值的东西。

现代社会从其伊始就是反理性主义的，如果说以笛卡尔为开端的近代哲学由终极性问题向次终极性问题的转换标志着柏拉图式的理性主义的终极追求转变为人认识世界的实践努力，那么康德和休谟完成了反理性主义的第二次浪潮。在怀特海看来，休谟以"不可知论"直接否认了事物本身的认知，也间接否定了对本体的认识可能性，本体在知识的领域已成为不可能；而康德更是干脆将世界的可知性完全划归于主体自身之内，"康德及其追随者们假定，存在着一个人的世界，但不存在达到这个人的世界藉

---

①　大卫·格里芬：《超越解构》，中央编译出版社 2002 年版，第 230 页。

②　大卫·格里芬：《超越解构》，中央编译出版社 2002 年版，第 235 页。

以被确定的任何其他世界的通路。如果存在着另一个世界的话，它在整体上也是不可知的。对他们来说，根据定义，这确乎如此，因为被认识的东西正是因此而被引入人的世界中的。"① 而现当代哲学思潮的非理性主义特别是反理性主义浪潮则进一步将这种反理性主义的情愫推至极端，从对终极性问题的解答变成了对语言等具体问题的把握，现当代哲学因理性的失落失去了自身最有价值的终极性问题。

怀特海指出，后现代主义不但与现当代哲学主流相反表征一种对盲目乐观主义的天然拒斥，表征对某种"事物如何真实地存在的精确而恰当的图景"之确信的放弃，更表达了某种对理性主义的重构和重建——为人类生活寻求无意义之"意义"的努力。那么后现代就必然意味着"新的根本隐喻或范式的出现，即对全部证据进行彻底的思考和严格的检验"，这一严肃的思考就是理性的思考，理性主义的回归是全部问题的关键。尽管理性主义的回归在怀特海这里不是恢复为被现代社会所拒斥了的"前现代"的思维方式和生活方式，但它必然要求对现代看似取得无与伦比成就所依赖的观念给予彻底的考察。如此一来，怀特海的"后现代主义"观的核心呈现出来：考察现代社会的观念即思维方式本身，寻求对其合理性的重建。

怀特海哲学始终表达着这样一种努力和期待——建构一种植根于更具经验价值的思维方式和宇宙论思想体系。如何从传统的思维当中转换出来，从而确证合理的思维方式，就是怀特海的重要任务。在怀特海之前，形而上学、宇宙论思想体系是 17 世纪的莱布尼茨—沃尔夫提出来的，并被命名为莱布尼茨—沃尔夫形而上学体系，而后康德也在此意义上使用，但康德赋予这一命题以新的内涵与外延——本体论、理性心理学、理性神学和宇宙论，这些都是形而上学。康德的形而上学不是从研究对象来定义形而上学，而是认为形而上学是一种知识体系，理应包括自然形而上学（宇宙论、本体论）和道德形而上学（价值论、审美论），这是一个新的形

---

① 大卫·格里芬：《超越解构》，中央编译出版社 2002 年版，第 250 页。

而上学。宇宙、世界、必然等范畴在自然形而上学中起建构作用，自由、灵魂、上帝等范畴在道德形而上学中起建构作用。罗素在其自传中提到"怀特海总是偏爱康德的"，即怀特海的形而上学建构总是诉诸康德的构造原理与方法。这体现在怀特海的形而上学旨在勾勒出最一般意义上"实存"或"存在"可能性的必要条件，即任何可能世界中实存的必要条件，所以这一理想是有限的。怀特海努力也达不到自己的目标，但却体现了怀特海理解的形而上学的思维方式：形而上学的思维方式应是有可错性、可修正性、反思性和不断超越性。并且，在怀特海看来，形而上学的主要功能是提供一个一般性框架，这个框架在广度上是以解释最一般意义上的经验、事物本质、价值、审美和自由等。因此指望这一框架解释一切可能的经验是重走近代经验论之路；指望这一框架解释一切可能的理性、意识以及先验是重走近代唯理论之路，这都是极其浪漫和傲慢的理想；形而上学的思维方式应是将知识论、价值论、审美论统一于一个一般的框架内的思维方式。这一思维方式具有自身否定性、关系统一性、整体连续性等特点。"事实上，怀特海的整个形而上学和宇宙论体系，最好被解读作关于整个世界价值论原理（即那些源于一般价值论的东西）的延伸或概括。关于他的哲学的任何东西——从他的方法论到他对语言一般的而有时是深奥的使用——都带有这种审美的、价值的取向。"①

可见原有对形而上学思维方式的理解总是面向于实存，而缺少对实存的可能性条件，即整体的经验生活的考察，而怀特海对思维方式的理解是根植于经验的，他认为应该退回"终极的、整体的、未被哲学的诡辩所歪曲的经验当中"，以经验为依据。"万物皆流"便是我们对哲学体系以及万物规律的终极概括，这一概括包含了三层内涵：其一强调"流动性"本身的重要意义；其二"皆"表达流动性本身具有某种程度的普遍性；其三"万物"作为流动性的主体。三层内涵以递进的方式表达了万事万物的某种

---

① Philip Rose: On Whitehead, translated by Li Chaojie, Beijing: Chinese Publishing House, 2002, p.3.

完整性的特性，这就是形而上学的完整性。在怀特海看来，自柏拉图开始，拒斥形而上学的完整性便成为西方哲学的重要特征。柏拉图在永恒的精神天国中发现完美的、稳定的事物，而在短暂的尘世当中发现不断流变的、不完美的事物。虽然亚里士多德通过实体的"这一个"在某种程度上实现了将稳定的精神世界与表象经验世界二重化的柏拉图式理解的反抗，但理性化的特点始终表达了某种"宇宙空间化"的主张，恰如福柯所说"我们所生活的空间，在我们之外吸引我们的空间，恰好在其中对我们的生命、时间和历史进行腐蚀的空间，腐蚀我们和使我们生出皱纹的这个空间，其本身也是一个异质的空间。换句话说，我们不是生活在一种在其内部人们有可能确定一些个人和一些事物的位置的真空中。我们不是生活在流光溢彩的真空内部，我们生活在一个关系集合的内部，这些关系确定了一些相互间不能缩减并且绝对不可迭合的位置。"时间的流动性被物理空间的凝固性取代，稳定性和不变性成为哲学乃至于科学分析世界的基本立场。这样以笛卡尔为开端的近代哲学，从"我思"到"我在"再到"他在"的过程不仅承诺了感性事物的存在，更将"他在"作为一种空间的存在。"我思故我在"通常被看作描述一个点，没有维度，或平面的延伸；以牛顿为起始的现代科学也"粗暴的命令流动性回到世界之中"，并将它编织进入牛顿所发现的不受任何事物影响的绝对时间当中，时间的流动性极具讽刺性的成为某种均匀性和一致性，空间的凝固化之后的时间绝对化使得流动性变化成为"凋谢"，进而几乎被排除出人类理智的思考范围。

在怀特海看来，事实上以经验的角度看待，事物之间的关系绝非凝固化的，而是过程性和转化性的。在这里怀特海不仅将其作为某种哲学"范畴"，而且作为研究范式或思维方式，以此规约其哲学乃至全部哲学的未来走向，故作为一种思维方式的"过程性"包含如下几个方面的具体呈现：作为一种思维方式的过程性，首先是一种本体意义上的产生的过程性，是"合生"的过程。"'合生'是某种过程的名称，在这种过程功能中，许多事物构成的宇宙，通过把'多'之中的每一个要素确定的整合到新的'一'

的构成中的次要成分中，获得某个个体的统一性。"① 合生就是新事物的产生，即事物获得某种"现实性"，而现实性则表达进入某种具体的终极性，而抽象中的只能是空"无"。合生是事物获得现实性的过程，相对完整世界所凭借的创造性就是"转化"。如果说"合生"是现实世界生成的结果，那么"转化"就是现实世界生成的过程，过程相对于结果总是具有先决性和前在性，"由于转化，'现实世界'永远是一个相对的术语，并且是指作为这种新的合生之材料的那种被预设的实际场的'一'的构成中的次要成分中，获得某种个体的统一性。"②

作为一种思维方式的过程性也是一种认识和感受的过程性，实际场合就是由种种感受的过程所造成的合生，其中所感受到的永恒客体、实际场合、各种感受以及其自身的主观强度形式赋予人类认知以某种更为宽广的普遍性，即符合的感受之感受，这一感受之感受的持续性将会一直延续直到获得某种统一性，达到终极统一性的"满足"。"这种'满足'是合生进入完全决定性的事实之中所达到的顶峰。在其先前的任何阶段上，合生都展示了关于它的许多组成要素之间的那种联结的纯粹的非决定性。"③

作为一种思维方式的过程性更是一种审美的过程性，在对事物进行认知的过程，一方面将事物作为多方面隐秘感受的中心，使其处于多重相互预设的某种联系当中；另一方面也是更为重要的在于诸多感受，那些起初被看作是外在于人的异己感受，被转化为"某种直接被感受为隐秘的审美欣赏的统一性"，我们称之为"想象"。"用物理学的语言来说，这种'标量'形式优越于原初的'矢量'形式：这些起源成为从属于具体经验的东西。那些矢量形式不是失去了，而是作为标量的超结果基础被研淹没了。"④ 也就是说在认识过程成为审美过程的流变当中，流动性仍然

---

① 怀特海：《过程与实在：宇宙论研究》，中国城市出版社 2003 年版，第 385 页。
② 怀特海：《过程与实在：宇宙论研究》，中国城市出版社 2003 年版，第 385 页。
③ 怀特海：《过程与实在：宇宙论研究》，中国城市出版社 2003 年版，第 386 页。
④ 怀特海：《过程与实在：宇宙论研究》，中国城市出版社 2003 年版，第 387 页。

是起着关键作用的，当然审美过程中所包含的人的情感要素是创造性的重要原初动力。

　　作为一种思维方式的过程性当然还包含通过传承过程将直接的、隐秘的感受性转化成为间接的感受性，这既是对认知感受性和审美感受性的有益补充，更是新的合生、认知和审美的起点。合生性、认知性、审美性和传承性共同印证了过程性和流动性无论之于事物的生成抑或理智活动的产生都具有重要的意义。怀特海将合生性的过程作为"微观过程"，而将后几种过程称为"宏观过程"，后者是已获得的现实性向获得之中的现实性的转化，后者是各种条件的变化所产生的现实性，"前一过程造成了从'现实的'到'纯粹实在的'转化；后一过程造成了从实在的到现实的增长。前一过程是直接生效的，后一过程是目的论的。未来是纯粹实在的，没有成为现实；而过去是由诸现实性所组成的一个联结。诸现实性是由它们的实在的发生状态所构成的。现实是目的论过程的直接性，实在通过这种直接性而成为现实的。前一过程提供了那些实际上支配着获得的条件；而后一过程提供了现实地所获得的种种目的。"①

　　在过程性思维方式的基础上，怀特海致力于建立一种新的宇宙观。在怀特海看来，传统哲学的宇宙观就是一种以存在为基石，以力的相互作用为表达方式和内在动力的宇宙观，这一宇宙观集中表现在柏拉图哲学中，他引用了柏拉图在《智者篇》当中所指出的："我的看法便是，任何具有某种影响他物的力的东西，或者能被他物影响（甚至只一会儿）的东西，无论其原因是何等微不足道，其影响是何等地微细短暂，都具有真正的存在；而且我坚持认为，存在的定义就是力。"② 借用此说法表明，传统哲学追寻本体并将本体运动变化的原因归结为力的作用，这一认识并非从近代力学兴起以来才开始出现，而是从源头处就已经与存在论紧密联系起来。而后晚期希腊哲学原子论和实证主义等认识进一步将存在规约在事物之间

---

① 怀特海：《过程与实在：宇宙论研究》，中国城市出版社 2003 年版，第 391 页。

② 怀特海：《观念的冒险》，贵阳人民出版社 2000 年版，第 139 页。

的相互作用中，并以此为依据确立科学的方案——以形成的共识对观察到的事物作出精确的描述，并在此基础上建立起一种实在论的宇宙观。"这种追求解释性描述的冲动使得科学与形而上学之间相互产生了影响。形而上学学说得到了修正以便能提供解释，同时科学的解释也是以萦绕于这些科学家想象中的流行的形而上学为依据来设计的。"①正是在这一意义上，哲学与科学实现了共谋——共同服务于一种宇宙观。此后，牛顿、莱布尼茨和洛克等人各自从不同层面进一步巩固了这一宇宙观。但怀特海认为，他们都夸大了这一宇宙观，将共时态诸因果关系看作是宇宙内在决定的唯一基础，但事实上零星偶然事件以及相互关联、相互影响对于事物的存在来说也是普遍适用的，与此同时主体自身存在的种种不和谐也为另一种自由创造了条件。"在宇宙间的任何两个事态中，存在着与彼此构成不相关的元素。忘记这一学说便会导致认识事物性质时的过分道德化倾向。幸亏有那么多无关紧要的事物，使得我们无妨随意对待他们。与之相对立的观点便是养成狂热的盲信，这给历史染上了野蛮的色彩。"②以这样的方式，我们就会对我们所身处的世界作出更为深刻的理解，比如说社会秩序这个概念，怀特海认为这一概念应该包含如下内容：首先，在社会当中的每一个实体的部分当中包含着一些共同的形式成分；其次，这些共同成分又反作用于每一个不同成员当中，形成以此规约和把握其他成员过程当中的种种条件；最后，不可忽视的是在这一系列互动当中产生的强化"繁殖"的条件——一些积极的共同体的情感体验，以上的三者结合起来就构成了对"社会秩序"的认知。因此"一组组的事态不能组成一个完全的社会，这是显然的，因为这样的一组共时事态不能满足遗传的条件……而必须表现持久的独特品质"，"一个社会，作为一个完整的存在并保持着同样的形而上地位，是具有历史的，这一历史表现了它对变化的情况所作的不同反应。但是一个现实事态却不具有这样的一个历史。它从不变化。它只是生

---

① 怀特海：《观念的冒险》，贵阳人民出版社 2000 年版，第 150 页。
② 怀特海：《观念的冒险》，贵阳人民出版社 2000 年版，第 232 页。

成然后消亡。它的消亡便是它对宇宙的创造性进展中一个新的形而上学作用的假定。"① 因此，事件、社会只能在历史中和关系中加以审视，而不仅仅是静态的构成。

不仅社会是在关系和历史当中生成的，人也是在关系和历史当中生成的。怀特海指出，人的生命本身也不仅是一个个体经验的统一体，而是处在一个更为广泛的社会统一体当中，而社会的协调性是其行为的主宰因素。在这里怀特海看到了动物个体与人的生命个体的一致，"每个生物体都是一个社会，这个社会并非是个体的。但是，大多数的动物，包括所有的脊椎动物，似乎都有它们的社会体系。这个社会体系是由一个从属的社会（它是'个体的'）所主宰的。这个从属社会根据以上对个体的定义，与'人'是同一类型。"② 在这一意义上，其他生物体与人有着共同的社会特征，区别仅仅在于前者缺乏任何内在个体对社会的主宰力量，而后者却有着个性和自我主宰性，并能以此影响整个社会性，这便是物的生命与人的生命唯一的不同之处。

因此，无论是人、动物还是其他存在物都是在共同体当中凭借相互之间互为衍生的关系来实现自身的，这就决定了所有事物都存在于一个统一体当中。用这样的宇宙论认识与把握现代世界，能够使人类清楚地知道现代世界、现代社会、现代人类不仅是矛盾中的实在，更认识到实在是根据关系得以规定，在关系的规定中才有实在的价值。实在是有价值的，是处在与他事物的价值关系中的价值。同理，自然、环境和生态也是实在，也是关系规定中的实在，这样的实在的价值就不仅仅是自然的，而且是社会的；不仅仅是客观、外在规定的，而且是主观的、人类自我的生存理想；不仅仅是区域性、地域性的，而且是整体性、地球性、大一统性的生态人类与人类生态。在这一意义上，怀特海所构造的宇宙观是有着时代价值的——20 世纪后期以来，人类普遍在人与自然、人与科学技术改造下的

---

① 怀特海：《观念的冒险》，贵阳人民出版社 2000 年版，第 238 页。
② 怀特海：《观念的冒险》，贵阳人民出版社 2000 年版，第 242 页。

环境；人与人的关系构造的生态文化的整体主义价值观的意义上探讨人类的可持续发展问题、人类发展的无限空间问题、人类生存的危机问题以及人类生存的价值等问题，这些问题在怀特海的宇宙观中能够获得解答的某种启示。

怀特海还以过程性思维审视新宇宙论的建构，认为我们所能把握到的现实世界不仅是关系的世界，而且是在我们的感觉当中所感知的世界，而这样的世界是过程性的世界，"现时的世界不是因为它自身的活动，而是因为从过去而来的活动而被认识的。所谓过去，就是制约现时世界同时也制约现时接受者的过去。这些活动基本上是居于人体的过去，更遥远地是居于人体活动的环境的过去。这一环境包括居高临下地制约被人认识的共时诸区域的那些事态。"[①] 以过程的观点来看待万事万物以及人的认识和审美过程，正是因为每一实际性都经验着它自身的客观永恒性，所以每一客观的现实性都具有独一无二的意义，即使未来的完整的现实性尚未确定，但它必然是一种现实性的未来，这似乎又印证了黑格尔关于"合理性"和"现实性"的说法。

怀特海哲学带给当代青年人的积极影响在于：首先他的思想带来了对生活过程和细节的关注，让他们不再流连于宏大的整体叙事，而是真正关注现实、感受和直观的体现，代表了后现代主义对形而上学和本质主义的拒斥，以及对多元生活的重视。其次他的思想被后人称为"第二次启蒙"，即将人类的价值、信仰、福祉融入与自然的一体性关系当中，这使当代青年人更关注生态危机，并且能够在应对生态危机时发挥自身的智慧、合理地选择路径并承担自身的责任。最后关系性思维方式的提出，将个人不再看作孤岛，而是将自我、他人看做是关系性当中的显现，"人们由他们的关系组成。通过关系我们开始存在，离开关系我们的身份则无法得到说明。对于他人的依赖并不仅仅是为了利益和服务。"[②] 这种共同体的关系将

---

① 怀特海：《观念的冒险》，贵阳人民出版社 2000 年版，第 255 页。

② Herman E Daly, John B Cobb J r1 For t he Common Good: Redirecting the Economy Toward Community, the Environment , and A Sustainable Future, 1 Beacon Press, 1989 : 15.

人与他人、自然和社会很好的联系在一起，有助于培养青年人的群体意识和集体主义精神。与此同时，我们也应该看到，当青年人接受过程和体验的同时，容易只注重局部和过程，而忽视整体；特别是在强调体验的过程中，容易导致感觉主义和享乐主义，即青年人仅仅将生活过程的感官刺激当作应该追求的事物，而使青年人丧失对社会和生活的理性认知。这些内容都是在青年教育过程当中应该予以重视的内容。

二十三　约翰·柯布和大卫·格里芬：
有机体理论与诗意的生活

约翰·柯布和大卫·格里芬是当代建设性后现代主义思想家，也是建设性后现代主义最为人们熟知的人物。特别是近些年来两位思想家以及他们的门徒纷纷赴中国讲学布道，将建设性后现代主义思想传播到中国，获得了更多人的了解和认同。两位学者用怀特海开创的建设性后现代主义的过程性思维理解现代生活，认识到现代生活的危机并在此基础上建构一种关系性的思维和关系性的世界，结合当代社会日益严重的生态问题，提出建设一种"生态世界"和"绿色生活"的生态文明，甚至提出只有在中国才能真正建立起生态文明的观点，具有一定的启发意义。

约翰·柯布和大卫·格里芬的思想对当代青年人的影响主要体现在对现代性危机的批判、关系性思维的建构以及生态文明的倡导上，特别是后两者产生了较为深远的影响：关系性思维帮助青年人在自我与他人、个体与社会、人与自然的关系当中重新审视自我与他者之间的关联，以整体性的方式将自我置身于关系网状结构当中，这是对现当代哲学思潮特别是后现代主义建构的孤寂个体的克服和超越。在生态问题上，用关系性思维考察人与自然的关系，致力于绿色生活方式，倡导一种诗意的生活，赋予生活以超越个体生命的意义，是一种符合现代文明的世界观和人生观。这些思想都对青年人产生了一定程度上的影响，因此进一步审视这两位哲学家的思想是有意义的事情。

约翰·柯布和大卫·格里芬的建设性后现代主义思想奠定于怀特海开

创的过程性思维基础之上。如果说一味强调个体的感受和体验容易达到对群体和社会的消解，那么倡导一种关系性的思维能够有效的弥补这一问题，这就是在怀特海之后建设性后现代主义的发展。约翰·柯布和大卫·格里芬从对现代社会的政治、经济、文化所反映的思维方式的批判入手，审视现代社会的问题。在他们看来，在现代社会当中，世界的整体被分割为每个细小的部分，世界的模块化导致人与世界的关系并不是一体化的，而是外在化的，"作为整体的世界被看做是时空上彼此相关的事物的细小部分的组合，因此人类也被看做是外部彼此相关的个体所组成的。在这种情况下，外在关系成为契约关系，政治和经济理论都是基于此而发展起来的。"[①] 现代社会的政治、经济都是基于现代的思维方式而构成的，它们又真实的构成了人们生活于其中的现代世界，两者的结合是导致生态危机的根本原因。

现代社会的政治是契约政治，是缘起于对中世纪教会权力反抗的社会境况下，契约制度在合适的时机起到了较好的说明作用。然而在柯布看来，这一建立在神话基础上的、对社会无序性的、肮脏的生存环境所作出的说明，其与历史之间的真实符合是存在问题的，"这种观点的合理性在于当人类发展了个性时，对于他们接受政府控制以确保安全是很重要的，这就是霍布斯哲学关于统治者的合法性基础。按照这种理论，一个不能保护人民和国家财产的统治者就失去了他存在的合法性，只要安全可以得到保障，那么因缺乏自由和不公正而引起的反抗就不重要了。"[②] 因此，在现代西方工业文明社会的政治生活当中，首要的即在保证安全的基础上维护统治，而公正和自由反而成为了次生物。这一对政治生活首要目标——公正自由的践踏，使现代社会的政治走向了自身的反面。对于这一点王治河先生也有过类似的说明，他认为在西方现代政治生活中，道义的缺席、对竞争的过分推重、个人主义色彩过浓和均质化特征使政治生活充满了问题

---

① 　小约翰·柯布：《建设性的后现代主义》，《求是学刊》2003 年第 1 期。

② 　小约翰·柯布：《建设性的后现代主义》，《求是学刊》2003 年第 1 期。

和危机。片面的追求形式上的平等，恰恰换来的是实质上的不平等，它"是以忽视人们的具体的历史和社会差异为前提的，它预先假定了人们拥有共同的历史记忆，共同的文化之根，共同的未来愿景。因此最终由一个政党发出一个声音就足够了。"① 在这一情形下，人的所有的政治、经济、社会、文化事物都被"权力"这一锁链紧紧地束缚住，也就压根谈不上自由。正如怀特海指出的那样，在这样一个体制下谈"自由"，无疑是一个"残忍的玩笑"。

现代社会的经济是个人的经济活动。柯布认为，从亚当·斯密开始，西方经济学就使用"经济人"的概念作为市场交易和契约的主体，当然这一主体会因种种经济行为而与其他个体发生某些关联。正如政治上契约论的假定一样，个体利益的对立与互不相容是现代经济学的根基和基本预设。当个人遵循市场规则实施市场行为之时，这一行为能够增加和创造财富，这成为现代社会一切领域的"资本逻辑"。现代社会的经济理论并没有为团体或团体的政党利益提供余地。同时，伴随着现代社会自身的发展，经济日益摆脱政治的控制，成为各个领域的主宰力量。在这一形势下，原本可以以政府或政治的形式为个人和团体之间搭建起某种桥梁的努力也归于失败：在原本情形下，"对团体和公正的关爱可以在一定程度上得以建立，并对其结果加以调节。今天，再也没有全球性的政府来规范市场，或来保护团体免于被其侵扰。"② 这一个体与团体之间的二元对立的矛盾却与现代社会经济的全球化诉求相背离，生产与销售的全球化要求资本的循环与周转需在尽可能大的市场中进行，并应受到共同体的监督，而众多团体之间的界限和利益又反过来起到阻碍世界市场的作用，这是现代社会经济发展所无法解决的悖论。

现代社会的文化是斗争的文化。从现代社会的三个伟大发现之一——达尔文的进化论开始，"物竞天择，适者生存"不但成为生物界进化的规

---

① 王治河、樊美筠：《第二次启蒙》，北京大学出版社 2011 年版，第 262 页。

② 小约翰·柯布：《建设性的后现代主义》，《求是学刊》2003 年第 1 期。

律，也成为现代工业文明社会条件下人与人之间的生存法则。难怪怀特海指出："在过去三个世纪中，完全把注意力导向了生存竞争这一面，于是就产生了特别严重的灾难，19 世纪的口号就是生存竞争、阶级斗争、国与国之间的商业竞争、武装斗争等，生存竞争已经注入仇恨的福音中去了。"① 于是从商业的竞争到政治的博弈，从个体的差异到文明的冲突，现代社会的人与人之间始终是斗争性的。而现代社会的斗争思维在作用于人与人之间关系的同时，影响最为深远的在于人与自然之间的冲突，"现代性留给我们的，仍然非常有碍于合理的回应。我们是从经济角度来估算保留零星的大自然的代价。当我们问到从地球的警告中，应该采取什么政策时，经济学家倾向于规劝我们政策变更的代价不能过于昂贵。他们认为，如果我们积累了相当的资本，当地球发出警告信号时，那我们将会得以应付这一警告。"② 自然危机与生态危机是斗争文化的苦涩结果。现代社会在破坏人与人之间和谐关系的同时，人与自然关系的对立冲突带给人类的将是更加冷酷的世界。

现代社会的政治、经济和文化导致的最为严重的后果无疑是生态危机和人类文明的危机，这一危机不再是思维领域和理论领域的危机，而是最为严重的现实世界的危机。约翰·柯布和大卫·格里芬始终相信，"大自然不仅是我们的衣食父母，而且对于培养我们的审美心胸，对于培养我们的高尚情怀，对于我们健康人格的形成，大自然都具有一种不可替代的珍贵价值。"③ 然而现代社会在确立政治、经济和文化上的个人主义与利己主义立场的同时，带给自然和生态的始终是无尽的危机，现代社会生活是一种"机械的"生活，经济理性立场下的生活只能是看似向前实质上不断重复的生活，而这样的生活是以牺牲自然的物质主义、消费主义、拜金主义和生态危机为代价的。在约翰·柯布和大卫·格里芬看来，应对如此的危机仅仅依靠批判的力量是不够的，更需要有建设性的力量在破坏一个旧世

① 怀特海：《科学与近代世界》，商务印书馆 1997 年版，第 197 页。

② 小约翰·柯布：《建设性的后现代主义》，《求是学刊》2003 年第 1 期。

③ 樊美筠：《中国传统美学的当代阐释》，中国社会科学出版社 1997 年版，第 85 页。

界的同时，建设一个新世界，"'建设性'一词是被用来与'解构性'相对，其旨在强调建设性后现代主义正在为现代世界提出一个积极的选择途径。但这并不意味着它就反对解构现代性的诸多特征的工作。重要的是，对现代性的批判和拒绝应当伴随着重构的主张。"①"建设性"即建构的，后现代主义标榜的是批判性的，无批判的建构是无力量的、无目的的，建设性后现代主义之于后现代主义的思想贡献正在于此。

　　以过程性思维为思维方式，以强调流变性和生成性为基本立场，约翰·柯布和大卫·格里芬在赞同后现代主义对现代本质主义、中心主义和实体主义的破坏态度的同时，始终强调建设性的基本主张，"后现代主义最有影响力的形式常被称为'解构'，解构理论对来自于现代、且仍构成为西方文化主流的假定，进行了明确的批判。这一批判工作是有价值的，甚至是必要的。但是一个新世界是不能简单地建立在对旧世界的解构的基础上。"②在对现代社会种种问题进行后现代主义解构的同时，大卫·格里芬正式提出"建设性后现代主义"的主张，表明了建设性后现代主义与后现代主义的区别在于前者力图提出一种"候补"性世界观而后者始终秉持反世界观的立场——解构理性、经验、真理，并在解构自我、历史和物理世界的过程中强化了持有某种世界观是不可能的事情。建设性后现代主义则不同，在怀特海还提出的"过程性"而非"实体性"世界观之后，他们力图证明这一世界观不仅是可行的，而且是解释世界和改变世界的更合理方式。

　　区别于现代主义的本质主义和实体主义立场，以格里芬和柯布为代表的建设性后现代主义提出关系性理论。无论对于人、物，现代主义始终秉持本质主义的立场，形而上学的本体论追求总是力图把握一物之于他物的优先位置，本质与派生、实体与变体、中心与边缘是万事万物产生的基本逻辑和基调，"自然的终极单位完全没有经验和自我运动。而且，这种形

---

① 小约翰·柯布：《建设性的后现代主义》，《求是学刊》2003 年第 1 期。
② 小约翰·柯布：《建设性的后现代主义》，《求是学刊》2003 年第 1 期。

而上学观不是像宣传的那样来自经验的证据，而主要是建立在神学动机和社会学动机之上的。例如，它被用来支持上帝、奇迹和不朽的信仰，并用来证明对（非人类的）自然的开采。"[1] 与此相关，在人的认识方式上身心关系就成为现代哲学的某种实质性假定，这一假定又被物的机械论的自然生成方式所印证。然而身心关系却成为哲学难解之谜，此问题的无解，正是现代后期放弃世界实在性说明的重要原因，问题的根源恰恰就在于事件本身在形而上学中服从了实体，事件从属于实体（这在亚里士多德关于存在属性的分类当中能够清晰地看到）。人们认为事件本身可能并不存在，而存在的仅仅是实体的某种状态。如果能够摒弃现代主义的这一根深蒂固的观念，从事件本身出发，身心关系以及一切现代哲学所难以解决的问题就可以迎刃而解——心灵事件和物理事件只不过是同一个事件而已。以事件为出发点可以发现最为重要的不是事物的本质，而是事物在事件中发生的关系，事件本身就是关系的集合。柯布以关系的方式说明人的认识过程，某人的听觉领悟的过程，是在某一事件当中，听到"在先前的瞬间中未曾听到过的声音，……这个声音通过他的身体传给了他。这样，不仅他自己过去的经验流入他目前的经验，而且正在流入和领域的还有身体的事件——在这种情况下，事件就在耳朵当中。他目前的经验乃是对这种新的声音和他以前听到的声音的整合。"[2] 真实存在的只是过程当中的关系，身心关系、目前的经验与以往的经验、此事件与彼事件，故对于物和人来说，生成或合成的过程就是关系性的生成，"个体并非生来就是一个具有各种属性的自足的实体，他（她）只是借助这些属性同其他的失去发生表面上的相互作用，而这些事物并不影响他（她）的本质。相反，个体与其躯体的关系、他（她）与较广阔的自然环境的关系、与其家庭的关系、与文化的关系等，都是个人身份的构成性的东西。"[3]

相对于作为个体的人的生成性来说，世界本身也处于某种存在状态当

---

① 大卫·格里芬：《超越解构》，中央编译出版社 2002 年版，第 11 页。

② 大卫·格里芬：《超越解构》，中央编译出版社 2002 年版，第 237 页。

③ 大卫·格里芬：《超越解构》，中央编译出版社 2002 年版，第 237 页。

中，这一存在状态又通过过去、现在和未来的时间关系来呈现。格里芬引用弗雷泽对于原始时间的理解，认为"现在"仅仅出现在生物时间的领域，也就是说现在意味着生命的产生。经验本身是区别过去、现在和将来的依据，它只能伴随着生命形式的产生而出现。于是，人们反复探讨的问题成为时间与主体认识能力的先在关系，这一问题与身心问题一样使哲学陷入困境。约翰·柯布和大卫·格里芬不去研究时间的先在性，而是力图以事件的方式取代时间。经验事件就是世界的基本单位，"如果每一种经验都包括了接受过去事件的影响，即包含了一种自发性的要素（所以，经验并不只是先前事件的产物），和对后继事件影响的一种贡献，那么事件就总是存在的。"[①]事件本身对经验性存在的事实性给予了确证，这也类似于柏格森时间空间化的基本主张。正由于事件本身的确定性及相互之间的影响性，过去、先在和未来在事件的先后承继中呈现为过程性和发展性，这一变化不同于现代意义上的时间观——时间是与人经验无关的均匀流逝者，过去与现在无关，现在与未来无关，过去、现在和未来的相继关系使三者呈现为某种相互关照的联系当中——没有过去的事件就没有现在的过程，自然就没有未来的可能。倡导对过去和未来的关心态度使建设性后现代主义能够解救"正歪歪扭扭地、毫无意义地走向人中自杀"的现代人的生活危机。

与现代主义信赖机械世界观的方式不同，约翰·柯布和大卫·格里芬信奉有机论。格里芬认为，个体的人的生成关系、群体的世界在过去、现在和未来的相互联系使世界在空间上呈现为彼此关联、在时间上呈现为相互关照，故无论是人的生命活动还是人与世界的关系都处于富有生机的有机体当中。获取与占有，人与世界的彼此隔绝，资源的有限与欲望的无限是现代生活的基本方式。而对于建设性后现代主义而言，处于有机体世界当中的人，绝对的自私是不可能的，因为在这一世界当中利他主义是一种普遍的原则，每个人都清楚地知道，他们都作为成员而存在，并且不可能

---

① 大卫·格里芬：《超越解构》，中央编译出版社 2002 年版，第 19 页。

只为自己而活着。同时绝对的无私也是不可能的，我们总是相对于陌生的事物，更关心我们所熟知的事物。正因为自我总是处于某种持续当中，自我总在相对的自私与相对的无私当中关爱他人，"我们对过去的认同已经是同情的一个例证，而且我们对未来利益的关怀也是利他主义的一种形式。它还表明，我们和我们自己的过去与未来的关系并不是一种不同于我们和他人的关系。我们在原则上的确能够以一种爱我们自己一样的方式爱他人。"① 自我与他者共存于世界这一有机体当中，尊重他者、爱护他者在某种程度上就是爱护自身。

如此一来，约翰·柯布和大卫·格里芬在怀特海过程性思维方式的基础上为建设性后现代主义设计了一整套建设性理论——个体存在方式的关系性理论；过去、现在与未来的生成性理论；人与世界关系的有机体理论，以此理论关照现代之后的生活方式，建设性后现代主义所"建设"的新生活方式无疑使人们回到团体生活之中，重新获得家园感和亲缘感，以此重新恢复生命和生活的意义。

批判的武器不能代替武器的批判，物质的力量要依靠物质的力量来摧毁，现代社会留下来的是满目疮痍的现实世界，正如建设性后现代主义思想家杰伊·迈克丹尼尔对现代社会的概括：对地球、传统的忽视，不顾社区利益而过分强调个性，忽视作为科学推理补充的审美智慧或精神智慧，将理性降格为工具理性的倾向，以及认为一切发展模式都必须遵循西方模式的武断。② 这一切已经呈现现实，成为现实人的生活世界的一部分，如何以"建设"的方式改变现存世界，"建设"理想世界，约翰·柯布和大卫·格里芬以"生态主义"和"绿色运动"的方式展开了建设性实践。

大卫·格里芬、小约翰柯布等建设性后现代主义思想家们始终坚持"生态主义"的基本立场。从人与世界的有机体关系来看，"过程思想在前一种意义上（即强调不同层次的个体的相互依赖）是生态学的这一事实，

---

① 大卫·格里芬：《超越解构》，中央编译出版社 2002 年版，第 303 页。
② 王治河：《别一种生活方式是可能的——论建设性后现代主义对现代生活方式的批判及启迪》，《华中科技大学学报》2009 年第 1 期。

已经得到了强调。它还在第二种意义上（即经验的享受属于现实的所有层次）支持了一种生态学的态度。"①即便从价值的角度上看，价值本身具有内在的属人性，自在的价值和自为的价值只能被人所判断，而不会为缺乏享受能力的东西所决定，但此类存在的事物因其工具性价值也应该获得我们的义务感。这一点在康德的义务论当中就有所涉及，他始终强调应该把其他人类当作目的本身而不仅仅作为手段。同理，如果将这一限定不仅仅局限于人类现实而是泛指所有现实的话，我们同样应该在适当程度上将它们作为目的而不止作为手段。史怀泽所提出的"敬畏生命"就是对待所有受造物的合理态度。相对于以往的意味强调控制自然、征服自然和利用自然的现代主义立场，约翰·柯布和大卫·格里芬强调"万物相连，共存共荣"的新立场。对外部世界的无限制索取是对人类自身的深度伤害。正是在这个意义上"格里芬说后现代思想是彻底的生态学的，因为它为生态运动所倡导的持久的间接提供了哲学和意识形态方面的根据"。②

以此生态主义为基本立场，约翰·柯布和大卫·格里芬提倡一种诗意生活方式，心灵生态是他们所倡导的新的心灵状态和生活方式。如菲利普克莱顿所说的那样"一沙见世界，一花阅苍穹，一掌握无限，一刻系永恒"。现代哲学家海德格尔就曾强调人应诗意的栖居于大地之上，"诗并不飞翔凌越大地之上以逃避大地的羁绊，盘旋其上。正是诗，首次将人带回大地，使人属于这大地，并因此使他栖居。"诗意的语言使人高于世俗生活，获得更高的精神生活。与此相对应，约翰·柯布和大卫·格里芬不强调语言的诗化，而强调对生活世界中过程性和细节性的描述，在过程中体味真实，在细节中体悟世界，在简朴中回归自然。"优美的山野令人心旷神怡，它使我们的精神从人生的忧愁中解脱出来，赋予我们以勇气和希望。奔流不息的大河，使僵化思维活跃起来，得以扩展死板的思维范围。郁郁葱葱的大森林还诱发出对万象之源——生命的神秘感唤起对生命的尊

---

① 约翰·柯布、大卫·格里芬：《过程神学》，中央编译出版社1999年版，第75页。

② 大卫·格里芬：《超越解构》，中央编译出版社2002年版，第5页。

重意识。"①真正的诗意生活是一种心境、一种情感、一种意识、一种生活方式，是一种好奇、惊异于自然之美的生活态度；是一种敬畏自然、情系自然的情绪感受；是一种对自然生命尊重基础上的对自我的生命尊重；更是一种人与自然天人合一的和谐态度。这样的生活才是符合现代之后人的根本存在方式的生活。

诗意的生活方式是一种创造性的生活。大卫·格里芬指出："我们同时又是创造性的存在物，我们需要实现我们的潜能，依靠我们自己去获得某些东西。更进一步说，我们需要对他人作出贡献，这种动机和接受性需要及成就需要一样，也是人类本性的基本方面。"②拒绝重复、渴望创造是所有建设性后现代主义的追求，从怀特海那里就倡导以观念冒险带动时代的进步。与现代主义强调复制化、模块化和重复化的生产不同，约翰·柯布和大卫·格里芬强调人的创造和创意的独一无二，创造应体现在日常生活的一切领域；与现代主义的强调物质实践不同，他们更强调人的精神实践，以精神的创造推进人的诗意的生活；与现代主义片面强调个人英雄主义式的创造过程不同，他们强调在体现个人创造力的同时凸显社会责任感。在约翰·柯布和大卫·格里芬这里，真正的属人的生活方式应该是区别于现代主义的创造性的诗意的存在方式。

"建设性"后现代的"建设"的根本目标在于"只有当人们具备了一种后现代精神，即超越了现代科学成为模棱两可现象的二元论，只有当人们生活在一个从地球作为一个整体利益着眼的社会中，才会充分发展一种返魅的和自由的科学。"③约翰·柯布和大卫·格里芬告诉我们，无论如何人既然"永远在途中"，或许停下来欣赏路边的风景远比遥不可及的目标要来得更为重要。当现代式的思想方式和生活方式已经在现实生活中屡屡碰壁，或许建设性后现代主义的建设性思想和生活是可选择的"另一条

---

① 池田大作、狄尔鲍拉夫：《走向二十一世纪的人学与哲学》，北京大学出版社 1992 年版，第 49 页。

② 大卫·格里芬：《后现代精神》，中央编译出版社 1998 年版，第 223 页。

③ 大卫·格里芬：《后现代科学》，中央编译局出版社 1998 年版，第 25 页。

道路"。与此同时，我们也应该看到，当建设性后现代主义提倡一种诗意的生活之时，仅仅将其与人们的思维方式联系起来思考，而忽视了生活背后的物质条件和经济关系。正是在这方面，建设性后现代主义少了些彻底性，多了些文化批判的诗意特征——而我们所提出的生态文明的五位一体才是彻底的、整体的生态文明建构。

结　语　用社会主义核心价值体系
引领各种思潮

　　在 20 世纪 90 年代现当代哲学思潮如火如荼地在中国社会流行传播之时，亨廷顿的《文明的冲突与世界秩序的重建》一书道出了这种态势背后的真意："在未来的岁月里，世界上将不会出现一个单一的普世文化，而是将有不同的文化和文明并存，那些最大的文明也拥有世界上的主要权力。他们的领导国家或是核心国家——美国、欧洲联盟、中国、俄罗斯、日本和印度，将来可能还有巴西和南非，或许再加上某个伊斯兰国家，将是世界舞台的主要活动者。在人类历史上，全球政治首次成了多极的和多文化的。"[①]"我所期望的是，我唤起人们对文明冲突的危险性的注意，将有助于促进整个世界上的'文明的对话'。"[②] 在文明的冲突当中，文明总是在接触的过程中产生相互作用和相互影响——只不过结合对方的需要程度以及文明的成熟状态彼此的影响或大或小。而 20 世纪末的现当代西方思潮热，就可以看做是一种文明的冲突——西方文明与中华文化之间的对抗、交融和影响的过程。这一过程不仅检视中华文化自身的生命力和持久的精神魅力，更通过文化的影响在政治斗争和意识形态斗争的层面展开对抗和较量，这就使现当代哲学思潮的传播在中国社会引起了广泛而多样的影响——既有启迪国人对个人和社会的思考的作用，更有由此带来的消极

---

① 亨廷顿：《文明的冲突与世界秩序的重建》，新华出版社 1998 年版，第 1 页。
② 亨廷顿：《文明的冲突与世界秩序的重建》，新华出版社 1998 年版，第 3 页。

和不利的影响，对其进行公允的评价，并在青年教育过程当中有针对性地解决其带来的问题，应该是有意义的事情。

一、现当代哲学思潮对我国青年人的影响

我们在文中列出了二十几种对中国社会影响较大的现当代哲学思潮，虽不能囊括其全貌，至少可以看出其学派林立、内容庞杂、思想丰富、学说纷呈，既有对人的生命和生存的反思，有对人的心理和生理结构的探讨，有对人的历史、语言和生活世界的考量，有对马克思主义、社会主义本质的反思，还有对当今西方工业文明社会中的种种问题的分析和解决。这些思潮在一定程度上分别从不同领域、不同内容满足了青年人的要求：有的回答了青年人对自身生命和生存意义价值的追问，有的回答了在当今社会条件下如何理解历史和生活，有的献计于一些亟待解决的现实问题，因此它们在我国社会特别是青年人群当中影响较大。

仔细分析这些社会思潮，我们就会发现它们影响的发生并非是同时或一蹴而就的，而是在中国社会的不同发展阶段，不同的社会思潮适应不同的社会条件和不同的青年心理，而产生了阶段性的影响。这一过程从源头来说开始于 20 世纪中国社会向西方寻求救国救民真理之时，但后来因为马克思主义在中国社会的扎根和落地而导致其他思潮逐渐烟消云散。从事实层面上看，20 世纪初现当代哲学思潮的影响更多停留在知识分子层面，对全体国人的影响并不系统和全面。而真正产生了广泛深刻的影响则是在改革开放之后的 20 世纪 80 年代，伴随着中国社会从计划经济模式的单一性到市场经济的多样性转变，随之而来的是人们对思想解放的要求，而关于真理标准问题大讨论进一步解放了人们的思想，使人们具有接受新鲜事物的要求。这一时期中国继续走向现代化。"中国的现代化"首先包含"现代化"的共性：作为名词，表示一种状况和目标，指的是政治、经济、社会等一系列目标的集合，是一定时期、一定条件下的现代化。作为动词，

表示一个连续的、动态的过程，表示社会随着生产力的不断发展，从传统属性向现代属性的转变，即从传统社会向现代社会的转变过程。作为形容词，表示价值尺度，表示区别于过去的文明形式和时代特征，包括国家的组织形式、社会制度、经济体制、教育体制、城市化和工业化水平、科技状况、人们的价值观念等。这一时期中国社会的转型不仅体现在生产方式和政治制度的不断调整，更体现在对事物认知和思维方式的不断更迭上。这就为中国的现代化提出了更明确的目标——不仅要将经济体制和社会制度的憧憬变为现实的目标，更要完成文化从传统到现代的转型。前者需要通过经济体制和社会体制改革来实现和推进，后者则需要在文化现代化的过程当中予以实现。文化现代化就是文化领域当中传统思想批判与现代思想意识的形成，代表着文化之间的尖锐的冲突。这就使这一时期的青年人一方面留恋传统思想为其带来的习惯；另一方面又对传统思想抱有怀疑的态度，他们看到了传统思想与现代生活之间的矛盾，也看到了传统思想并不能很好的解决他们所面临的对个体和个性生活的要求、对生命和生活意义的追问以及对物质世界与精神世界的冲突。恰好现当代哲学思潮的传入让人们找到了新的因素，于是其掀起了一次次哲学热潮。

　　第一次哲学热潮以非理性主义和存在主义为代表。这一热潮在 20 世纪 80 年代中期兴起了"尼采热"、"萨特热"、"弗洛伊德热"等，警醒了中国人现代观念的核心——主体意识；以叔本华、尼采、弗洛伊德、胡塞尔、海德格尔等人为代表的非理性主义和存在主义哲学激发了中国青年人对现代社会生活世界的思考。这些思潮一方面体现为超越理性主义，"面向人的生存和生活"的理论主张，这些主张迎合了个体自我意识逐渐觉解的当代青年人的要求。另一方面这些思潮在一定程度上切中了中国社会发展过程当中所直接呈现出来的问题——人的理性与非理性的关系问题、人的生存的异化与物化问题、人的存在价值与意义问题、人的价值选择标准与尺度问题、人的意志与潜能问题、人的语言与人的生活世界的关系问题等等。它们表征了当代青年人对传统社会中人的存在方式的拒绝和反叛，也表达了要求全面占有自身本质和拥有完整的生活意义的内在渴望。

在这一阶段，这些思潮在如何审视和批判传统，如何认识现实生活中的各种现象，如何在科技、经济、竞争的大潮中处理和解决各种矛盾，从中体现人的社会价值等，给予我们一定的启迪：从作用上它起到了冲击青年人传统思维中的惰性、保守性和凝固性，激发青年人的想象力、创造力和批判力，推进了青年人的主体意识、反思态度和创造精神。这些思想给当代青年人思维方式的转化带来了深远的影响，如力图摆脱单一的文化样态，追寻多元的文化形式，确立文化比较观念，努力创造一种丰富的精神生活；实现视野向生活世界的回归，不再将人看作是神圣化的存在，而是在世俗化和神圣化的两维存在矛盾关系中探寻人的真实存在状态；在政治生活领域，更关注社会活动和日常生活层面的政治问题，也就是如何使人生活得更好的问题开始成为青年人政治生活的主题；在历史领域，开始在质疑以往历史事件的判据标准、新旧观点碰撞的基础上，形成对历史的真实性与客观性、历史事件的道德判断等一系列问题的新思考；在宗教和社会科学研究领域，重新探讨信仰与人的生存意义的关系，认真思考人的信仰、价值、意义等社会问题；在道德领域，开始批判和超越传统伦理观念，试图树立起更适合现代市场经济发展要求的伦理道德标准。这些积极的变化离不开这些思潮的影响。

与此同时，我们也应该清醒地看到，在青年人解放了私人体验和试图建立新观念的过程中，当非理性主义、存在主义立足于人的生存思考人生的许多问题的同时，对理性的拒斥展开了更多维度的可能，但却同时将直觉、体验和本能等个体的感受作为评价一切的新的尺度，导致了一种个体主义倾向的抬头。青年人对究竟什么是人类性的问题逐渐丧失了清晰的概念：在市场经济的影响下，已从长期固定的状态向更为灵活的状态变化，他们依据这些哲学思潮得出了人类性的问题是以普遍性、必然性、根基性和统一性等代名词来压抑人的个性、独立性和丰富性的结论，永恒绝对的东西被当作教条被抛弃了；对理论的兴趣逐渐淡漠，更加重视现实。于是青年人更多呈现为不再过问"大问题"，而是追求个人的自由、尊严和价值，人类性这一具有更大普遍性的问题变得模糊了。与个体主义倾向相对应，虚无主义也有所抬头。在非理性主义、生存论哲学和语言哲学的思想家眼中，人生具有不同的色彩：人生或是在无聊和痛苦之间摇摆的钟摆，或是形成自己本质的过程，或是追求眼前时下的体验，或是本我、自我和超我的统一，或是语言表述世界的过程。这种多元化的人生观导致的直接后果就是人生意义的丰富性和终极意义的丧失，他们对人生问题的理解，正可以用这样的一句话来形容：从"没有选择的标准"到"没有标准的选择"，青年人开始对人生的意义等重大问题存在多元化的倾向。与人生观上的相对主义相适应，在认识论上也逐渐陷入了相对主义，用相对主义的观念看待一切事物的价值：真，是相对之真，真理只是一种追求的过程；善，是相对之善，是一种价值尺度的追求过程；美，也是相对之美、过程之美以及意境之美。用一种中介的态度对待事物，将一切终极性的追求作以相对性的理解，特别是当个人的体验与社会的要求发生冲突之时，一味强调个体经验的青年人容易对社会产生诸多悲观主义倾向，导致人们丧失精神寄托和缺失信仰，对自己的精神家园产生困惑。非理性主义、生存论和语言哲学将青年人重新推入"生命无法承受之轻"的新困境中，这也就直接导致了"迷惘的一代"的出现。

如果说非理性主义和存在主义的热潮与中国社会的市场经济多样化的要求以及带来的变化有着最为密切的关系，那么西方马克思主义思潮在中国社会的传播，是与对中国社会政治体制改革的争论相互关联的。在20世纪80年代末，内有中国政治体制改革进入关键阶段，如何进一步完善社会主义政治体制，坚持社会主义道路成为摆在中国社会面前的重要问题；外有东欧和前苏联政治动荡、政权飘摇，其改革过程当中出现的问题导致了社会主义的危机。这样的状况也给我们的政治体制改革提供了警示。这一时期更为重要的问题不再是个体的生活，而是整个国家的前途和命运。于是中国社会的有识之士纷纷寻找理论依据和理论支撑，为中国社会发展寻求良方。新自由主义、文化保守主义等引发了人们的关注，而在这些关注当中新左派特别是同样标榜"马克思主义"的西方马克思主义理论日益进入人们的视野，引起了当代中国青年人的重视。西方马克思主义理论中包含着对现实具体问题的关注，适应了中国现代化建设面临的解决社会转型所导致的社会基本结构等多方面变化所带来的具体问题——如国家主权、意识形态；再如市场经济要求的民主、公平、自由、法制、效率等问题；还有对于马克思主义和社会主义的基本认识等。对西方马克思主义的理解能够为我们解决矛盾冲突，构建和谐发展的新型现代化发展模式提供一些理论启示，青年人认为这一西方式方案能够作为一种参照系为我们提供某些经验借鉴。

西方马克思主义思潮对当代青年人的影响是多维度的。首先作为一种现当代哲学思潮，其置身于现当代哲学从传统到现代转向的过程当中，呈现为对传统的批判性、解构性和反思性的特征，特别是其对现代工业文明社会中所呈现出的系列异化物化状况的揭示是全面、具体且深刻的。其次作为马克思主义在西方社会的当代形态而言，其自身标榜为"马克思主义"，也号称是马克思主义在现代工业文明社会当中的新发展，其自身必定具有一定程度上的马克思主义精神气质。在马克思主义的意义上，对照我国中国化马克思主义的发展，重新审视西方马克思主义思潮，对于当代青年人来说是十分有意义的事情。最后，西方马克思主义思潮最突出的特征在于批判的现实性，而在现代西方工业文明社会当中所存在的一些问题如生态危机在我国现代化进程当中也有所表现，学习西方马克思主义思潮对于在问题更为严重之前就有针对性的反思问题、规避风险，对于中国特色社会主义建设也具有一定的意义。西方马克思主义思潮与中国社会和当代中国社会青年人思想要求的契合使其在青年人当中引起了一定程度上的理论兴趣。

与此同时，我们也应看到西方马克思主义思潮也给当代青年人带来了一定的负面影响。比如西方马克思主义的批判矛头指向现代西方工业文明社会的现实方面，认为现代西方工业文明社会虽然达到了空前的富裕，但是社会的病态不但没有消除，反而越来越严重，导致了人的主体性的丧失，自主意识的泯灭。因而必须展开有力的分析批判才能把人从各种压抑、束缚中解放出来，实现真正意义的社会变革。这些批判有助于青年人更好地审视现代西方工业文明社会的现实状况的同时，也容易导致青年人将现代西方工业文明社会当中呈现出的某种问题与当代中国社会转型当中出现的问题加以对比，并不加分析的作出同一的理解，以中国社会现代化建设过程当中呈现出来的暂时性、过程性的问题来驳斥整个现代化建设所取得的积极成果。这就要求理论研究者深入探讨西方马克思主义所面对的现代西方工业文明社会与我国社会转型阶段的差异和相同，厘析清楚两种问题的本质根源。还有，西方马克思主义思潮当中所包含的对马克思主义的曲解也会直接对我国的马克思主义理论和中国化马克思主义理论形成对照甚至冲击。西方马克思主义思潮自诩为西方的马克思主义，是马克思主义在西方当代社会发展所呈现出来的新样态。其对马克思主义的一些诠释存在着与马克思主义相背离的一面：比如更多地突出一种理想性，而放弃了马克思主义的实践性和现实性；再如将马克思主义仅仅理解为一种意识形态，而抛弃了马克思本身所具有的革命性；再如在马克思主义理论当中融入了黑格尔主义、存在主义、结构主义、后现代主义等成分，使他们的马克思主义理论当中包含了许多复杂的内容，等等。这些问题如果不加深入的探讨容易引起当代青年人对马克思主义理解的偏差，直接导致对马克思理论贡献的理解程度不深、对马克思主义理论优越性认识不明，最终导致对马克思主义信仰的坚定性大打折扣。

第三次比较大的浪潮是后现代主义思潮的涌入。这是与 20 世纪 90 年代中期以后中国社会的基本状况相互关联的。随着经济体制改革和政治体制改革的深入，中国社会进入了稳步发展时期。这一时期市场主体多元、利益格局多元、价值多元的状况，为主体意识的进一步觉解提供了新的契机，尊重主体的创造精神、价值和尊严，呼唤人的自由成为时代的要求。与之相适应，多元化的需求使主体的个性、生活方式也出现了多元化倾向，这些多元化要求亟须一种思想理论为其提供解释和说明。而后现代主义思潮的传播恰恰迎合了这一多元化的需要。后现代主义思潮反对将事物简约化而寻找现象背后的本质，注重现代社会中人与人、人与社会的复杂多变的现象，认为现象重于本质，边缘重于中心，宽容重于独断，民主氛围重于专制的权力话语。因此，后现代主义思潮要求不崇拜任何东西，反对任何体系和任何"主义"；反对同一性，认为既不能把主体还原为客体，也不能把客体还原为主体，提出"让我们向同一整体开战；让我们成为那不可表现之物的见证人；让我们持续开发各种差异并为维护差异性的声誉而努力。"①

在倡导多元文化的思潮当中，后现代主义以反对基础主义、本质主义、中心主义实现对传统理性形而上学的解构，对中国社会青年人的影响不可谓不深远。一方面以其独有的反对基础主义和中心主义的态度，表达了对传统哲学一元论和中心论所呈现出来的逻各斯中心主义的拒斥，以此倡导人们超越理性、道德和伦理的束缚，在齐一性中寻找差异，在社会的共识当中表达自身的独特。特别是结合个体的人的不同特点得出具体的结论，而反对统一的人性叙事等做法，对于当代中国社会青年人思想解放具有一定的积极意义。特别是他们对以民主与正义问题等为契机所展开的多元化探索，对于青年学生进一步思考相关问题提供了有益的借鉴。

但与此同时，我们也看到后现代主义影响下中国青年人中也产生了多元主义价值取向和去中心的意识，这一方面解放了人性，而另一方面带来的是价值观的混乱——价值评价标准的模糊、社会责任意识的淡漠、人生意义的消解。具体来说，在观念上，形成了盲目的反理性、反传统和反权威的态势，对一切都采取一种拒斥的姿态；在心理上，强调极端自由，并为换取自身的自由牺牲他人甚至集体的利益；在道德意识上，藐视社会的伦理规则，推脱自身的社会责任；在民族精神上，以多元化和多样性瓦解民族精神和凝聚力。

可以看到，后现代主义之所以呈现出这一系列问题归因于其自身虽然对传统和现代社会保持着一种批判的姿态，但其所倡导的抽象价值观的多样、抽象的平等与自由仍然是基于资本主义的价值观，其所表达出来的仍然是资本逻辑自身运动的规则。而这样的规则必然存在问题，并影响人们

---

① 利奥塔：《后现代状态》，南京大学出版社 2011 年版，第 71 页。

的价值观和信念。所导致的结果只能转向其反面：不是表达自身的独特，相反更让自身因丧失存在的意义而淹没于历史的长河之中。因此，我们对待后现代主义也应该在尊重其创造性的同时，规避其带来的精神风险，用社会的主流价值观反思和合理认识后现代主义思潮，引导后现代主义思潮向更合理的方式转化。

二、社会主义核心价值体系引领社会思潮

正如亨廷顿所指出的那样："文化是'深厚'的，它们规定体制和行为模式以引导人们走上一条对某一特定社会来说是正确的道路。然而，高于、超出和产生于这一最高标准道德的，是'浅显'的最低标准道德，它体现了'得到'重申的最深厚的或最高标准道德的特性。"[①] 如果说现当代哲学思潮的传入是对中国社会的冲击波或挑战，它却也具有符合最低标准道德的基本要求——自由、民主、平等，也使其自身具有一定程度的合理性和价值性。但与此同时这一标准又会对中华文化形成挑战，特别是通过对当代青年人发挥作用进而对我们的国家、社会的未来发展产生潜移默化的影响，这就不得不引起我们的高度重视，思考如何用自我的东西引导这些思潮使其更好地发挥其积极作用、规避其消极影响，为我所用。这就需要用社会主义核心价值体系引领社会思潮。

社会主义核心价值体系是我们党对社会主义核心价值的集中概括。中国共产党十六届六中全会首次提出"社会主义核心价值体系"的说法，用"马克思主义指导思想、中国特色社会主义共同理想、以爱国主义为核心的民族精神和以改革创新为核心的时代精神、以'八荣八耻'为主要内容的社会主义荣辱观"标识其主要内容，将其作为中国社会价值体系的核心位置，并借此作为对社会主义价值体系的基本特征和基本方向的引导，也

---

① 斯宾格勒：《西方的没落》（第 1 卷），三联书店 2006 年版，第 368 页。

为我们借鉴和吸收其他思潮提供了接受和借鉴的标准。党的十八大又进一步将社会主义核心价值体系凝练为社会主义核心价值观，以"倡导富强、民主、文明、和谐，倡导自由、平等、公正、法治，倡导爱国、敬业、诚信、友善"的"三个倡导"来表达社会主义核心价值体系的精髓。这些说法的提出对于我们进一步领会社会主义核心价值，并以此对各种思潮进行批判性的吸收提供了丰富而全面的思想依据。以社会主义核心价值观引领社会思潮需要从以下几个方面着手。

其一，用马克思主义理论指导青年人对哲学思潮的理解和评价。马克思主义理论是我国的指导思想，是我们评价一切思潮的尺度和标准。之所以以马克思主义为指导，与马克思主义自身所具有的基本精神和基本特征相关。从马克思主义与西方文化关系来说，马克思主义理论产生于西方世界，其本身代表着一种对西方文化传统的继承和超越——不同于传统西方哲学以本质主义的方式思考世界，马克思主义理论始终坚持实践的辩证法，即一切以现实的人和现实的生活状况的改变和解放为指南，其对社会历史的理解不是主观主义的，而是唯物主义和历史主义的。无论从思维方式上还是表达方式上马克思主义理论都是对西方传统文化的一种扬弃。在与现当代哲学思潮的比较中，马克思主义理论也体现出鲜明的优势，相比较于现当代哲学思潮转向人的非理性世界和生存世界以体现对理性的对抗，马克思主义寻找到了更本质的实践，以实践及其思维方式诠释人的社会历史生成活动，以生产力和生产关系的变革阐释人类社会历史的进程，对自然、社会和人自身的奥秘作以科学的解答；与西方马克思主义对现代社会或资本主义社会展开现代社会的理论批判不同，马克思主义理论不仅在形式上批判扭曲的生活方式，更从本质上揭示其根源——不合理的生产方式和社会制度最终导致不合理的结果，进而提出了解决方案，即以政治解放、社会解放和人类解放的方式消灭资本主义制度所具有的剥削和压迫特征，建立社会主义和共产主义社会。这才是真正消除现代工业文明社会种种问题的唯一方案，才能谈得上对问题的彻底地解决；相比较于后现代主义的拒斥和多元的态度，马克思主义理论坚持生产力与生产关系、经济基础与上层建筑之间的关系对社会历史发展的决定作用，这一立场即体现出对社会历史分析的科学主义态度，更体现了对人的现实生活实践的人道主义关注。不是用解构的方式消除一切标准，而是给予人们评价社会历史发展的科学标准，并以此作为物质基础和保障进而为人们建构一个物质丰富、精神富足、生活幸福的共产主义社会。有了现实的基础更有终极的理想，并赋予现实与理想以可行的道路从而实现两者的统一，这是马克思主义理论的理想性、现实性和可靠性的保障。总之，相对于现当代哲学思潮来说，马克思主义理论的优越性是突出的和明显的。

马克思主义理论对于中国社会来说不是一种理论，而是唯一对中国社会具有普遍有效性的指导思想。从历史发展的进程来说，中国社会在民族危亡面前自觉地选择了马克思主义理论、坚持了马克思主义理论、实践了马克思主义理论，最终实现了对民族危机的拯救。这是马克思主义理论的重大作用得以呈现的第一个历史事实。此后马克思主义理论在中国社会的建设和发展过程当中，不仅让中国站起来，更让中国富起来、强起来，这不仅证明了马克思主义在中国的适应性，更代表了中国社会对马克思主义理论的继承与发展。时至今日，马克思主义理论已经融入了中国社会的血脉，已经成为中华文化和中华民族共有精神家园的指导思想和重要组成部分，成为当代青年人必不可少的精神支撑。其所具有的指导地位和灵魂作用是任何时刻都不能动摇的，其必将在中国特色社会主义建设过程当中发挥越来越重要的作用。

以马克思主义理论指导社会思潮，就是要通过掌握马克思主义的基本原理和精神实质，用马克思主义的立场观点和方法分析和解决问题，能够透过现象看本质，更能够理性地看待现当代哲学思潮对当代青年人的思想影响，从而能够自觉的接受积极的影响，批判错误的思想，规避消极的影响。要实现这一目标首先要帮助青年人树立科学的马克思主义信仰，形成马克思主义观。这就需要在对青年教育的过程中继续深化和突出马克思主义理论的地位，通过高校政治课教学的深入以及整个社会观念的普及帮助青年人更深入的理解马克思主义的基本特征、思维方式、理论品格和与时俱进的特征，学会自觉运用马克思主义理论分析和思考问题。在此基础上，在对青年教育的过程当中，要帮助青年人学会批判的审视各种思潮，不为表面上理论的深刻性和话语的新奇性所迷惑，要学会在其发生的语境当中、在其所立足的文化背景之下、在其自身对秉持的立场内审视其理论内容和思想倾向，在马克思主义理论的指导下批判其中所包含的片面性、虚假性和不彻底性，特别是对与社会主义核心价值观相互背离的内容可能产生的社会影响进行思考。这样就可以相对合理的对待现当代哲学思潮，接受其有益的，而扬弃其有害的方面。

其二，用中国特色社会主义理论体系武装青年人的头脑。中国特色社会主义理论体系是马克思主义中国化的理论成果，是我们党和全国各族人民通过各种实践活动形成的科学理论体系，是党和人民智慧的结晶，它科学的回答了什么是社会主义、怎样建设社会主义、建设一个什么样的党、怎样建设党、如何实现科学发展等一系列重大问题。这些问题是关涉党、国家和社会主义制度生死存亡的根本性问题，对这些问题的合理回答既巩固了党的领导和社会主义制度，更体现了党对重大问题的姿态，也为全体人民廓清了理论认识误区，明确了对马克思主义、社会主义和共产主义的理解。

中国特色社会主义理论体系就是包括邓小平理论、"三个代表"重要思想以及科学发展观等重大战略思想在内的科学理论体系，其形成的时间过程与现当代哲学思潮的传播过程有一定程度上的重合，或许可以说中国特色社会主义理论体系也包括我们党对现当代哲学思潮批判过程中获得的科学认识。什么是社会主义？"贫穷不是社会主义，社会主义要消灭贫穷"，社会主义的本质就是"解放生产力、发展生产力、消灭剥削、消除两极分化、最终达到共同富裕"。这是党对社会主义的理解，不同于现当代哲学思潮将目光停留在个体的体验上，我们党始终坚持社会主义是全体人民共同的事业，其福祉和红利也要被全体人民共享；不同于西方马克思主义和各种民主社会主义思潮对社会主义从文化形态上的理解，我们党坚持马克思主义的基本原则和立场，从经济基础和社会制度层面理解社会主义，而没有经济基础和社会制度层面的社会主义保障，文化层面上的社会主义只是虚假的和空洞的而永无实现的可能性；不同于后现代主义思潮所倡导的后民族文化和无政府主义，我党坚持党对社会主义事业的领导核心作用，坚持党的领导就是社会主义事业，就是为国家和民族的未来发展坚定领路人、确立主心骨，没有党的领导也不可能有社会主义事业的进步和国家民族的未来复兴。我党还进一步思考了建设什么样的党、如何建设党的问题，"始终代表中国先进生产力的发展要求、始终代表中国先进文化的前进方向、始终代表中国最广大人民的根本利益"，这是党对自身提出的要求，而这一要求更将党的先进性和优越性凸显出来。在当前中国特色社会主义建设过程当中，我们所面临的重要问题是如何实现科学的发展，科学发展观的提出是在当代中国社会语境下对社会问题解决的重要思维方式，全面、协调和可持续发展既体现了发展要从整体视野出发，又强调了发展要有序列性和顺序性，要重视过程、关注影响。两者的相互结合使科学发展观相比较于一些西方社会发展理论具有前沿性、深刻性和鲜明的特色，体现为理论性和实践性的统一。

用中国特色社会主义理论体系武装青年人的头脑，需要以社会主义的立场和观点对现当代哲学思潮进行认识和评价，自觉体会这些社会思潮当中对人个体性的启示作用，更要重视对其中所包含的个人主义、相对主义、虚无主义以及无政府主义等思想的认识，将其对国家、社会、个人的危害从根源处得到认识。同时也应该在与中国特色社会主义理论体系相互比较当中，认识这些思潮的不彻底性和负面作用：相比较于现当代哲学思潮对于个人生活的关注，中国特色社会主义理论着眼于大局，立足于国家和民族的命运；相比较于现当代哲学思潮的乌托邦性和不彻底性，中国特色社会主义理论体系既立足国情、脚踏实地，更体现出鲜明的理想性和未来性，以历史的和长远的目光关注于未来发展；相比较于现当代哲学思潮倡导的无政府主义的混乱和动荡，中国特色社会主义理论体系及其现实实践为中国社会和中国人民带来的富强、民主和文明的生活更具有说服力和可信性。与此同时，在帮助当代青年人认识和批判现当代哲学思潮的过程当中，也需要帮助他们体会中国特色社会主义理论体系的优越性，感受其科学性、合理性，增强对中国特色社会主义理论体系的认同，树立中国特色社会主义的共同理想，建设中华民族共有精神家园，实现中国梦。从而自觉地将自身的个人理想与整个国家、民族的命运统一起来，在热爱祖国、奉献他人、服务社会当中实现自身的人生价值。

其三，要用民族精神和时代精神凝聚青年人的力量，更好的形成社会认同。民主精神和时代精神是社会主义核心价值体系的精髓，也是我们思考一切问题的出发点。以爱国主义为核心的民族精神是中华民族面对任何困难和艰险而能够取得胜利的重要原因，以改革创新为核心的时代精神更是时代发展为中国社会所提出的要求，两者的统一构成了中国社会发展的重要精神动力。

民族精神和时代精神是我们基本精神，而现当代哲学思潮也要按照是否有利于民族精神和时代精神的培育和强化作为标准对其进行辨识和接受。现当代哲学思潮是立足于西方社会和西方文化的思潮，其扎根于西方社会，体现为西方的民族精神，这些精神与我们中华民族的民族精神有着许多差异，在一定情况下会对我们的民族精神产生一定的冲击。这一冲击，在非理性主义和存在主义中体现为个人主义、利己主义、功利主义等，其与西方资本主义国家所倡导的抽象的自由、民主等理想相互关联，事实上无法真正达到民主和自由。对于这些思想我们应该帮助学生透视其实质和内容，认识到其理论旨趣与实现状况的不一致，从而将其虚幻性揭示出来；在西方马克思主义中体现为对民族、国家的冲击，后民族国家理论的提出对我们所倡导的爱国主义产生了一定程度上的影响。事实证明，缺少民族国家的政治支撑，在当代社会当中人民群众既无法享有安定平稳的生活，也不可能有政治的独立和经济的富强，民族国家的独立发展是当代社会发展的保障；后现代主义的冲击体现为一种多元文化和多元价值观，它使我们所倡导的集体主义、奉献精神受到极大的冲击。后现代对于中心的消解也消解了人们的普遍追求，勤劳勇敢、自强不息的精神受到了侵蚀。在这一状况下，应该帮助青年人认识到在当代社会虽然生活方式多元化，但多元的生活方式背后人们的价值观和社会所崇尚的道德判据标准应该是固定不变的，爱国主义、团结统一、爱好和平、勤劳勇敢、自强不息仍然应该是中华民族所特有的民族精神，我们应该坚定的继承这样的民族精神，而永远不应抛弃。当然，在现当代哲学思潮当中，也有一些有益的思想倾向，比如现当代哲学积极进取的态度与我们民族精神所倡导的自强不息、强调个体与社会的统一关系与我们所倡导的团结统一等有着一定程度上的关联性，也有助于我们更好的理解民族精神，这也是我们坚持对现当代哲学思潮予以批判的接受而不是一味抛弃的原因。

同样，现当代哲学思潮也应该接受时代精神的省察。以改革创新为核心的与时俱进、开拓进取、求真务实、奋勇争先的时代精神是我们这个时代集中体现出来的核心特征。现当代哲学思潮对这一时代精神起到了一定程度上的积极作用，其作为一种外来文化和思维方式对我们固有思维定式具有思想冲击作用，使固有的思维习惯不断受到质疑和否定，从而达到拓展思维领域，更新思维方式，更好的实现理论创新的目标。而我们时代精神所要求的改革创新、与时俱进、开拓进取和奋勇争先的前提和基础都是思维方式的创新以及以此为基础的实践方式的创新，可见现当代哲学思潮对于时代精神的培育是具有积极作用的。与此同时，现代西方哲学思潮也会对时代精神产生一定的消极影响，比如其中也包含着自由主义态度，可能会对青年人产生一定的影响。这就要求我们趋利避害，对现当代哲学思潮以时代精神的要求加以审视，对其中有益的部分加以接受，对有害的部分要予以批判和拒斥。

其四，以社会主义荣辱观作为青年人的道德行为的判据标准。社会主义荣辱观即"以热爱祖国为荣、以危害祖国为耻，以服务人民为荣、以背离人民为耻，以崇尚科学为荣，以愚昧无知为耻，以辛勤劳动为荣、以好逸恶劳为耻，以团结互助为荣、以损人利己为耻，以诚实守纪为荣、以见利忘义为耻，以遵纪守法为荣、以违法乱纪为耻，以艰苦奋斗为荣、以骄奢淫逸为耻"，这是社会主义核心价值体系对社会风气和价值导向的引领。社会风气是人们社会心理和社会状况的外在表达方式，它既是心理和行为的外在表现，又作为一种社会环境对人们施以潜移默化的影响，最终生成较为普遍的行为方式和生活方式。可见社会风气对当代青年人的影响是持久和潜在的。社会主义荣辱观就是帮助人们通过知荣辱、明得失而形成整个社会良好的社会风气，通过对人们的伦理道德标准的进一步规范，使人们自觉选择荣誉，而远离耻辱。

社会主义荣辱观对现当代哲学思潮所带来的伦理道德标准多元化具有良好的规范和引领作用。现当代哲学思潮代表西方社会的伦理道德标准和价值观，特别是其中还包含着西方现当代表现较为突出的个人主义、自由主义等思想倾向，这些因素对于当代青年人形成伦理道德判据标准，自觉选择正确的行为是具有消极影响的。这就需要社会主义荣辱观发挥自身的作用。比如，萨特的存在主义思潮中所强调的自由就是选择的自由，自由的选择是人与生俱来的权利，只要人能够为自身的选择负责，他就可以选择任何他想要的行为和生活。但事实上一切选择都不是漫无目的或毫无根据的，而是依据自身的意义系统和判据标准进行的，区别仅仅在于对于不同的人来说判据标准可能有所差别，这就导致了不同的选择。萨特将其理解为自由的选择。但选择所依据的标准一方面是个体在社会生活当中所形成的理解；另一方面也是社会生活和社会行为潜移默化对个体所施加的影响所形成的结果，后者是隐形的，前者是显性的，后者往往通过前者起作用。也就是说社会对人们所进行的价值形成的干预内容和方式会影响人们的价值选择和判断。因此当萨特提出绝对的自由之时，青年人似乎认为可以不加考虑选择任何行为，而教育者应该帮助青年人认识到个体选择背后的社会标准，自觉以社会利益和集体利益进行价值和行为判据，选择正确的、符合社会利益的行为，这就体现了社会主义荣辱观的引导。再如后现代主义思潮所带来的价值多元化和道德标准的丧失为当代青年人带来最为深重的精神危机，无选择的标准导致了无标准的选择，没有了标准也就意味着生活失去了意义，这是导致当代青年人精神迷惘的重要因素。而社会主义荣辱观明确告诉当代青年人什么是值得做的事情、什么是应该避免和远离的行为，前者能够为人生创造价值，后者会将自身钉在耻辱柱上。这样一来社会主义荣辱观的引导能够有效地克服后现代主义所带来的个人主义和虚无主义，帮助青年人重新建立起正确的评价标准和尺度，在其基础上实现自身的人生价值。社会主义荣辱观体现了社会主义条件下人们行为选择过程当中的道德标准，具有极强的时代性和针对性，其对社会思潮引导和规范的有效性也证明了其代表着中国社会普遍的价值取向和道德选择标准，是符合时代性、民族性要求的正确标准。

　　总之，我们需要以社会主义核心价值体系引领现当代哲学思潮，使其更好地发挥其积极影响，而避免消极影响。当代中国社会中的青年人的普遍状况验证了这一核心价值体系的正确性、合理性，也体现了其对各种思潮引领的有效性。特别是党的十八大从社会主义核心价值体系中概括出社会主义核心价值观，更进一步对国家层面、社会层面和个人层面的价值要求作出了更为明确的表达，这一表达直接将当代青年人应该遵循的价值观呈现出来。在社会主义核心价值体系和社会主义核心价值观对各种思潮的引领下，在教育者对当代青年人理解各种思潮的合理导向下，在当代青年人不断形成对各种思潮进行价值判断的标准和尺度下，相信中国社会特别是中国社会中的青年人对社会思潮将会以更加理性、更加深入和更加准确的方式把握，在使其更好地为我所用的同时，自觉对其展开思想的批判。这是对待现当代哲学思潮的合理态度。

后　记

选择对"现当代哲学思潮及其对当代青年人影响"这一论题展开研究，首先是基于十余年来对现当代哲学思潮的思考。现当代哲学思潮作为现代西方工业文明社会生发出来的多种社会思潮的汇总，体现出西方社会和西方思想家对哲学与人类未来走向的深切思考，其中所蕴含的思想力和时代价值应该被人们所重视。也正缘于此，现当代哲学思潮才能在中国大地上传播并获得了一定程度上的认同。它在生活方式——对现实生存和生活境遇的关照、思维方式——对存在基本问题的关注、行为方式——对交往与对话方式的重视、科学理论——对自然科学和人文科学的重新理解中，展现了其独有的社会价值。在对这些社会价值加以把握、理解和诠释的过程当中发挥其积极影响是有意义的事情。其次，对这一问题展开研究的另一重要动力在于，近些年来随着现当代哲学思潮逐渐在中国社会传播并影响人们的思维方式、行为方式和生活方式，其社会影响呈现得愈发多维。在看到其所起到的积极影响的同时，也应该看到其对人们特别是当代青年人所产生的消极影响以及为思想政治教育带来了直接的困难。作为一名思想政治教育工作者，面对现当代哲学思潮影响下的青年人所呈现出的要求自由、崇尚个性、拒斥权威、追求解放等新的思想倾向的时候，所思考的问题更应该是如何能够在进行青年教育的过程中，让青年人所追求的自由解放保持在一个合理的限度内？如何让青年人更好的认识到个体、他人与社会之间的内在关联？如何帮助青年人在思想解放和思维方式跃迁的过程中，仍然具有坚定的马克思主义信仰和共产主义理想，具有胸怀祖国、放眼世界的宏大视野，坚持社会普遍形成的道德评价标准和尺度，成为个体意义上自尊自爱、自信自强；社会意义上团结友爱、互助诚信，民族国家意义上有自尊心、自信心和自豪感的现代公民？这是时代赋予思想政治教育工作者的使命和任务。在完成这一任务的过程中就应在思考思想政治教育理论创新、实践创新的同时，关注各种社会思潮对当代青年人的影响，帮助青年人确立全面思考、本质探究、分辨是非的思考方式，从而能够以更积极的状态——既坚持自我的立场和观点，又能够兼容并蓄、批判的接受——对待各种思潮。这就需要我们一方面进一步加强马克思主义理论、中国特色社会主义理论、社会主义核心价值体系等的普及和教育，帮助青年人确立评价尺度和标准；另一方面也要在各种社会思潮的介绍过程当中秉持公允的态度，引导其对这些思潮进行评价，使其学会辩证的思考问题。基于以上两点考虑写作此书，力图秉持相对客观的态度审视现当代哲学思潮及其对青年的影响，通过对其本质主义的揭示，帮助青年人更好的认识这些思潮，并形成自我的理性判断。

此书的出版要特别感谢东北师范大学马克思主义学部的各位领导和老师，学部成立以来秉持以学术研究推动学科发展的方略，为青年人从事科学研究提供了极为优渥的条件，此书的出版获得了学部领导和老师们的大力支持。此书中的一部分内容是作者近年来在相关领域当中所公开发表的论文，还有一部分是导师韩秋红教授及其弟子刘颖、谢昌飞等人所形成的研究成果。在这里也特别感谢韩秋红教授对此书写作和出版的支持和帮助，从框架的拟定到问题的梳理再到系统的写作，都离不开韩秋红教授的指导，在此对老师的帮助表示最诚挚的感谢。同时也要感谢人民出版社的领导、编辑为本书的顺利出版所付出的积极努力与辛勤工作。由于作者研究水平有限，时间仓促，此书一定存在着一些不足和缺陷，恳请广大读者在使用本书的过程中多提宝贵意见。

作　者

2013.10

特约编辑：徐　徐
责任编辑：徐庆群
装帧设计：汪　莹

图书在版编目（CIP）数据

理性的轨迹与思想的镜像：现当代哲学思潮及其对青年教育的影响／
　史巍，韩秋红　著．－北京：人民出版社，2013.12
ISBN 978－7－01－012816－0

I.①理…　II.①史…　②韩…　III.①理性主义－影响－青少年教育－研究－
中国　IV.① D432.62

中国版本图书馆 CIP 数据核字（2013）第 268330 号

理性的轨迹与思想的镜像
LIXING DE GUIJI YU SIXIANG DE JINGXIANG
——现当代哲学思潮及其对青年教育的影响

史　巍　韩秋红　著

人民出版社 出版发行
（100706　北京市东城区隆福寺街 99 号）

环球印刷（北京）有限公司印刷　新华书店经销

2013 年 12 月第 1 版　2013 年 12 月北京第 1 次印刷
开本：710 毫米 ×1000 毫米 1/16　印张：19.75
字数：320 千字

ISBN 978－7－01－012816－0　定价：40.00 元

邮购地址 100706　北京市东城区隆福寺街 99 号
人民东方图书销售中心　电话：（010）65250042　65289539